本书出版得到国防科技大学拔尖创新人才培养项目资助

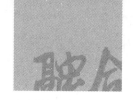

军民融合研究丛书

美国国防采购改革与军民融合实践

黄朝峰　鞠晓生　编著

American Defense Procurement Reform
and Civil Military Integration Practice

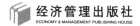

经济管理出版社
ECONOMY & MANAGEMENT PUBLISHING HOUSE

图书在版编目（CIP）数据

美国国防采购改革与军民融合实践/黄朝峰，鞠晓生编著. —北京：经济管理出版社，2017.7
ISBN 978-7-5096-5244-2

Ⅰ.①美⋯ Ⅱ.①黄⋯ ②鞠⋯ Ⅲ.①国防工业—采购—改革—研究—美国
②军民关系—研究—美国 Ⅳ.①F471.264 ②E225

中国版本图书馆 CIP 数据核字（2017）第 170070 号

组稿编辑：王光艳
责任编辑：王光艳　赵亚荣
责任印制：司东翔
责任校对：赵天宇

出版发行：经济管理出版社
　　　　　（北京市海淀区北蜂窝 8 号中雅大厦 A 座 11 层　100038）
网　　址：www.E-mp.com.cn
电　　话：（010）51915602
印　　刷：玉田县昊达印刷有限公司
经　　销：新华书店
开　　本：720mm×1000mm/16
印　　张：16.5
字　　数：288 千字
版　　次：2018 年 1 月第 1 版　2018 年 1 月第 1 次印刷
书　　号：ISBN 978-7-5096-5244-2
定　　价：68.00 元

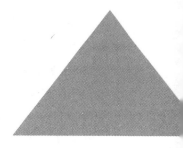

前　言

　　国防采购是国防和军队现代化建设的核心环节之一，也是军民融合战略实施的主要抓手和着力点。在国防和军队改革不断向纵深挺进，军民融合发展战略不断深入实施之际，国防采购的作用日益凸显。如何进一步提高国防采购效率，改革和完善国防采购中的激励机制和治理方式，全面提升装备研发质量，降低采购成本，促进军民先进技术相互溢出，推动军民融合深度发展是当前急需探索的重要问题。

　　国防采购在理论上已经有不少研究，特别是随着信息经济学和博弈论在这一领域日益广泛、深入的应用，大量文献研究了国防采购中的合同、激励、组织、行为等问题，在改变传统观念的同时衍生出大量抽象主题和概念。学习这些理论可以深入把握国防采购复杂现象背后的经济实质。然而，学习理论的同时不能忽视理论思想所依据的事实来源和实际行为基础，没有对现实深刻的认识和把握，我们很难找到抽象理论概念在现实层面的对应，无助于理论研究服务于国防采购改革实践。基于上述考虑，我们选编整理了美国国防采购改革和军民融合实践中的部分实际案例。这些案例以美国马里兰大学公共政策学院雅克·甘斯勒教授的授课教材为基础，在翻译的基础上，进行了编辑加工。

　　雅克·甘斯勒教授是国防采购和国防工业领域的著名专家，是美国国家工程院院士、公共管理科学院院士、国防科学委员会委员。1997 年 11 月至 2001 年 1 月，雅克·甘斯勒担任美国国防部负责采购、技术和后勤的副部长，统管美国武器装备科研生产、采购、后勤保障、采购制度改革、先进技术探索、核生化项目和国防工业基础建设等工作。之前，他还曾在多家国防工业企业任职，对国防采购和国防工业有着深刻的了解和把握。

　　本书内容包括 DARPA 与高清系统研发、海军阿利·伯克级导弹驱逐舰的采购竞争、战斗机引擎采购、海军海上系统司令部的服务外包、三叉戟核潜艇的论证、多管火箭炮系统的采购、国会议员 Aspin 与国防预算削减、商用卡车采购、重组国防后勤局、师属防空火炮系统的取消、"挑战者号"航天飞机失事、旋转弹体导弹国际采购、联合制导攻击武器采购等多个实际案例，涵盖了军民融合实践、国防采购管理体制改革、竞争性采购、采购决策利益相关方博弈、国防预算软约束、业务外包、国际合作等多个方面。

　　"他山之石，可以攻玉"，虽然中美两国的国防采购体系有很大差异，但仍然存在很多共性问题。例如，降低采购成本，提高装备质量、性能和服务保障的效率；面对高投入、高风险和长周期特征的技术开发，竞争性采购方案与单一来源采购方案之间的取舍；短期竞争与长期竞争的权衡；当前采购与未来动员的考量；国防业务外包程度；后勤保障服务效率提升途径；商业化采购的可行性等方面。这些都是各国国防采购面临的共性问题。本书的案例具有很强的参考借鉴意义。我们希望通过这些案例能够使读者了解国防采购有关问题的复杂性，对我国国防采购和国防工业建设中面临的问题进行类比性的深度挖掘、提炼，为加速我国武器装备建设和国防工业改革，推动军民融合深度发展提供贴近实际、可操作的研究成果。本书对于相关领域的实际工作者和理论工作者具有较强的参考价值，也可作为相关专业师生的教学参考书。

目 录

DARPA 与高清系统：民用还是军用？

1987 年，一种被称为"高清系统"的未来技术项目拥有巨大前景。这种高清系统将彻底革新大众传媒工具，振兴美国工业，增强国家安全，缓解日本对美国经济的冲击。有人声称，只要联邦政府给予美国电子行业力所能及的帮助，这一切都有可能。

在国防部内，一家从事超前技术研究的小型机构正积极投身于该项目。自 20 世纪 60 年代初开始，国防高级研究计划局（DARPA）已经着手高清显示器——完整高清系统的组成部分之一的研发。他们认为，这种新技术将提高军队在各种军事作战行动中的效率和战斗力，DARPA 目前正准备追加投资。

白宫曾一度反对政府干预私营部门事务。国防部是唯一能够以国家安全的名义向总统经济顾问提出高清系统研发建议的政府部门。任何其他支持商业高清系统研发，特别是高清晰度显示器（HDTV）产业的联邦投资政策，都被认为是缺乏效率的产业政策。

高清显示器的高额成本是新的视频技术广泛应用于军事领域的主要障碍。尽管制造业的发展有望降低成本，但使军队能负担得起这些产品的另一种途径，是伴随着高清显示器在消费者市场和工业市场中的广泛认可而产生的规模经济。DARPA 的官员认为，当高清系统不仅单独应用于军事领域，而且与商业市场中的高清显示器共享部分电子产品零部件时，军方将从中受益。

DARPA 试图两者兼得。该机构的投资使军队能够拥有尖端视频技术以满足重要的军事需求，同时，DARPA 还将推动对国家经济安全具有重要作用的民用产业。

1.1 高清显示器

与其尚不明朗的应用前景相对应，高清显示器有许多称谓。在 20 世纪 80 年代后期，许多技术和市场问题悬而未决使该技术没有确切的定义。然而，大多数观察者都对高清显示器的基本功能有着共识：高清显示器至少能够呈现照片质感的清晰画面，而不同于观众所习惯了的普通显示器的模糊画面。

高清显示器最终的发展前景远不止提供清晰的图片。高清显示器的应用一旦实现，将相当于一台电脑，至少不亚于电视机。到 20 世纪 90 年代末，很可能是一个非常大的屏幕，也许会达到五英尺（1 英尺 ≈ 0.31 米）长三英尺高，但只有一两英寸（1 英寸 ≈ 2.54 厘米）厚，能像一幅画一样悬挂于墙上。对于观看一场 49 人的橄榄球比赛而言，高清显示器将提供 20 世纪 80 年代"电视迷"享受不到的互动机会。例如，在屏幕的一角开一个窗口来观看 Broncos 和 Browns 之间较量的同时，自动记录所有得分，这将是可能的。"体育迷"还可能会打开另一窗口（从在线数据库或存储于光盘上）来观看他们喜爱球队的第三季度比赛。另外，通过点击鼠标，观众可以根据自己的需求选择观看两个不同的摄像机从不同角度拍摄的画面。

军事用途。尽管国防部无须依靠电视来确保国家安全（DARPA 说："国防部并不从事娱乐产业。"），但高清显示器的组件技术却拥有满足多种军事应用的潜力。DARPA 主管 Craig Fields 说："高清电视和高清显示器中的关键技术——半导体技术和显示技术，是许多防御系统必不可少的。"[①] 一个 DARPA 官员举例说，高清技术可能会改变战术情报搜集和分析的方式，比如在某些场合，当卫星情报不可得时，就可以使用遥感飞机飞至目标区域，侦察拍摄，返回基地，研究录像资料，印刷，并分析。总而言之，这可能是一个长时间的操作过程。在返回途中，如果飞机被击落，或者损坏了，情报就丢失了。而拥有获取高分辨率图像的能力，就可以从飞机上发送（适当地加密）回基地，用一个高分辨率显示器呈现，或由高分辨率的打印机打印出来，从而进行实时分析。

发送高分辨率的战场场景到秘密基地，和哥伦比亚广播公司纽约工作室发送同样高品质图像所需要的技术几乎相同。使用同等复杂的信号处理技术，高清图像的大量信息将被压缩成特定带宽，以满足联邦通信委员会

---

① 能源与商业委员会通讯与财务分委会的听证会，p.178，1989 年 3 月 8 日。

（FCC）的要求而用于民用广播，或用于军事用途（后者被适当加密）。无论是用于军事用途还是商业用途，都将需要类似的屏幕和接收器来处理和显示相应的图像。并且这两个应用程序的记录设备能有效保存图像。"在核心意义上来说，这是一个高清显示系统，"DARPA 的官员 Slusarczuk 说，"也许你和我在超市买的不是完全相同的系统，但技术是一样的。"

高清系统另一个可预见的军事用途是通过便携式平板电脑显示炮弹的标识，以便在地面发现未爆炸的炮弹。当前战场上的排爆士兵主要通过几个保险箱进行信息获取，这些体积庞大且笨重的柜子在战场上由专门卡车运送。Slusarczuk 说："现在，在外场，他可以弄清楚这是什么炸弹，并且返回安全区域去找合适的文件资料，反复比对。"但是，通过将便携式高分辨率的屏幕连接到计算机数据库，士兵便可以将眼前的炮弹图片与其电脑屏幕上所显示的详细工程图进行比较。①借助于对未爆炸炮弹的计算机辅助分析，武器专家将不再需要装满各种文件资料的卡车随其活动。

可以预见，高清技术也可以用在飞机驾驶舱、坦克和舰船上，引导电视制导炸弹远程定位，增加战斗训练模拟器、雷达屏幕和电子地图的真实感。

DARPA。在几乎每个与计算机前沿研究相关的领域中，DARPA 都是众所周知的。华盛顿的政策制定者和其他技术设计者都熟知这一位于弗吉尼亚州罗斯林地区的机构。但是，作为一个相当于日本的国际贸易和工业部（引导国家的产业策略）的机构来说，DARPA 并不为公众所熟知。

在苏联领先美国，率先成功地将卫星送入地球轨道后，DARPA 于 1958 年成立了，主要为基础研究提供资金，特别是在计算机领域。DARPA 在 20 世纪五六十年代在计算机工程领域的投资催生了很多现在已经司空见惯的创新，比如分时系统，它允许多个人同时共享一台中央计算机以及计算机的"鼠标"。

为了促进高清系统发展，DARPA 从 1989 年 13 亿美元的财政预算中，承诺向这一技术投资 3000 万美元。DARPA 对高清系统的投资，像其他所有的研究一样，将外包给私人公司。1989 年 6 月，DARPA 选择了五家公司来开发高分辨率显示器，并在四个月后宣布，选择其中的三个供应商团队研发匹配高分辨率显示器的高清信号技术。

---

① 此处讨论的工程图过于细化，无法显示在标准屏幕上。

1.2　两用技术

与在商业领域中的应用一样，在军事领域中，高清晰度技术的高成本阻碍了其推广范围，使其仅局限于特殊的、高端的应用。即使军方愿意付出高昂的代价获得这些先进的设备，预期的国防预算削减也使低成本成为优先选项。为了降低成本，DARPA 官员打算将其高清显示项目定义为"两用"项目，即要求军方使用标准的商用组件和规格。① Slusarczuk 说："令我很感兴趣的是最终能够获得最大的应用价值，而且我知道实现这一想法的方法是推行军民两用技术。"

两用技术与军事传统背道而驰。军队长期以来的历史传统是要求其所采购产品要满足特定的军事规格（MIL-规格），体现在设计与建造的每一个细节都有所要求，并加装保险装置来应对所有可能的紧急情况。

两用技术并不是一个新的想法。多年前国防部已经开始购买"现成的"民用电脑、电子产品、卡车以及其他项目，由于这些装备并非单独为军队而研发，国防部称之为"非发展项目"（NDI）。然而，国防部从来没有开展足够的 NDI 采购项目，以平息来自社会的持续的批评。

两用产品发展的重点是商用电子行业产品。有人说，这是进行投资的最大机遇。这里需要对应合理的、满足军事需求的质量和性能条件。因此许多专家认为，这将是一个可以在军事和商业领域中双重应用的产业。

1970 年前后，民用市场上的电子元件一般无法满足军用标准对高可靠性和高性能的要求。对于军事项目，要采购到满足其需求的芯片，总是令人精疲力竭，而且价格昂贵，耗时良多，它需要对每一个从生产线下来的零部件进行数小时的检测。要使芯片满足军事标准，这一检测过程可能需要一年多的时间，几乎占到超过一半的产品成本。

在此期间，商业制造水平显著提高。由于商业客户需求的推动，1987年国防科学委员会报告得出结论："巨大的全行业的收益现在已经通过产品质量和可靠性来实现。"在恶劣环境下操作的电子零件领域，商业技术取得了很大的突破。例如，在汽车制造业，在轿车和卡车车罩内安装的商用规格的电子产品可以经受住盐、沙、尘埃、极端温度和振动等恶劣条件。一项 IBM 开展的研究得出结论："全面检查商用加固硬件表明，它几乎可以原封不动地应用于国防部系统。"

---

① 通常也包含标准商业购买实践。然而，DARPA 并不在采购流程中。

军事采购的实践，并没有跟上这些行业的变化。其结果是，根据 1989 年的政府调查，与直接采购"功能相同的"商业产品相比，美国国防部发现自己支付了高达 15 倍的费用。①国防部报告结论指出："国防部……没有充分利用过去几年商用设备和商业实践的最新发展成果，致使国防部的付出显著增多而受益显著减少，这种状态既不是国家安全所必需，也不是纳税人应承担的。"②

有时，军方进行了独特设计并专门定制，但是这些产品与货架上或者办公设备目录上的产品具有相同的性能。③情形类似，国防部选择了军用规格高清显示器的投资建设——尽管索尼公司能够生产同样的产品，而军用版是索尼价格的 8 倍。另一个例子是，对于不易被监控的手机，手机企业通常购买适合的敏感通信材料，这也被要求设计和建造出相应军用规格的产品。但结果是，与商业产品相比，军用规格的手机是其 5 倍的成本、4.5 倍的采购时间，以及 6 倍的尺寸。④

实际中虽然采用商业模式有时可行，但是官方往往青睐依据军用标准设计的产品。根据分析显示，调用军用规格时，"采办相对容易，因为项目经理可以列出一系列的军用标准，进而激发更多的军用标准被采用，这样的话，设计的所有可能的方面都会包括在内。他就可以放心地得到以下系统：①满足实际环境需要的产品而设计；②进行测试，以证明是同样有效的；③完全记录技术数据。"换句话说，国会工作人员认为军用规格"允许官僚机构中的一些人在以后产品出问题时更好地保护自己"。（即便是最坚决的两用产品拥护者也承认有时候别无选择，只能采用军用规格。例如，对于计算器中常见的液晶显示器，在严寒条件下会被冻碎，Slusarczuk 说："如果你要上西伯利亚去，就得担心这一问题。"）

有分析表明，除了增加成本，依赖军用标准电子设备，而不是商业元器件，可能会导致美国武器失去自己的技术优势。"国防部发现，其系统不再包含最新的先进设备、最先进的集成电路。事实上，国防系统的电子设备已经落后于最先进的商用电子产品。"⑤ 1988 年，国防部副部长同样得出

---

① 《军事装备中商业部件的使用》，p. 20，国防科学委员会，1987 年 1 月。
② 《军事装备中商业部件的使用》，p. 1，国防科学委员会，1989 年 6 月。
③ 它们更多的是嵌入在这些产品或者其他更加专业化的工业产品之中。
④ 《军事装备中商业部件的使用》，pp. 32-33，国防科学委员会，1987 年 1 月。
⑤ J. Zarzycki：《超高速积体电路及其对美国半导体产业未来竞争力的影响》，p. 5，1986 年 1 月，未公开出版。

结论："国防部……现在开始意识到技术水平衰退的现实。"①军用电子设备在服役的时候有可能已经比最先进的商业产品落后五到十年。②

1.3 衰退的后果

虽然在质量控制领域，美国半导体行业取得了成功，但目前整体上正在输给日本。美国一度长期占据世界半导体市场的统治地位——半导体被称为信息时代的基石。但到1987年，美国变成了设备的净进口国。③同年，日本占有美国市场份额的25%，并控制全球销售额的50%。

美国半导体业的衰落迫使国防部越来越依赖于离岸生产设施，以及在美国的外商企业来提供这些重要的防御系统部件。④麻雀AIM-7空对空导弹——用于F-4、F-14、F-15和F-18战斗机，以及对付反舰巡航导弹的主要武器，⑤就属于这样一种情况。该型导弹的主要承包商雷神公司，从16家供应商采购的零部件中很多来自进口，⑥如部分射频晶体管，是由雷神公司的三个分包商购自日本的NEC公司，没有一家美国在岸制造商有资质获得国防部的认证来生产这些产品。另一家麻雀导弹的主要承包商通用动力公司，依靠27家供应商提供147种半导体器件，而这些供应商都位于远东。

尽管分包商采购外国制造的部件有时是因为这些产品的价格明显低于国内同类产品，但更多情况是，国内没有合适的供应商，不得不考虑采购外国产品，此时并没有考虑成本因素。然而，即便如此，3000件半导体产品中，依旧有92件是从日本进口的。⑦

对外资企业的依靠显然威胁到了国家安全。当由外国掌握武器关键部件的供应时，美国的物资供应将很容易受到全球事件的影响，从而削弱美国的作战能力。一份陆军研究报告显示，"如果来自外国的零部件供应被敌对势力破坏"，"这很可能是国内零件难以替代的或由于没有主要的设计图

---

① 《支持国防工业竞争力》，p.30，给国防部长的报告，1988年7月。

② 《国防技术基础：介绍及综述》，p.43，技术评估办公室，1988年3月；《军事装备中商业部件的使用》，p.2，国防科学委员会，1989年6月。

③ 这些进口中，有一些是在美国国土外的美国公司生产的。

④ 据保守估计，1985年，电子元件占据美国军队武器系统花费的1/3。参见：《电子元件的国外生产以及军队系统的脆弱性》，p.1，国家研究院出版，1985年。

⑤ 即大家熟知的"海雀"RIM-7。

⑥ 这些数据仅适用于导弹的指导说明和操作板块以及元部件总数的一部分。参见：《对外依存度影响的研究》，空军后勤司令部，1986年2月。

⑦ 半导体对外依存度国防科学委员会特别小组会议纪要，p.25，1986年2月20~21日。

难以装配生产……这需要时间恢复。即使得到重新设计，也可能无法达到严格的性能以及功能上的对接要求。"①

除了直接的敌对势力，政治环境变化也可能会破坏来自海外的元器件供应。1989 年，在一本名为《日本可以说"不"：新型美日关系》的书中，索尼公司董事长盛田昭夫和曾在日本国会工作了 21 年并担任过两个内阁职位的石原慎太郎，提出日本可以通过威胁限制供应国防关键电子元件向美国施加压力。"例如，如果日本芯片出售给苏联，并停止向美国出售，这会扰乱整个军事平衡。"②

虽然日本尚未实现这一地缘政治的改变，至少在这种情况下，存在着日资企业切断其供应国防关键技术的可能。京瓷国际，一家世界领先的陶瓷封装技术的供应商，③与另一家日本公司——NTK，控制着 90% 的美国销售市场。④陶瓷封装的电子元器件能承受更高的温度，抗振动能力强，比用其他材料封装更牢固。作为战斧海对空导弹的分包商，京瓷在 1985 年决定不参与这些武器的生产，结果该型导弹的部件供应几乎停止。⑤

尽管美国产业能力领先全球，能不断开发出最先进的电子设备，也不得不承认存在对外依赖，具有一定的脆弱性。这个国家一直试图通过掌握世界最先进的武器来维持其军事优势。根据技术评估办公室的意见，有证据表明，"……机床和计算机零部件的国外供应商卖给美国公司的产品所采用的技术，一般都是其国内应用两三年之后的产品，他们会选择首先卖给他们的国内客户。最终，当技术知识转移时，采购部门可能不知道应要求国外供应商提供哪些新的技术"。⑥

1.4　支持美国工业

许多专家声称，美国重振高科技电子制造业的最后一个希望是构建具备竞争力的、以消费者为导向的高清显示产业。1987 年以来，高清显示产

---

① 《电子元件的国外生产以及军队系统的脆弱性》，p. 6，国家研究院出版，1985 年。

② Akio Morita 和 Shintaro Ishihara，《日本可以说"不"：新型美日关系》，p. 4，未发表的英文版本。

③ 京瓷国际是京都陶业公司在美国的子公司。

④ 《对外依存度影响的研究》，pp. 2-21，空军后勤司令部，1986 年。

⑤ 京瓷事件的大部分信息都由 Gregory E. Saunders 提供，他是国防部生产与后勤助理部长办公室的商业采购助理。

⑥ 《国防技术基础：介绍及综述》，pp. 15-16，技术评估办公室，1988 年 3 月。

业已经被吹捧为新的工业革命的标志。一位国会议员惊呼这一产业为"闪闪发光的""新大陆"和"新富矿"。①它"将改变社会",麻省理工学院的研究人员认为,这将是工业革命的重要里程碑,"不参与这一发明、制造、应用和销售,就如同错过了蒸汽机或缝纫机的创造。"②

　　据预测,如果美国未能引领高清显示器的发展,结果将非常可怕。麻省理工学院媒体实验室的成员向国会说:"若美国错过这次机会,我们将会错过接下来的半个世纪。"③众议员 Don Ritter 认为,这仅是它全部意义的一半:如果不发展高清显示器产业,美国将"错过"整个21世纪。④

　　半导体行业预期的经济效益是拉动高清显示器产业的主要动力。高清显示器将有这样一个伟大的目标:日本电子工业协会估计,他们要求的内存容量比用于驱动一台苹果 Macintosh 电脑的内存容量高32倍。高清技术将带动"食物链"下游包括集成电路制造技术、芯片设计和光刻技术(一种生产未来几代芯片的技术)的发展。美国商务部报告中预测,"在美国市场,先进的电视消费产品的生产销售提供了足够的具有显著潜在竞争优势的半导体产业需求规模,其中的企业将为高级电视消费类电子产品和其他电子视觉技术产品生产半导体和显示器件……"⑤

　　1989年初,美国商务部副部长 Robert Mosbacher 是高清电视产业的主要倡导者。Mosbacher 被称为高清电视运动的"非官方沙皇",他告诉国会:"我给这个项目最高的优先级。"说他将"动用所有掌控的资源",并充分调动商务部的各个部门和人员去吸引公众关注该项目。Mosbacher 说,美国工业依赖其国外竞争对手提供关键部件和技术是"非常危险的"。他指出,高清技术"将促进教育、制造、医疗、国防和零售的发展,'它'可能是技术进步的主要催化剂",并认为它"可以维持我们的实力和竞争力,使我们在国际市场上走得很远"。⑥

　　Mosbacher 不打算孤军奋战,而是试图让他的计划与 DARPA 对接。这种努力最明显的迹象,涉及国防制造委员会(DMB)在1989年4月的一次会议。虽然该委员会负责向国防部提供建议,但 Mosbacher 主办了这一会

---

① 议员 Thomas Bliley。能源与商业委员会通讯与财务分委会的听证会,p. 9,1989年3月8日。

② Andrew Lippman,MIT 媒体实验室副主任,阐述于《能源与商业委员会通讯与财务分委会报告》,p. 556,1989年3月。

③ 同上,p. 555。

④ 能源与商业委员会通讯与财务分委会的听证会,p. 7,1989年3月8日。

⑤ 《先进的电视、相关技术及国家利益》,p. 24,美国商务部国家通讯与信息管理局。

⑥ 能源与商业委员会通讯与财务分委会的听证会,pp. 12-15,123-4,1989年3月8日。

议。在这次会议上，DMB 第一次专门讨论了高清电视政策。针对商务部长宣布会议开幕而且成为主要发言人，一名国会工作人员说："象征意义很明显"，"他们说了一遍又一遍……我们在商务部举办了一次 DMB 会议。"

Mosbacher 对发展民用 HDTV 技术感兴趣，并支持由国防机构牵头。"只要它扩大高新技术产业基地，让其同时具有民用和军事用途……我认为我们会与 DARPA 合作，并与他们一同进行。"并且告诉国会小组："他们有足够的资金。"①

似乎华盛顿所有人都明白，当确定投资 HDTV 技术的时间来临时，DARPA 将牵头这个项目。电子行业也表明，政府资金投资于 HDTV 技术满足国防需要也切合政治现实。一名国会工作人员说："所有利益相关者不会让大公司来做，所以只能从联邦政府寻求资金来源。进一步，联邦政府哪个部门可能提供资金呢？毫无疑问是国防部。"

尽管国防部出资，Mosbacher 显然确信 DARPA 将培育一个非常有前景的商业高清电视产业。他告诉国会："DARPA 视野宽广，所以它不是单一、直接的军事应用。"②军事和民用利益协调 HDTV 的开发，高清技术似乎开始走上军民两用的轨道。

然而在 1989 年的夏天，当 HDTV 成为白宫的经济政策制定者们讨论的主题时，该趋势却受到威胁。"公平地讲，商务部对 HDTV 行业非常支持，"白宫消息称，"但其他部门并不认同。"据在华盛顿广泛流传的报道，白宫办公厅主任 John Sununu 传话给 Mosbacher 说，他关于 HDTV 的激进言论偏离了政府政策。"很明显，你拿起晨报，在那上面说，Mosbacher 先生在谈论着 HDTV 是多么的重要，以及我们如何统一计划来拯救这个行业，"一位国会工作人员说，"在某些时候，Sununu 说：'嗯，我得和他谈谈，让他与其他政府部门一致。'甚至有谣传说 Sununu 表示：'Michael Dukakis 负责运行产业政策，我们不管。'"

结果商务部不再积极推动 HDTV。一名国会议员说："他们试图提出一个大的报告，他们试图提出一个计划以促进 HDTV，但他们从来没有想出来过。它已经基本上被白宫扼杀掉。"

商务部已经违反了政府的自由市场政策。经济政策委员会有这种看法，认为 HDTV 不是一项划算的政府投资，尤其是作为一种支持国家半导体产业的手段。一位白宫决策者建议道："为什么不干脆打击日本在 HDTV 市场

---

① 能源与商业委员会通讯与财务分委会的听证会，pp. 121，127，1989 年 3 月 8 日。

② 能源与商业委员会通讯与财务分委会的听证会，p. 121，1989 年 3 月 8 日。

上的地位？"

"称它为奢侈品，并向其征收奢侈品税，每台 HDTV 收 5000 美元。你瞧，没有 HDTV 市场，日本在半导体的优势也发挥不出来，也不必担心它。不需要打着国家安全的名义投入数十亿开发 HDTV 项目。不必建立自己的产业。可以通过简单打击他人，以实现自己的国家安全目标。"

一般情况下，行政机构反对政府支持私营行业。"产业政策意味着什么，"白宫官员补充说，就是：

"……更多的资源流向要依据政治决策而不是市场经济来运行。而我认为，最近在世界各地发生的事件，证明这是走向灾难——经济灾难之路的一步。所以，我认为我们应该通过经济过程，引导更多的资源……而不是政府决定哪些产业应该扩大，哪些应该收缩。"

DARPA 是政府"无产业政策"的例外。DARPA 隶属美国国防部，它对高清系统（HDS）发展的投资是合理的，严格遵循国家安全政策。同一位反对产业政策的白宫官员说："我认为 DARPA 有一定功能和作用，我很同情他们的需求，"并补充道，"我不想在 DARPA 如何花费他们的钱这一事情上做事后诸葛亮。"

但白宫里的其他人显然不同意，DARPA 向高清系统的投资很快遭受了非议。1989 年的 10 月下旬或 11 月初，国防部副部长 Donald Atwood 告诉 DARPA 的主管 Craig Fields，将搁置该机构的 HDTV 研究合同。一位国会工作人员说："不只是在高清显示器，而是在很多事情上。他们只是想将大量被国防部认定的军民两用技术开发项目剔除出来。"虽然 Atwood 很快就撤销了他的停工令，但传达的信息是，Fields 应该牢记 DARPA 的第一个字母 D 代表着什么。

在国会看来，似乎政府并没有一个明确和协调一致的 HDS 政策。在商讨一个单一项目的预研中，国会提供了一个激励方案——《1990 年度国防拨款法案》，增拨 2000 万美元，专项用于 DARPA 的 HDTV 研究基金，不过

附加了一项"但是"条款。①拨款取决于"行政机构"写进了政府关于
HDTV 发展总体计划的报告。"在增加国防部对 HDTV 的资助之前，需要指
出几个基本的问题。"《拨款法案》声明："这些问题，其中最主要的是，在
发展 HDTV 技术与商业应用中，联邦政府的作用应该发挥到什么程度。"只
有当行政当局先用一个协调研究计划回应这些问题之后，国防部才会被允
许使用 2000 万美元的拨款。

虽然《拨款法案》中设定的各项限制主要是为了迫使各方达成共识，
但《拨款法案》的附加条款要求 DARPA 应坚守国防领域。"如果国防部门
想开发 HDS 系统，它最好以国防应用为主，我不打算做它的商业应用，"一
位国会工作人员说，"这是国防部……如果我们把一美元用于国防研发，我
们就应该得到相应的国防研发产品。如果有商业应用，那当然很好，但努
力的焦点应该是国防领域。"

1.5   DARPA 投资 HDS：商业、军事或两者兼而有之

无论专门投资于军事技术，还是从一开始就打算在军事和民用市场领
域之间共同投资，DARPA 都实施过。该机构的大部分军事技术都衍生出民
用产品或工艺，可以用在商业市场中。然而，DARPA 的研究出发点只在于
军事目的，而后续的商用效应是派生出来的。不同领域溢出的商业效应难
以量化，并且不可预测，甚至经济效率低下。"就是说，如果建造 B-2 飞机
需要开发一台计算机和设计一种程序方法，那就直接奔着这一目标去研发，
而不考虑它的溢出效应。另外，对航空产业而言，如果有人想要 B-2 轰炸
机，你在开发过程中发现了商业效益，那也是很值得去挖掘的。"但是
DARPA 也有两用项目的历史，从一开始就被设计开发民用和商业市场的
技术。

DARPA 的军民两用。虽然 DARPA 的军民两用项目同时面向民用和军
用市场，但满足军方需求始终是 DARPA 投资的主要驱动力。Fields 说："我
们选择什么样的军民两用技术投资，是完全由军事需求决定的，这就是说，
我们投资军事需要的技术，是为了能够建立成本可控和性能优良的武器系
统、指挥和控制系统、训练系统。"满足军事需求、服务军队是 DARPA 持
之以恒的使命。

HDS 也不例外。DARPA 的官员宣称自己致力于开发 HDTV 作为一种两

---

①   这 2000 万美元是 DARPA 对 HDS 三年期的 3000 万美元资金的补充。

用产品，但他们也认为，军方的需求激励和引导项目的进行。这种理念有双重效用：DARPA 投资 HDS 军事项目以解决批评者反对产业干预的政策，而该机构重视军民两用项目的经济效果是政府投资 HDTV 研究和那些反对过于依赖军用规格的人想听到的。

虽然军事需求是 DARPA 对 HDS 投资的根源，但该机构的官员说，他们有意避免军用规格。Fields 区分了军事需求和军用规格："事实是，我们正投资于显示元件和信号处理，图像处理组件……将用于军事训练系统、指挥和控制、智能等。但开发那些独特的军用规格并没有特别明显的需要，还会减少潜在的生产量，导致成本提高。"

为了使 HDS 技术让军队负担得起，DARPA 官员说，将它适用于商业市场是很重要的。"一旦仅用于军用市场，将会支付更多的美元。"Slusarczuk 说："因为只有有限的产品分摊间接费用、研发成本、制造设施成本。"

在选择公司进行投资时，DARPA 倾向于那些有兴趣把自己的研究成果推向市场的公司。"在其他条件相同的情况下，我会青睐那些能最终导致成本较低的产品的承包商，"Slusarczuk 说，"我可能有 A 承包商，他是一个纯粹的以研究为导向的家伙，他说：'我们将为您打造两架原型机。'然后我问他：'对于用于生产两架原型机而建立的试验设施你有什么打算？''我们会把它存放进一个仓库，但是我们将展现给你以说明该技术是可行的'。我对那些人丝毫不感兴趣。为什么呢？该技术将会死去，它会夭折。他可能会带它走向成熟，把它修成正果，但它不会走向市场。"

太阳微系统公司（Sun）是 DARPA 选择开发处理器技术的三个承包组之一，计划按 DARPA 官员所想的去做。它是硅谷一家快速发展的公司，是知名制造商的工作站，在计算机高端桌面市场上开发产品，并且主要应用于计算密集型业务，售价在 8000~40000 美元。

用来自 DARPA 的资金，Sun 正做着即便是依靠自己的资源仍会做的同样的研发项目。通过 DARPA，公司成立并设计了一个工作站，Sun 的一名桌面和图形开发机构的工程师 Charles Poynton 说："这个工作站将基本能够拥有连接高清摄像机、录像机、显示器和投影机的能力，并在一个大屏幕中整合文本、计算、图形、图像和视频。"该公司计划应用这一技术生产商业产品。Poynton 说，例如，虽然 Sun 公司为价值超过 50 万美元的杂志开发了出版所用的照片润饰系统（Sun 公司的电脑，他说，更适于联网使用，其操作系统相当卓越），但该公司无法在这个市场竞争，因为它不知道如何将电脑专业知识整合到高清工作站中。Poynton 说："我们没有研发如何将我们现有的能力与工作站相整合，但 DARPA 能够使我们做到。"

虽然最终 Sun 公司还是不得不自己做此研究，但如果没有 DARPA，它到 20 世纪 90 年代初才能开始实施。Poynton 说："到那个时候，我每天都能看到市场上日本公司的产品，日本公司是一直在认真地做长期研究"，"我们没有这样做，我认为，DARPA 尤其是 Craig Fields，了解在北美研究工作的发展动态，并试图扭转局面。"

相比于 Sun，光电系统公司（Photonics）也从 DARPA 获得资助，这是一个为军事承包商开发坚固耐用产品的公司。美国俄亥俄州的 Northwood，根据公司总裁 Donald Wedding 的观点，将收到的项目资金来发展平面显示面板，但并没有打算生产任何应用于商业市场的产品。

由于 Photonics 的市场 100% 是军品，其产品坚固耐用。Wedding 说，其公司所生产的一切，都是坚固耐用的，它们具有较强的军事特性，能够承受冲击、振动和极端温度。Photonics 的产品被应用在显示屏的外包装或外壳中。"完成军品包装是根据军事规格进行的，我们全力实施这一项目，并为这一目的去设计。"他说："我们用金属制品，而非用塑料制品。"

Wedding 说，虽然 Photonics 不打算挖掘民用市场，但是 HDS 的工作是可以向商业部门推广使用的。平板屏幕的基础技术是相同的，不管他们是在军用还是民用环境中使用。"唯一不同的是会做一些重新包装，"Wedding 说，"我不会进入商业市场的原因是我不能承受资本化的后果"。

Photonics 的军用产品虽然可以改变为民用市场服务，但是 Wedding 坚决反对在军事环境下使用民用产品。他认为，从美西战争到"二战"，由于使用了达不到军用标准的商业设备而造成了一些士兵不必要的死亡。他指出："不能将平时使用的民用产品用于军事领域。"即使日本商业产品的生产具有极高的标准，日本军方也要从美国国防生产商购买军用产品。他说："日本的商业市场不能满足日本军方所需的规格要求。"

但 Wedding 注意区别对抗和非对抗军事环境，以及刚性的要求。根据 Wedding 的观点，自从 Photonics 开始为 DARPA 设计产品之后，大多数用于非对抗环境的产品其坚固性无法满足军事作战环境的要求。

在这两种情况下，无论是像 Sun 这样的公司（它主要面向民用市场），还是 Photonics 这样的公司（仅向国防部门出售产品），如果 DARPA 处理得当，潜在的高清技术可以用在战场、华尔街办公室或普通老百姓的客厅。

2

美国海军的产业政策和竞争

2.1 简介

　　1984 年，美国海军开始选择一个造船厂建造阿利·伯克级——一种新型导弹驱逐舰。他们知道，宙斯盾驱逐舰将是海军在 20 世纪建造的最后一种主要水面作战舰艇。直到 20 世纪 90 年代，在这个造船业迅速没落的时代，这个计划仍得到海军投资的优先保障。特别是对于洛杉矶的托德太平洋船厂有限公司，能否早期进入宙斯盾驱逐舰计划可能意味着破产或生存。

　　海军也冒了很大的风险。托德不仅是一个船舶供应商，它还是美国西海岸在供应国家大型水面作战舰艇方面有经验的最后一个船厂。因此，公司努力支撑着，希望能够在激烈的竞争中胜出，而它的长期存在对国家安全也至关重要。但是，积极倡导竞争的海军并不会很轻易地把阿利·伯克级的合同授予托德公司。因为托德造船厂的成本肯定高于其他海岸的竞争对手，海军将不得不取消竞争过程并额外花费数百万美元去救托德公司。

2.2 背景

　　美国的造船业在世界市场上失去竞争力已经有 100 多年了。① "一个国

<hr>

　　①　Paula J. Pettavino：《船厂动员的前景：战争与和平时期的造船业及美国海军》，1987 年 5月，未发表。

家的病态产业"① 在政府的补贴资助下一瘸一拐地走过了几十年。1937 年政府筹建了一个联邦项目，用以资助建造商业船只，1981 年，此预算被削减了一半。造船业衰退的局面愈演愈烈，更多的船厂关门倒闭。②努力维持下来的那些船厂，为了争夺仅存的客户——美国海军，竞争更激烈了。1984年，当海军编制国防造船厂研究（NADES）的时候，所规定的船坞比两年前减少了 15 码（1 码≈0.91 米）为 104 码，之前是 119 码，能建造或者维修至少 400 英尺的船。

　　近百年来，衰退的造船业可能危及国家安全已经是美国军事决策者之间的共识：没有在危机中尽快修复战斗破损船舶或在持续的传统冲突中建造足够多新船的能力，海军将会被束缚手脚。除了总容量，造船厂的地理分布已经成为政府关注的重点。早在 1890 年，当国会授权海军首批三艘战舰时，它要求有一个在西海岸建造。③因为巴拿马运河的限制，在太平洋海岸造船具有重要的战略意义。在 19 世纪，巴拿马运河开通之前，在墨西哥湾或东海岸建造的船要供给太平洋舰队，就必须绕过好望角航行。这条路线很长且危险重重。近来，关注点转移到了一旦美国与其他国家发生冲突，有可能失去中美洲捷径这一问题上。

　　多年来，国会一直在加强对西海岸造船能力的支持，并在 1938 年和 1956 年颁布总统令，要求海军在西海岸建造船舶。在此期间，海军通常尝试把造船合同分发给不同地区。然而到了 20 世纪 80 年代，这种做法无论在国会还是海军都引起了越来越多的担忧，他们认为合同竞标应该建立在严格的竞争基础之上。这一运动的高潮是在 1984 年通过了《合同竞争法案》（CICA），将这一政策明确规定在法律中。新的法律责令竞标过程必须采用竞争机制，并设立"竞争促进官"的职位，以促进竞争。CICA 是由海军通过国会推动的，它被称为"40 年以来联邦政府采购程序最彻底的修订"④（甚至在法律通过之前，海军就已经任命了它的竞争促进官）。众议院军事委员会的工作人员 Lawrence Cavaiola 说："海军实际上是负责在国会推销适合竞争的人。"

---

　　① 《华盛顿邮报》，1981 年 8 月 23 日。
　　② 根据《商业船队防御任务的首次报道：事实与结论的调查结果》，p. 13，1987 年 9 月 30日，美国建造的最后一艘商业船只计划在 1987 年 12 月完成。据报道中附件的 E-2 披露，1980～1984 年，至少有 26 家船厂倒闭。
　　③ 还有一份附加条款规定，太平洋建造的舰船必须基于"公平的价格"。
　　④ Andrew Mayer：《合同法案中的竞争：其在国防部中的应用》，报告编号：85-115F，p. 1，国会调研服务，美国国会图书馆，1985 年 5 月 14 日。

竞争的困境：托德太平洋公司。对于造船成本要高一些的西海岸而言，海军的竞争性采购无疑是一个坏消息。事情已经够糟糕了：如果说美国整体造船业在 20 世纪 80 年代是在衰退的话，西海岸造船业已经是跌到谷底了。第二次世界大战结束后，在西海岸有 30 个新造船厂；到 1985 年 1 月，只有 5 个仍然存在。只有托德太平洋的圣佩德罗和加利福尼亚造船厂既有设施又有建造大型水面战舰的经验。

托德太平洋公司在 1983 年的前景并不被看好。托德太平洋公司成立于 1916 年，是美国历史最悠久、规模最大的公开募股的私营造船公司，它从 1957 年开始建造水面舰艇。[①]尽管过去 12 年在圣佩德罗投资了近 1.27 亿美元，到了 80 年代中期，它没有订单，裁减员工（在 18 个月内裁员超过 2000 人，即劳动力从 5000 人下降至约 2900 人），面临倒闭。该公司在 1985 年 1 月警告说："如果不建造新型船只，船厂永久失去海军的战舰建造订单只是一个时间问题。"

宙斯盾项目。阿利·伯克级是托德对未来的最大希望。计划的 29 艘宙斯盾驱逐舰的第一艘，被命名为 DDG-51，它的设计建造费用是 10.5 亿美元（1985 财政年美元）。其复杂的电子设备和武器（包括 360 度全覆盖的三相控阵雷达）意在击退来自空中、水下以及水面的进攻。取名"宙斯盾"，来源于希腊神话故事中宙斯所持的盾，意指独特的舰载武器阵列和装载这些武器的舰船。一个类似的宙斯盾武器系统安装在单独的舰船上，即众所周知的宙斯盾巡洋舰。新的 8300 吨级驱逐舰将比巡洋舰更轻更短，但船体更宽，能够提高在风大浪急的海面的稳定性，并为战斗系统提供更大的甲板以下空间。

托德公司并不是唯一渴望获得数十亿美元用于建造 21 世纪宙斯盾驱逐舰的造船企业，招标合同上还有缅因州的巴斯钢铁厂（当时是康格里默集团的一个子公司）[②]、密西西比州的英格尔斯造船厂（立顿工业公司的子公司）。两家公司都能建造宙斯盾巡洋舰。巴斯有 7100 名员工（1984 年），是缅因州最大的雇主，它在 1983 年建造了七艘船，其中两艘商业油轮，并有

---

① 托德太平洋公司是总部位于纽约的托德船厂股份有限公司的全资子公司。托德船厂公司曾在得克萨斯州的加尔维斯顿、新奥尔良的路易斯安那和加利福尼亚州的旧金山都有设备。托德太平洋有两个运营部门——西雅图（华盛顿州）和洛杉矶。洛杉矶分部的设施在加利福尼亚州的圣佩德罗。

② 后来出售给 Gibbons, Green, von Amerongen 公司。

六个海军订单。①英格尔斯有 10 个船舶订单，是最大和最繁忙的造船厂。②三家造船厂中，英格尔斯时薪最低，托德最高。一般来说，太平洋沿岸的人工费率比东海岸高出 4.6%，比墨西哥湾沿岸高出 9.2%。③

然而，在 DDG-51 中标结果宣布前一年，有证券分析师在接受《纽约时报》的采访时预测托德或者巴斯将战胜英格尔斯。纽约的第一波士顿公司的分析师 Wolfgang Demisch 告诉《泰晤士报》："英格尔斯在宙斯盾巡洋舰建造上已经占有很好的一席之地"，"托德非常饥饿难熬，所以海军有可能被诱惑去西海岸，巴斯可以成为 DDG-51 的第二来源。"④其他一些知晓海军倾向于选择报价较低厂商的分析家认为，托德的胜算不高。在 1985 年 10 月举行的听证会上，原材料选择结束后，海军武装部队下属委员会主席 Sen. William Cohen（缅因州）概述了海军面对的权衡选择："舰船建造难道应该以地理分布为基础，而非竞争效率吗？……海军应该把优先级放在哪儿？是战争开始后能迅速响应舰船建造需求的能力，还是在冲突爆发前以最低的价格得到舰船？"⑤

这些问题，加上托德岌岌可危的地位和海军的低价竞标哲学，都提高了阿利·伯克级竞争的筹码。海军上将 Stuart Platt，这个海军中倡导竞争的将军回忆："我们也许遇到了海军近 10 年必须解决的最激烈的竞争。"

2.3　托德的竞争之战

> 细节与努力决定托德的成败。
>
> —— 托德战略备忘录，1984 年 4 月 2 日

1984 年伊始，托德为了赢得 DDG-51 合同，在海军要求承包商提交提案前八个月时就开始做游说活动，公司喜欢称其为"教育过程"。从那天起，直到 1985 年 4 月 2 日宣布结果，该公司用尽了浑身解数。托德公司官员用了 15 个月的时间，游说国会、白宫、国防部和海军，并试图通过报纸

---

① 《纽约时报》，1984 年 2 月 28 日。
② 《纽约时报》，1984 年 2 月 28 日。
③ 交通运输部向国会提交的报告，1984 年 10 月。
④ 《纽约时报》，1984 年 2 月 28 日。
⑤ 参议院军事委员会海上力量分委会，p.45，1985 年 10 月 24 日（下文统称"参议院听证会"）。虽然听证会在合同签订之后，但那天的争论和源选择期间所发生的争论如出一辙。

广告和电视节目获得舆论认同。①托德太平洋副总裁 Stuart Adamson 回忆说："我们以一个庄重的政治标语开场：拯救西海岸。"

例如，在 1985 年 2 月，运输部部长计划打电话给国防部部长支持托德公司；加利福尼亚州州长计划给总统打电话；海军部长计划参观圣佩德罗船厂；托德组织计划了与国会议员、负责海军船舶建造与物流的部长助理、副总统和白宫新闻秘书的一系列会议，这些人将轮流向总统国家安全顾问做简短的陈述。

这些初步的游说努力已经在 1984 年 8 月 31 日发表的《请求建议书》（RFP）中得到了早期回报。托德公司官员已经成功地说服了海军部长 John Lehman 在 RFP 中加入对工业造船基地的描述。RFP 中规定：

> "要认识到在国家紧急状况下造船厂能够支撑工业基础的重要性，而承包商是这个工业基础的重要组成部分。竞标者必须展示其有充足的设施、劳动力以及管理经验。"②

托德把这句话作为自己的王牌，除个别情况，它都被引用在随后的竞选宣传中。根据海军海上系统司令部（NAVSEA）负责 DDG-51 供应商选择的法律顾问 Harold Cohn 所说，在 RFP 中加入了这句有争议的描述是因为"托德那时到处游说：要求我们做点儿什么"。中将 Earl Fowler（当时的海军海上系统司令部司令）补充说道，加入这句描述的指令"一经白宫发出，就到了海军部长那里"。

公司官员成功地将"产业基础"的字眼加到 RFP 之后，他们又试图说服海军以他们的名义使用它。托德说客 David Foreman 说道："他们不需要严格执行低报价，而是基于国家安全确定合同给谁。"Adamson 说，该公司的"通盘计划"确定他们不会采用低报价，并试图让海军乐于接受这一事实。托德公司希望恰到好处地改变政治局面，通过国会和白宫足够的支持来安抚海军。Adamson 回忆道："所有的努力都基于一个前提，这就是假设他们不是严格执行低价政策，如果我们能在 5% 的幅度之内他们能考虑把订单给我们。我们正在试图将（国家安全）打造成一个解释因素。"

托德的故事。在每一阶段，公司都散布"公平和常识"的双重信息，宣

---

① 《华尔街窗口》，一档独立制作的电视节目，在 1982 年 11 月 13~14 日播出。主持人及三位嘉宾均支持托德船厂的立场，没有人站在海军这一边。

② DDG-51 RFP，第 M 章，第 6 段。

传标语是这样写的："公平和常识要求海军水面战斗舰艇的建造合同在西部、东部和墨西哥湾公平分配。"

公司官员认为，只有托德公司得到 DDG-51 合同"才是公平的"，因为托德的高劳动力成本实际上并不受其掌控。托德公司估算，劳动力成本占舰船总购置成本的 18%～20%，①在南加利福尼亚更高，尤其是在造船行业，劳动力成本比缅因州和密西西比州都高。比如，托德的直接劳动费率是13.5 美元/小时，而在巴斯是 11.44 美元/小时。②公司把一部分原因归结为洛杉矶地区的生活成本较高，但把大部分责任归咎于联邦政府在西海岸的海军造船厂支付的工资。那里的直接劳动费率比在东部和墨西哥湾的海军基地高出大约 3 美元。③托德必须执行行业的主流薪资水平，一份公司刊物指出："是政府加剧的通货膨胀推高了私营船厂的工资/福利水平……"

在抨击联邦政府的过度行为时，托德也强调自己的财政困境。例如，1985 年 2 月 6 日的新闻稿中指出，该公司在 1983 年已经"忍受"一次历时九周的罢工，导致了一个为期三年的工资冻结，并减少了各个岗位新员工的入职工资。此外，托德副总裁 Len Thorell 告诉众议院商船和渔业分委会，公司已冻结了此前两年的管理层工资。④

公司的"常识"运动呼吁在美国军事计划中加入传统主题：国家必须有足够的工业能力去制造大规模战争所需的装备和物资。托德公司主张：如果没有圣佩德罗船厂，这种能力——即众所周知的动员基础，在战时将不足以满足增加船舶建造的需求。该公司警告说：如果没有 DDG-51 合同，圣佩德罗船厂将面临关门的危险。Foreman 问："如果发生战争，你要找的设施已改建成公寓，那会是怎样一种局面？"

托德公司的竞选为保留圣佩德罗船厂提供了很多论据。用 Foreman 的话来说，其基本论点是：

> "你拥有的船厂分布得越广泛，你就会有更多的能力应对未知的情况……千万别孤注一掷……"

托德公司进一步说明了特别保留西海岸造船能力的原因。比如，如果

---

① 众议院商船和渔业分委会听证会，P.1201，1984 年 11 月 4 日。（以下简称"商船与渔业"。）

② 参议院听证会，p.51。

③ 参议院听证会，p.40。

④ 商船与渔业，p.1205。

巴拿马运河不能使用，为了将建造的船只运送至太平洋，利用西海岸的设施会比东海岸或墨西哥湾节省三周的时间。① 同时，如果托德公司建造过类似的舰船，它将能更好地完成维修太平洋舰队船只的工作——海军只能依靠造船厂来做这件事。②

"成本还是时效？"基于充分动员基础的论点，托德希望在针对长期的传统冲突的军队规划中抓住一个新的重点。第二次世界大战后，核武器的统治地位导致超级大国的冲突几乎还未开始就已结束，这种模式不需要工业基础。这种理念在里根执政的早期已经开始转变。1982 年，国防部部长 Caspar Weinberger 谴责"最近的国防政策是短期战争"假设的谬论，便暗示着这种改变。③ 后来，国防部长 Lawrence Korb 阐述了这一新政策："总统的国防策略基于非常直接的假设——只要对方发动攻击，我们的部队就也应该能够马上战斗。"④

政府的政策转变并不一定能转化为托德的优势。海军规划者假设了一个为期三年——建造大型水面战斗舰艇所需的最短时间——场景的冲突也并未看到新建动员能力的必要性。然而，托德对这个主题猛烈开火，批评这只是海军内部对国家动员能力的研究而已，以此来强调其公司的重要性。根据托德太平洋的西雅图分部副总裁、总经理 John T. Gilbride 所说，1984 年的船厂动员基础研究（SYMBA）"发现，即便大量新船建造将继续在西海岸进行，西海岸的动员基础仍严重不足"。⑤ 同时，一位美国造船企业委员会的专家分析，于 1985 年 2 月完成的国防造船厂研究（NADES）提出了"西海岸拥有足够船厂能力"的问题。⑥

为了宣扬其战争动员的观点，托德宣称，无论海军是否看到这种需求，法律——特别是 1956 年的西海岸造船法，实际上要求一部分船舶建造项目在西海岸开展。立法通过后，加利福尼亚州参议员 Alan Cranston 随后提醒他的同事，国家"愿意支付"用于确保每个海岸有一个独立发展的造船基地的费用。⑦ 在同

---

① 参议院听证会，pp. 39-40。

② 参议院听证会，p. 43。

③ Caspar W. Weinberger：《1983 财年国会年度报告》，p. 1-16，1-17，美国政府印刷局，1982 年。

④ Lawrence J. Korb，国防部副部长（人力、设备与后勤）；Linda P. Brady，副部长办公室的国际项目分析师，国际安全，1984/85 冬天，第 9 卷第 3 章，转载于《常规部队与美国的国防政策》，Steven E. Miller 编辑，1986 年。

⑤ 参议院听证会，p. 41。

⑥ Pettavino，p. 30。

⑦ 参议院听证会，p. 10。

一个听证会上，托德声称海军已经"侵蚀、规避和……忽略了"那项立法。①

托德所否认的是（至少在公开场合），法律本身并没有阻止海军将区域利益放在优先列表的最底部。在海军被迫在西海岸建造船只之前，该法案的效力被总统令的要求所限制。然而，即便总统班子的核心成员都来自加利福尼亚州（总统是加利福尼亚人），托德也无法获得这样的决定；即便RFP首战告捷，托德也无法成功地说服白宫站在它的立场上干预供应商选择过程。海军促进竞争官 Platt 上将，后来将其归咎于托德公司没有尽全力推动此事。"我认为他们（托德）有一件事可以对政府施加巨大压力，"他说，"尽管他们施加了一定的压力，我认为他们力度远远不够。"

托德没有更好地处理与国会的关系。它确实争取到了加利福尼亚州国会代表的支持，但结果证明作用有限。这些成员没有在处理军事问题的委员会中任关键职位，并且他们中的许多人被海军认为是太过自由主义和反军事主义。海军上将 Fowler 回忆道，他们在"国防预算上话语权很轻，我认为没有人重视他们所说的"。托德确实说服了两位重量级人物——财政委员会的成员 Sen. John Chaffee 和军事委员会主席 Les Aspin，写信给海军部长 Lehman 为托德公司辩护。但国会并没有传递这样的信息——用高级成员 Cavaiola 的话来说："天哪，我们觉得你们应该有一个西海岸造船厂来建造复杂的水面战舰。"他补充道："尽管国会的成员，很明显，……对动员基础的政策规定感兴趣"，但他们对竞争的概念和预期的经费节省同样感兴趣。国会选择把决定权交给海军。Cavaiola 说："最终，还是海军决定把合同交给谁。"

国会和白宫不愿介入此事，托德发现自己反而是孤注一掷了。要想赢，就必须说服在海军内反对它的人。

2.4　海军：合同竞争

在 Lehman 任部长的海军中，竞争是王道，但也有质疑的声音。拥护者认为，竞争为美国的自由企业提供了生存的土壤，这些自由企业为政府节省了数百万美元的经费。另一些人认为，从长期来看它将对造船业造成风险。

DDG-51 供应商选择进行的同时，《美国联邦法规》也生效了，这使海军有了必要的法律依据以及政治途径将合同授予托德公司。如果保

① 参议院听证会，p. 44。

存设施是为了国防建设或工业动员，可以忽略竞争因素。①然而，根据 NAVSEA 合同董事会副主任 Fred Sheridan 所述，在海军，竞争过程是不会轻易被干预的。"这是一个在政策层面的重要决定，"他解释说，"……这是一个很不寻常的决定。"海军海上系统司令部司令 Fowler 上将，一般都会推荐报价最低的公司。指挥官的建议通常是被采纳的。然而，如果海军官员们总结他们关于西海岸造船的讨论，用 Sheridan 的话来说，"我们不能失去这种能力"，Lehman 部长便可以驳回 Fowler 的建议。然而在明白这一点之前，海军内部展开了支持或反对托德的政治和经济成本的讨论。

反对者：造船及后勤部。反对的最强音来自造船及后勤部副部长 Everett Pyatt 办公室。Pyatt 一直是海军内最支持《合同竞争法案》（CICA）的人之一，其办公室的政策制定者没有找到任何理由证明授予托德阿利·伯克级合同产生的额外花费是合法的。造船及后勤部的资源和政策评估主任 Richard Thomas 说：

> "我们对造船业最后的若干评估已经表明，我们现有的能力超过了满足预期动员所需要的能力。所以我们没有看到支撑产业的必要。即使是引用托德公司用于支持其言论的同一个海军研究（NADES 和 SYMBA），Pyatt 后来也证明他们发现在任何海岸都没有动员能力不足的问题。"②

战争中一旦损失巴拿马运河，西海岸的船厂将减轻其不利影响。Pyatt 办公室官员对托德公司的以上论调也不屑一顾。船舶项目主任 Ron Kiss 说：

> "你现在看到的是（一个 DDG）四年半的合同工期，或者更长。也许要用一个月的转运时间去绕过好望角而不是通过运河……但你如何衡量五年后的 30 天的影响？我认为影响很小，因

---

① 《联邦采购条例》，p.217。《合同行为竞争法》（在 DDG-51 发布时还未生效），开展了类似的豁免。

② 参议院听证会，p.60。两份报告均为机密件。公众可接触到的一点儿官方信息貌似支持双方观点。比如，一份官方 SYMBA 总结指出，报告中假设的动员要求（针对三年期的时间冲突）"似乎对 1982 年就存在的基地可行"，但它也得出结论："研究中的海军工作本身不能支撑一个充分多元化的基地。"

为它是很不确定的。"

总之，"我们不需要托德公司，" Thomas 说，"少了他们，工作同样能开展。" 就是说，海军不需要托德公司的船舶建造能力。Pyatt 后来解释说，他依靠托德来维持其船舶修理能力。他告知国会："在国防紧急状态下，对造船厂的关键早期要求是抢修能力，而非新建能力。因此，当我们提到'充足的国防造船能力'时，我们指的是抢修能力。我们相信，在等待新的建造材料时会有时间去筹备额外的建造设施。"① 当参议员 Cohen 问："根据你的判断，假如托德公司破产了，它真的不会对我们的国防动员能力产生影响吗？" Pyatt 回答："若将其改造为规模较小的船舶修理公司，也能满足我们的一部分需求。" 但是，他承认："若情况是他们……退出本行业，转而去做公寓或什么的，我们也不在乎。"②

造船及后勤部普遍认为，虽然托德公司情况不太好，但它仍会维持。然而，另一些人的看法就不那么乐观了。Sheridan 回忆说："我认为很明显，所有人都看得出来它遇到了困境，他们最好能得到修理和大修的合同。" 但如果其后托德公司的状况明显恶化，还有其他选择。例如，授予该公司第二艘舰船合同甚至将宙斯盾项目扩展至三个船厂也是有可能的（另一方面，授予托德公司主导舰船合同，需要特别的理由，因为这需要设置额外的设计工作和价格标准）。问题是，用 Fowler 海军上将的话，托德能不能"坚持那么久"。

除了动员和准备问题，Pyatt 和他的同事们也关注政治形势：把合同签给高出价者会有政治代价。Kiss 说："人们相信金钱，这是个直观并绝对的判定标准。他们可不管什么关于能力的主观判断。"

另一种观点，并不是所有人都打算和托德公司说再见，更别说切断其船舶建造的支柱。海军少将 Donald Roane——宙斯盾计划项目经理，后来的 NAVSEA 水面战舰副司令认为，应该值得付出额外的代价支撑托德公司留在行业内。公司已不在其圣佩德罗厂进行巨额投资和工作。Roane 说："托德公司及其管理以及建造能力是美国的宝贵资产。"阿利·伯克级供应商选择咨询委员会主席 Roane 承认，将合同授予托德公司将远远超出一艘舰船的影响："我们支付额外的费用不只是为了一艘船，而是为整个船舶业保留托德公司。"尽管如此，他说："在某种程度上这也许是值得的……这关乎联邦

---

① 参议院听证会，p. 60。

② 参议院听证会，p. 92。

政府的优先考虑是什么，我们愿意付出何种代价维持一个大型、重型船舶能力的生计。"

在另一个部门——动员和工业规划局①，Ronald Cooke 还私下质疑有可能将托德公司挤出本行业的行为。作为负责动员计划的文职人员，Cooke 开始着手分析工作，这一分析后来表明，几乎需要海军所建议的船坞数量的两倍。Cooke 说："目前来看，在动员的立场上，我们必须保留托德公司，除非你不想孤注一掷，除非你拥有尽可能多的设施和容量，并且使其尽可能地广泛分布。"

Cooke 并没有把他的担忧传达到造船及后勤部副部长办公室。一方面，他觉得选择一个特定的船厂去帮助它生存会显得是偏爱。另一方面，他也知道，竞争是海军最看重的，"我们可以提出这个问题。无论它是否会得到任何关注或行动，它都是一个与众不同的问题"。事实上，Cooke 认为，副部长办公室的气氛可能会妨碍公平的考虑，"他们可能会赞同，但他们不会做任何事，因为这得花钱……当 DDG 的第一艘舰船在评估过程中并准备授予合同时，政府大力推动的是竞争因素。"

最不可能反对 Pyatt 部长及其成员产业政策的就是 Platt 司令——海军内第一个支持竞争策略的人。Platt 向 Lehman 提出了正式报告（实际上他的直接上级是 Pyatt），称自己是一个"传统主义者"，他一直认为西海岸造船工业对国家安全至关重要：

> "我并非激进主义者。事实上，当我任 NAVSEA 合同负责人时，我几乎完全继承了我的前辈们的传统观点。传统的观点是……从长远来看，保留船厂是一件好事……国家可能面对各种各样的情况……你并不处于大规模战争，但是你可能要建造船只。你也可能想增加容量和能力。所以在很多情况下，工业基础需要支持扩张任何造船业或数量较多的船舶运行。
>
> Platt 也认为保留托德公司很重要。万一哪天海军决定要建一支超过 600 艘船的舰队呢。而他说，这在历史上只是一个小数目。他总结道，托德公司的位置是'有吸引力的'。"

不像 NAVSEA 的其他同事，Platt 深信托德公司因缺乏大型合同而面临严重的破产困境，尽管他还不能确切地预测这一天将何时来临。"从未来工

---

① 收购评估指挥部的一部分。

作量的角度考虑，如果托德公司没有赢得这个合同，这对其未来将是致命的一击……"他回忆道，"没有订单就好比身体缺少血液。"

果然，托德公司发表了类似的声明。公司官员反对 Pyatt 关于公司能存活下来并且用作修理厂的说法。1985 年 10 月，Gelbride 立即告知国会，如果圣佩德罗船厂沦为修理厂，其应对突发事件的能力将会被削弱：

> "当发生应急修理时，得从（正在从事新建造工作的 2000 人或 3000 人中）召集工人……来做修理工作……如果西海岸没有建造工作，那你就没有基地。不可能放 600 人或 700 人在那儿等着做修理工作或者是紧急工作。"①

Gilbride 坚持认为，更重要的是，仅凭维修工作不能维持西海岸工业的运转：

> "1986 财年，西海岸仅有 14 艘船需要进行维护和大修，而为此竞争的私营公司超过 10 家。举个例子来说明这个工作量是多么的不足，如果我管理的船厂赢得一半的合同——尽管这可以说是不可能的事情，它也不到我们船舶建造能力的 15%。"②

Platt 感觉，海军关于托德公司仅凭维修工作就能维持生存的看法并无根据，并嘲讽道：

> "好吧，我认为他们能仅凭修复工作就能生存的观点是荒谬的，一些决策者应该也知道这一点。他们只是接受了他们无法生存的事实。他们接受托德公司可能倒闭的事实……"

Platt 认为他同 Pyatt 和 Lehman 一样，是竞争策略的拥护者，毕竟那是他的工作。Platt 只是对于什么能促成良性竞争有着自己不同的观点。他争论道："你可能不得不保持一个能力不足的船厂，这只是让做大部分工作的

---

① 参议院听证会，p. 48。
② 参议院听证会，p. 40。在这一点上，公司内部的意见不尽一致。一部分人，比如 Thorell 认为，维持为新建工程设计的船厂所需的间接费用高昂，所以圣佩德罗船厂仅凭维修工作无法生存；托德太平洋公司负责劳资关系的副总裁 John O'Hara 认为，船厂可以做到。无论如何，维持这种状况的船厂需要新建工程。

人更加努力。"他认为，从长远来看，支付短期费用来保留托德公司，会更好地服务于竞争的策略，有更多的船厂参与竞价，成本将会下降。

"我认为此时损失一个船厂将会最终降低竞争的水平，造成最终只有两个主要的造船厂制造水面战斗舰艇。本质上讲，我们将面临寡头垄断的情形，政府会成为唯一的买家，而两个卖家知道它们中任何一个都不会得到全部的工作……真正的市场压力发挥的作用变得很小，或许市场机制变得徒有其表，除非是非常新的项目。但当造船厂意识到只剩两家公司，每家都将获得它的市场份额时，我们以为自己所拥有的锋利的市场之剑已经钝化了……我愿意支付额外的费用来保持未来的竞争。"

做出选择。最终确定是否要付额外费用的问题落在 Lehman 部长肩上，他要在 1985 年 4 月初宣布决定。如果他听了造船与后勤副部长的建议，低价投标人将获得合同。或者，更进一步，他会考虑那些相信竞争有时与海军的其他目标相冲突的建议。

3

引擎大战

竞争和利益驱动相结合，激发了私营领域中价格控制的驱动力……私营领域的经验越来越多地在国防决策中发挥超出人们想象的作用。不论在私营领域还是国防领域中，产品或服务的定价都必须考虑公众愿意接受的程度。

——Grace Commission

竞争被认为是美国企业的基础，尽管在国防采购领域中最为缺乏，但其仍然有着至高无上的地位和光环。美国政府委员会、国防部工作人员以及国会改革家们不约而同地赞美竞争的优点，因为这是政府用更少的钱获取更好产品的方式。然而绝大多数军事采购从根本上与商业交易不同。比如制造一种新的飞机引擎，特别是具有高性能要求的军队特殊战斗机引擎，耗费巨大。美国空军现在的经验法则指出，从设计一款新的引擎到从生产线上得到第一批产品，这期间需要投入 15 亿美元的沉没成本。政府难以经常负担如此大的开支，更别说私营公司了。替代产品又贵又稀有。在这种环境下，单一供方采购方式逐渐流行。因此政府就不是单纯地雇佣承包商，而是与他们结合了。

成本高、技术风险大和较长的开发时间（也许一个新引擎需要十年时间）意味着政府和企业从一开始就进行合作了。政府并不能走进一家战斗机引擎店去直接选择一个战斗机引擎，也不能简单地列出特殊要求和价格，然后期望一个引擎就这样出现了。技术任务要求太高，花费太多，并且在产品最终定型前需要太多的设计优化。政府和企业在一种不稳定的合作关系下，共同设计和生产设备。

在这种环境下，竞争意味着什么呢？1981～1984 年的引擎大战就是在这个问题下产生的。这场大战的赌注就是高达 170 亿美元的战斗机引擎销售额。在多个回合的较量之后，通用电气果决地战胜了当时的统治者普惠公司，且几乎将其完全踢出了竞争圈。

政府声称在 20 年间至少节约了 25 亿美元，"引擎得到了极大的改善，担保机制也显著加强，工业基础也有所扩大。"国防部显示出了敏锐的商业洞察力。然而仍有一些怀疑的声音，引出一段插曲——一个代价昂贵的复仇案例，对象是一家解决了一系列由政府造成问题的供应商。

这个案例审视了引擎大战及其对大多数政府采购结构的影响。

3.1　早期

"……引擎在我们的项目中是一个非常保守的部分。"

Ben Bellis 将军、F-15 项目主管 1971 年 3 月对参议院军事委员会说。

"这个引擎的设计标准迫使普惠公司不断改进，也许超过了他们那时能达到的程度。他们英雄般地做了那时能做的所有事。尽管他们制造出了比历史上任何引擎都好的引擎，却落下了一个燃烧得炽热却最终熄灭的名声。这是我从整个空军的将军那里听来的格言。这是个很好的引擎，不过它炽热地燃烧之后便熄灭了。这不完全是普惠的错。"空军航空系统部 Michael Clarke 上校说。

F-15，一架令人惊叹的飞机，是在普惠公司（联合科技的一个子公司）制造的两台 F100 引擎基础上建造的。十年前它开始服务时，它比美国军队想象中下一阶段的任何产品都要更快、更易操作，且更具杀伤力。即使现在，它也被认为能匹配"年轻"得多的苏联飞机，并且成为那些能够负担得起的国家的采购选择，他们还得用花言巧语才能从美国国会那儿将它骗走。"一位以色列 F-15 的飞行员曾经透露给我，"空军的 Jim Haynes 说，"他认为在 5000 英尺～30000 英尺的高度挑战 F-15 就是在自杀。"多么高的评价啊！F-15 的引擎却浇了一盆冷水。一个空军引擎项目的官员认为，F100 对于零件和维修有着贪得无厌的需求，把它称作"在空军中不断生长的癌细胞"。甚至不得不降低运输能力，以牺牲峰值功率为代价来降低保养需求，这样空军就不会毫无希望地在保养方面疲于奔命，这被空军叫作

"关掉灯芯"。从被引入开始，它便蹒跚在一个接一个的危机之间，需要不间断地检修和调整来避免损失或搁置飞机。它带来了巨大的力量，也带来了巨大的麻烦。

这种力量和麻烦应该说直接来自于空军在20世纪60年代晚期开始发展F-15时对它进行构思的方式。"看看F-15项目的目标，"Gissendanner主任说（他1970年在特森空军基地进行引擎相关工作，1977年在国防部的空军参谋部做着同样的工作），"F-15是一种赛马式的飞机，它的设计初衷就是如此。"空军希望是这样，而普惠公司和通用电气一开始也是这样提供服务的，引擎的推重比接近10∶1（从前的部件差不多是5∶1）。空军和制造商明白，为了达到极限的性能，需要牺牲引擎的寿命和可靠性，但是空军抱着侥幸心理。"如果你回到最初设计标准提出的时刻，"空军引擎开发经理F. M. Cassidy说，"承包商（普惠公司）加入了，说有些标准是自相矛盾的。于是空军更进一步，说：'好吧，既然矛盾，那么优先考虑这些因素吧——推力、重量，以及其他。'""在我们今天谈的耐久性的背景下，我想引擎团队中没有一个人真正考虑过'耐用年限'。"Gissendanner说："性能意味着你能想要的最大数量。"

基于50小时质量测试（一种地面测试，那时F-15还远远没有做好试飞的准备），普惠公司的原型引擎看起来比通用电气的更有前途。通用电气的引擎落选了。将普惠公司的设想转化为实物比想象中难得多，需要大量的重新设计，因为最重要的推重比参数降到了8∶1。尽管进行了重新设计，引擎的表现也并不尽如人意。1973年，已完成的引擎被应用于F-15原型机，而这时地面测试结果还是没有解决密封问题、涡轮叶片失效以及节流阀响应不足的问题。在这些问题被修复后，计划中的正式150小时耐用性测试已经严重滞后，而这个测试可以说是整个F-15项目的唯一里程碑，后面整个开发计划都被拖延。进一步修复之后，最后空军终于满意了，这款引擎被全面开发（行话称为FSD）。本来可以先做一个手工原型然后为了大规模应用做一些相关的小改进。此时的引擎已经偏离之前击败通用电气的那个版本很远了。"当引擎进入全面制造后，"Gissendanner说，"它真的已经不是此前在50小时质量测试中所展示的样子了。"

就性能而言，F-15飞机就是空军想要得到的一切。空军给深深着迷的议员所展示的宣传片中，在巡航速度上，F-15就将火力全开的F-4幽灵战斗机（代表当时的技术水平）远远甩在后面。普惠公司的引擎前所未有的轻便和强大，让飞机的推重比远大于1，这意味着它能像一枚导弹一样直冲上天。一位被吓坏了的乘客回忆，起飞后立即上升到极限高度，在上升时候的任何时刻他都能直接从肩膀后面看到跑道渐行渐远。这是个好消息。不幸的是，也有坏消息。

　　当时在空军司令部工作的 Lt. Col. William Eddy 说道："空军在 F-15 飞机上犯的错误主要是，我们误导了自己，认为比赛用马也可以用来耕地——我们以为它有足够的耐久性，而实际上它没有"，"我们跳过了时间检验而直接将其当成了成熟的产品，以为它已经是个成熟的引擎了，因为我们相信它会比以前的任何一个引擎都更持久。事实却并非如此"。

　　"我们用三年时间完成开发了这个引擎（因为这是空军要求的）。"普惠公司的一位引擎专家说："通常一个引擎的开发时间是五到十年。所以很多（最终）开发内容是在实际飞行操作环境中完成的。"在 F-15 开发的同时研制引擎的压力如此之大，以至于当时处理这件事的人说起那个时期都表现出深深的疲倦感。最严重的是，F-15 空前的力量导致的直接结果是瑕疵。空军飞行员习惯用恒定全节流模式来完成飞行任务，因为这是老式飞机达到要求速度的唯一方式。空军后勤保障人员也习惯了维护和修理在恒定节流模式下运行的引擎，因此维护需求可以依据飞行时间精确预测。

　　但 F-15 不是这样。因为它可以节省功率，飞行员在飞行中通常使用节流设置的全部范围。"当大家发现 F-15 可以径直冲上天空并右转时，他们就做了一些不一样的事情。"Eddy 回忆说："他们反复调整节流阀，造成了因功率变化而导致的疲劳问题。结果我们就有了一个没有被检测出来（或预期）的机器失效问题。"不仅是发动机涡轮比想象中坏得更快，而且由于人们对这个机器操作方式的认识是错误的，当机器使用越来越久时，没有一个有效的模型可以预测它们崩溃的频率，也无法预知这个问题是否会变得越来越糟。

　　在 F-15 配置初期这些就已经足够引起恐慌了。陆军少校 Tack Nix 回忆道："在那时我们试图用很少的数据样本来得出太多的结论，我们仅基于一两架飞机就想搞清楚我们是成功了还是彻底失败了。"他那时在空军引擎项目的总部赖特帕特森空军基地工作。新飞机的配置还在继续，然而人们感觉到已经不可能等待更多的实地经验了。Nix 说："当你每年积累几千个小时的时间，这些破坏性事件发生的可能性会很高。而且当一个问题出现时，如果不及时判断并解决，造成的损失可能不仅是那一架飞机，而甚至是 5 架或 10 架飞机。"

　　空军发现自己手忙脚乱，经常短缺维修设备和合格的服务人员。比如其中的涡轮叶片，正常情况下很多年才会订购一次。这些问题都是能够处理的，尽管解决这些问题花费的比空军期望的要多得多。F-15 配置计划仍在日程上，并且这些飞机都被安全地保存着且可用于飞行。

但是空军与普惠公司的关系明显地渐生嫌隙。空军在测试引擎的任何一个方面时都需要制造商的技术支持，而且通常这些支持并不是免费的，然而随着时间推移，空军感到合作并不愉快。Eddy 回忆道："那时我们做的一切试图让普惠公司取得进展的努力都像是徒劳。"

"他们并不乐意做我们想让他们做的事情。显然有人太骄傲自大了。Slay 将军（全方面负责 F-15）总是在他们到来的时候大发雷霆。不是因为他们说了什么、做了什么还是没做什么，问题是他们的态度。他们并不是说：'我们出问题了，让我们一起合作解决吧。'他们是这样子的：'我们是在履行合同，这事儿不在合同里，你还啰唆什么。'"

Slay 后来告诉《商务月刊》，他去普惠公司时，他只见到了"他们的律师而不是经理"。空军开始生气了。

普惠公司对空军对这些事情的解释采取了强硬的回应，普惠公司的一位律师说："有一件重要的事情你必须明白，做这样的生意可不像政府跑到通用汽车公司说'给我来 1500 辆雪佛兰汽车'这么简单。"

"传统上政府主张严格的配置控制。一旦你通过测试证明引擎合格了（并且被政府接受了），引擎在设计上就停滞了。你不能再更改任何东西，比如一个垫圈，除非你提交正式的申请，如果有需要的话还要申请资金，甚至是价格调整，这些在某种程度上都是需要与政府进行谈判的。我们的法律功能并不像其他大公司那样是当摆设的。我们与执政官员密切配合工作，所以法律功能几乎是带有合约的行政功能。当他们看到普惠公司谈判小组中有 20% 是律师时，空军中为 Slay 将军工作的谈判小组肯定有所反应。你为什么要怨恨我不知道的东西，我们的人不是要坚持法律权利或威胁提起诉讼，他们只是按照合同条款为了公司的利益服务。为了支持谈判小组并取得最好的交易，他们会在管理层允许的范围内行事。"

争论谁对谁错，谁合理谁不合理，已经没有任何意义了。现在游戏的主角只有普惠公司和 F100。

引擎仍需格外关注，它的开发出现了其他的插曲。毁灭性的涡轮问题已经在控制之中了，尽管代价是把零件网络搞得乱七八糟，而且出现了更多基础性、难以解决的缺陷。随着越来越多的飞行员驾驶 F-15，他们也摸索出了不同模式下的工作特性，他们发现引擎在特定条件下会毫无预警地失去动力，有时甚至会自我毁灭。如果在高海拔低速度情况下飞行员突然开启全节流模式，即"F-15 飞行包线的左上角"，F100 引擎有时会停转，而燃料却还在往燃烧器里流，结果造成内部大火，严重损害引擎。避免这个问题的唯一方法就是飞行员要注意"失速停滞"是否发生，把引擎关闭，再在飞行中重启。这在平常训练中几乎不能掌控，这在战争中显然是无法容忍的。

F100 引擎在新的引擎设计中有了重大突破，但停滞失速完全是出乎意料的，而且最终成为了不可解决的问题。普惠公司最终修正了这个问题，多多少少解决了——F-15 飞行员仍然需要注意极端油门动作的限制，这削弱了飞机的格斗实力——但是它已经花了空军很长时间和很多钱，并进一步影响了空军和普惠的关系。Nix 回忆道："普惠公司并不认为引擎上发生的事情有多神秘难解。"

"普惠知道他们并没有完全理解这个问题，尽管他们希望理解——但是他们相信，从物理的立场看来，这是他们能够克服的问题。而从客户（空军）的立场看来，他们克服问题的速度不够快。实际上，当每个改进加到引擎上之后，我们（空军）得到了一个综合报道：'这就是最终的改进结果，我们再也不用担心停滞失速问题了。'尽管这些改进都加到引擎上了，普惠认为这些改进应该足以克服所有问题，但是它们却没有。"

三个主要修正最终将问题减小到了可以接受的限度。每一个改变都在 F-15 的支持网上泛起涟漪。零件需要订购、编号、存储和分发；因为需要进行机械改进，正常的引擎服役周期被打断；已经过载且未准备好的修理设备不得不肩负额外的工作。Slay 将军用了很长时间在国会上试图证明空军有能力解决 F-15 和 F100 引擎的基本问题。

停滞失速并非 F100 噩梦的终点。"当整个洋葱被切开时，"Nix 说，

"每当我们认为解决了某一方面的问题——或至少部分解决了这个问题时，别的问题又产生了。当我们全神贯注地寻找一切影

响停滞失速或者被其影响的问题时，油泵突然开始出问题了。在油泵开始坏掉之前，我们及时解决了这个问题。"

F100 的燃料输送系统是一个有着数千个活动零件的极其复杂的机械装置。它的失败并不像涡轮问题和停滞失速问题那样是灾难性的，但也能够使飞机搁浅。空军想要用一个叫作数字电力引擎控制（DEEC）的电子系统来完全地替换掉机械燃料控制系统，这一点已在普惠和空军的合同中证实。他们承诺，DEEC 可以保证可靠性的增强并且能做到感知和防止停滞失速。但是后来由于一些更加激怒空军的原因，这个系统从未达到成熟阶段。Eddy 说："在 1979 年，我想，问题就已经产生了。"

"空军（资金短缺）（对普惠公司）说：'我们没钱支持这个 1000 万美元的功能，你，普惠，把这个功能在 DEEC 上运行一年，咱们再讨论这个选择。'普惠拒绝了：'我们不想花自己的钱，如果你想要，那你就买；如果你不想要，那随便了。'普惠，如果他们早点考虑这个并且进行生产就好了，但他们不愿为了我们做这件事。"

尽管摩擦在升级，空军和普惠公司都在设法使 F-15 机队尽量正常运行。问题是，尽管大部分问题都有所好转，但这却要耗费大量的金钱和精力。鉴于问题的严重性以及对 F100 可靠性的需求，空军在 1975 年曾选择了 F-16——一架设计为使用单个 F100 引擎的飞机，作为其新的战斗机。赖特帕特森基地空军引擎项目办公室的专家 Joe Wood 说："我们并没有对引擎进行单独选择，尽管以前我们是这么做的。"正常来说，机身和引擎的选择是分开的，在之后的开发中才结合起来。在这个案例中，空军采用了两个原型机的竞争比较，一个是由诺斯洛普公司制造的，另一个是由通用动力公司制造的。最后，使用 F100 的通用动力公司赢了。突然一下子，空军前线的两架飞机都得依靠普惠公司的同一种引擎了。普惠公司很高兴。"F-16 似乎保证了稳定性，当 F-16 出来以后，F-15 的开发过程就开始减缓了。"一位普惠官员说："所以它看起来是一个不断前进的生意。"

F-15 是双引擎飞机，所以它的引擎可靠性并不能满足像 F-16 这样的单引擎飞机的需要。空军引擎工作人员不得不重新审视 F100 引擎、加速燃料泵和燃料控制修正以及停滞失速校正。这并不容易，也不便宜，但这些做法解决了操作上的问题。

　　尽管有了这些成功，这么多年来在 F100 上的挣扎所累积的影响已经开始加诸空军引擎工作人员身上。"一个机器只能为你做一件事情。"Tack Nix 说：

　　"它终将让你失望。引擎系统项目办公室（SPO）的工作人员总是认为（F100）存在潜在的缺陷。他们认为，在未来的某个时间点……在我的飞机上失效了。我的飞机出了事故，而问题就出在你的引擎上，因为你的机器失效了。只要你别遭到太多这样的指责，那还是能忍受的，毕竟没有人从来不犯错误。

　　我们经历了一段 F100 引擎遭指责最多的时期。有太多'这是你的错'的指责袭来，而且整个引擎研发团体都是这种声音——你每天来上班只能听到别人说你做得多么不好、你工作做得多么差劲、你设置的机器根本就没帮助到任何人，以及你到底是怎么做出这些事情来的。你只能默默忍受这些，尽管你工作非常努力，直到你有一天开始变得有点愤世嫉俗。当你被打击了很多次之后，有个人过来为你做错了的事而喋喋不休，那你能做什么呢？你只能说：'行啊，慢慢纠缠吧。'"

　　普惠公司自己将这些加诸空军工作人员的压力当作造成他们不负责任坏名声的重要原因——这是不公平的。"在空军航空系统部门（ASD）从事引擎相关工作的人员是问题导向的人，"一位普惠公司的官员说道：

　　"如果有飞机因为没有引擎而不能飞，他们就开始被训斥。而他们被他们的老板训斥，因为空军战术指挥官就坐在那里看着这一片混乱。指挥官并不关心究竟发生了什么。他不关心我们是混蛋还是他们是混蛋，或者谁被训斥了。他只是想让飞机飞起来。他会找的第一个人就是我们的老板——ASD。老板被找茬，那他们自然就会对我们发火。

　　也许他们觉得我们应该更乐于助人一些，我们应该把手伸进兜里，掏出一百万美元，然后奇迹般地变出他们需要的零件。所以从这个角度来说，他们可能会有这样的印象，即普惠公司是不服从的——这说得对，合同上没有提到的事情别来找我们，因为我们不会帮你做的。事实上不是这么回事儿，我们并没有死抓着合同不放。事实如此，要忍受空军这帮家伙是有很大压力的，原因很多。压力加到了每个人身上，我们也招致很多责难，然而我们仍在努力，拼了命地想要解决问题，而且为了解决问题我们增加了许多工作量，可是要把所有的问题解决实在是非常困难。"

在随后的 1979 年，在所有的紧张和责难中，灾难在新的地方爆发了。两个重要的航天产品供应商罢工了，而且退出了。普惠公司恰恰要从这两个供应商处获取 F100 所需要的零件。尽管这完全不是普惠公司的错，但他们的 F100 生产还是慢下来，最终停止了。到了年底，空军有超过 40 架 F-15 飞机因为缺少引擎而无法使用，只能空置着。两个正在试验生产的 F-16 飞机只能共享一个引擎。Slay 将军参加了更多的听证会。流言说，普惠公司正在将积存的零件转移到商用引擎业务上，那时负责 F-16 飞机发展项目的 Abrahamson 将军领导轴承的制造。据美国商务部的报道称，普惠公司辩解说这种指责是没有根据的，实际上从技术上来说是不可能的。公司也承认这种指控暗示了他们与空军之间的关系已经差到了一种什么样的程度。一位普惠公司的官员说："我们非常吃惊于空军中竟然有这样一种想法，认为我们没有尽自己最大的努力来减小这两个公司罢工的影响，而是认为我们在从中获利。"

空军引擎工程主管者用了两个步骤从罢工的阴影中挣脱出来。1979 年时他们成立了一个特别任务小组，叫作"维护支持审查小组"，由空军内的工程师、后勤保障职员、航空系统策划师以及普惠公司的工程师和开发人员组成，来解决引擎技术和生产上的问题。这个小组奏效得太慢了，两年过去了，F100 的支持和生产网络才有推进的迹象（他们最初做的事中有一件就是"关掉灯芯"，将 F100 的推力降低几个百分比，这个举措增加了 F100 的寿命，却降低了战斗机的性能，并因此激怒了飞行员）。与此同时，美国空军开始建造他们自己的引擎。

3.2 通用电气公司和 F101X

1979 年，Tack Nix 与其他的空军和海军职员来到位于俄亥俄州 Envadale 地区的通用电气公司工厂，去看一个示范引擎 F101X，这是通用电气公司自费开发的。这个引擎是个混合体，使用了通用电气公司为即将淘汰的 B-1 轰炸机专门制造的动力装置的子系统，还用了公司最成功的 F-18 战斗机引擎 F404。通用电气公司建造这个引擎本来是想要卖给海军，来替代 F-14 航空母舰战斗机的原有引擎——TF-30（在装备了很多年后，它也从未被认为适合 F-14）。国会曾有两次——分别在 1976 年和 1977 年——拨出了款项给海军来发展通用电气公司的示范机器。海军害怕一个成功的引擎开发和替换计划会花太多的钱，便压根没考虑这件事。

这个引擎看起来没有任何前途，但还是给 Nix 留下了深刻的印象。

"通用电气说：'我们认为这是我们的目标，我们认为能成功，而且我们有一定的数据来证明这一点。我们可以在一个测试室中展示它的运行状况给你看，而且我们会使其运转自如以显示它没有任何你们正在经历的节流阀的问题……' 在 Envadale 待的三天给我留下的印象是，也许从耐用性这个角度来说，他们有一些与我们在 F100 上体验到的不同的东西。我的意思是说，也许他们的引擎值得一试。"

尽管如此，Nix 并不认为最终看到通用电气的引擎被应用于 F-15 或 F-16 的希望有多大。重新签订一个合约，以及维修服务支持网络的开销和困难都是难以应付的。"我把它当作课本上的一个习题，我对别人说'这会是一个很好的（对普惠的）威胁。'其他多数观察者都同意这一观点。"

一些空军工作人员，包括 Gissendanner 主任，觉得通用电气的引擎竞争可以作为鞭策，对固执的普惠公司发挥有益的作用。他说："我们的供应商响应不是很积极，而我们至少有机会展示我们有开展竞争的能力。" Gissendanner 和他的一些空军同事刚刚建立了一个叫作 EMDP 的项目，作为引擎模型的衍生项目，来调查现存引擎的高推力衍生模型。他们想要将通用电气的 B-1/F-18 衍生囊括到项目中来，完成一些研发工作来引起普惠公司的不安和注意。尽管这个想法看起来不错，但前景渺茫。Gissendanner 说："空军经费不足。"

"我们在 1979 年开始这个项目时，EMDP 根本没钱来做 F101X 的论证。实际上在 1978 年早期我们这些空军引擎项目的人开过一个会，给我们的老板（空军研发部门）汇报了支持这个项目所需的预算，结果有很多二星、三星上将早已决定不予批准 F101X 项目。"

那些人有足够的理由怀疑在一个新的引擎上投入预算的必要性，他们实在不想再体验一遍在 F-100 介绍会上的痛苦经历了。"有很多怀疑的声音，"Eddy 回忆道，"特别是在 F100 的团体中。"

　　"你得知道有很多在空军工作的人正在解决 F100 的问题，他们别无选择，只能 100% 地相信这些问题最后是会解决的。而且他们的态度，你也能从媒体、普惠公司的说法那里看到，当然也会在空军这里亲眼看到，就是那种，'嘿，你可得把这问题解决了，你看你那儿有多少没解决问题的 F100 啊。'而且如果你把这种飞机引擎加入存货，你就得一遍又一遍地重温同样的问题。你会不断重复这种学习的过程，你会经历同样的成熟过程，你会经历同样的失败和修复……所以当我们已经在 F100 上经历了这些痛苦过程，为什么还要从头开始，在一个新的引擎上再经历一遍这个过程呢？"

　　昂贵的后勤并发症可能是这个新引擎带来的最好结果，而最坏的结果是它最终会重复之前那些引擎项目所经常遭遇的尴尬局面，甚至还会产生预算压力。Gissendanner 说："每个项目都在争预算。"

　　"对于一个这样的论证项目，得动用大笔资金。一年要三四千万美元，一旦真正投入生产，还要加上日益增加的预期成本。这就是我们恐惧的地方：这个项目得到越多的动力，想要停下来便越难。当然最大的恐惧还是：如果这个项目继续下去，巨额资金支持从哪儿来？"

　　在军队系统缺乏资源这样的"优良传统"下做事，Gissendanner 和他的反对成员们只能求助于一个腰缠万贯却优柔寡断的邻居：海军。国会的拨款正被闲置在海军的保险箱里。"所以我们向老板提议，"Gissendanner 说，"把海军的钱'偷'过来。去趟海军，再去趟国会，试着在国会那儿把资金转移到空军这里来，然后去海军那儿征得同意，把这件事定下来。"

　　国会很乐意做这件事。海军自己虽然很想替换他们那个令人失望的 F-14 引擎，但又不想自己来做这件事，所以最终也同意了。普惠公司不乐意了。当空军计划使用通用电气引擎的听证会到来时，F100 制造商提供了一个连空军自己都很怀疑的问题清单：后勤、支持与维护等诸如此类的问题。如果在听证会之前空军还在怀疑要不要看看 F101X，那么结束之后就不怀疑了。Eddy 解释了普惠公司那天是怎样毁了他们自己的：

"为了得到国会同意（从海军那儿转移资金），上午开了一个听证会。在那样的场合，（空军）部长和参谋长一起走进来，然后被委员会里所有人齐刷刷地盯着。普惠公司向所有人提出了适当的问题，提问的方式也很恰当，但确实很难回答。他们能够用一种你回答不出问题的方式来问问题……

部长和参谋长在午饭时间与副参谋长和相关工作人员开了个会，Gissendanner 也在其中，我在司令部曾共事过的 Phil Hughes 也在场。他们对此做了认真的研究，当他们下午回来之后，部长转给我的原话是：'普惠公司这是在质疑空军的气魄，我们会让他们知道谁才是管事的！'然后我们回去，证实了所需的资金，估计大概 11~14 天后与通用电气签合同。真是太不可思议了。

把这件事做成的唯一方法就是，部长层面的人得说：'我要做这件事，而且马上就做。'因为他已经被普惠公司的说客逼上热锅了。这个议题能够提出就是因为游说。如果游说没到这种程度，我们不会这么快见到部长。我们可能要用几个月时间才能把这件事弄上部长层面，让那些官僚们说：'对，我们就想要这个。'不然这个计划很有可能就胎死腹中了。"

还好它没有。空军得到了资金，而通用电气也开始把展示模型变成一个全面成熟的战斗机引擎，尽管这场争论才进行了不到一半。空军中的大多数人并没有期望通用电气最后能提供一个完全符合要求的高质量的产品。空军想要的是以此来震慑普惠公司，促使他们采取行动。Clarke 上校说："我们相信，在最好的情况下，我们得到了能够让普惠公司保持诚实的保证。"空军参谋长向国会证实说："如果 F100 足够好，我们根本不需要替代品。"而根据普惠公司的说法，他私下里也对联合技术公司的总裁 Harry Gray 说了同样的话。

根据空军引擎项目的工作人员的说法，普惠公司拒绝合作。Gissendanner 说："我们压根没有掩饰我们要做的事情。"

"普惠公司从第一天开始就知道我们的目标究竟是什么，以及我们想要做什么。我清楚地记得我去佛罗里达普惠公司办公室的那天，有 30 名普惠公司员工坐在那里（工程人员和其他人员）说：'你不能这么做！'我坐在那里告诉他们：'我们就是要这么做，你们最好相信我们真的会这么做。'然后我们再也没得到他们的任何回应。"

普惠的傲慢态度是有底气的。即使通用电气建造原型的资金已经到位，该引擎还没有，而且可能永远不会表现出足够的或更出众的特性。而且，即便它能做到，空军也不太可能建立一个全新的后勤和支持网络；即使它想这样做，也没有预算支持。此外，另一个新的空军计划旨在为 F100 发展新燃油泵和适应新技术，以提高发动机的其余部分的使用寿命。这两项措施的目的是要促进 F100 的可靠性和寿命数倍增加；无论是普惠还是空军都相当有信心取得成功。因此，普惠显然是安全的，它并不合作。"我不在乎你多么聪明，当你把新的东西投入舰队，你就会有越来越多的烦恼，"一名普惠的引擎经理说，"所以我们认为战术团体和后勤团体会承认这一点，因为 F100 做得这么好，（通用电气的引擎）只会成为一个发展计划（绝不是一个真正的竞争威胁）……然而引擎项目之外发生了变化，游戏被重新定义。"

3.3 免费的午餐

通用电气的 F101X 模拟机的最复杂的子系统，也就是涡轮压缩核心，与他们的 B-1 轰炸机引擎的核心是相同的。这种核心与通用电气的 CFM56 商用喷气机引擎也一样。许多 F101X 的其他零件与上述两种分别相同，或者两者都相同。

里根总统在 1981 年重新启用了 B-1 轰炸机。几乎是同时，空军选择了通用电气 CFM56 来为 KC135 空中加油机进行大规模的重装引擎项目。让 F101X 的支持者们惊讶的是，他们发现对通用电气引擎的质疑声比他们预想的小得多。看来 F101X 可以在一个相当小的成本上支持其他引擎。为 F101X 而设的服务设施、零件网络、培训项目以及支持装备都得被建设成能够支持 B-1 和 KC135 引擎。B-1 轰炸机机队中只会有 469 个引擎，而 B-1 服务航空站可以搞定更多。"你可以再问一遍那个问题，"Nix 说，"我们能负担得起把这个看起来更有希望的引擎丢掉的代价吗？而且我们其实可以形成一种竞争，一种让我们走在前面的竞争策略，到那时供应商就要看我们的脸色了，并且可借此达成更有利于我们的协议。"

一切都在向通用电气倾斜。F101X 在研发和 EMDP 项目的测试中进展越来越顺利，并且开始准备进行有限的飞行测试。这个机器几乎拥有理想的性能：无停滞、无节流阀引起的故障，而且某种程度上比 F100 更有威力。

它已经测试了很长时间了，而普惠公司的 F100 还遥遥无期。引擎开发部门的人们不敢相信如此的好事。Bill Eddy 前往通用公司本来是想看到 F101X 的解体，去看看像 F100 和 TF-30 那样的碎裂烧毁的零件，但却看到了很多持久耐用的完好的原始零件组成部分。"我之前还责问通用电气的人是在做一个华而不实的东西。我说：'好吧，你做这东西就是摆在那看的，那你现在真正要运行的东西在哪呢？'Eddy 说："（现在看到如此结果）很难相信……真的是太令人吃惊了。'我说：'天哪，这机器真耐用，这就是我们想要的！'"

同时，改进的 F100 也运行良好，两台机器都在开发阶段的同一水平上了。空军想要知道从竞争中到底可以收获到什么。产品竞争所带来的前景相对于标准的竞争模型会有巨大变化并影响深远。"当我们用我们习惯的方式去经历它，"Joe Wood 说，"如果你在开发过程中仅使用一家公司，当产品量产时你还有什么别的选择呢？你除了找他们没有任何选择，因为你仅有一个候选人。"为了解决这个问题，空军指挥系统的将军官员们去赖特帕特森空军基地与空军引擎系统的主管 James Nelson 上校见面。结果是，在 1981 年中期，他们决定分别向普惠公司和通用电气发送信息请求（RFI）。他们详细地询问了两家公司产品的价格、可靠性、性能，以及交付率；还问了备用零件的价格表（还有替换零件采购的可能性），以及可能的保证。回应是试探性的、零散的，不过他们还是努力争取了。

通用电气在建造一个可靠引擎的同时提供了一个空前便宜的价格，并且用令人赞叹的担保和备用零件供应使得交易变得更加和谐。普惠公司承诺新引擎能比之前的合同节省更多。"当他们得到了两家企业的回复时，"Gissendanner 说，"我第一次觉得空军真的开始明白他们所拥有的竞争筹码了，而且如果真的展开竞争的话，这些筹码能带来潜在的优惠。"良好的回应刺激着空军决定使用 F101X——现在改名叫 F101DFE（衍生战斗机引擎）——来进行全面的工程开发（FSD），也就意味着其会被真正投入生产。由于通用电气是在赔钱的情况下进行大部分开发的，而且 F101X 已经与其他全功能的引擎没有什么不同了，所以全面工程开发不会太贵。"引擎开发商提议进行全面工程开发，"赖特帕特森空军基地的引擎系统项目办公室的 Rick Thompson 说，

> "从剩余工作量的角度来评价这个提议，来证明这个衍生的必要性，这根本就不算标准的全面工程开发，我们根本不需要做大多数日常工作。（引擎）核心本质上是相同的，我们不需要为了核

心做所有的资格认定工作。这是由 B-1 轰炸机而来的信誉……用了一亿美元多一点我们就开发好了一款引擎。通常，一个的引擎的开发需要至少五亿美元。我们根本没用这么多钱，通过竞争就搞定了。"

空军的制造产品竞争的承诺可能并不包含一定要采用通用电气的产品，或者说，至少空军是这样坚定不移地主张的。当通用电气开始全面工程开发后，问题层出不穷，但是，Thompson 坚持说：

> "目标根本就不是将合同一分为二。目标是，用最低的价钱得到保障能力的提高。引擎的持久性以前是，现在也是 F-100 的大问题，我们想要一个更加持久性的引擎，无论它是普惠公司的还是通用电气的。我们想要将竞争样本化，看看我们能用一个产品的钱制造多少东西。而且我们希望能改善合同签订人的回应——为了空军和纳税人的利益。我们在 20 世纪 70 年代可没得到什么好待遇。"

这个决定代表了整个空军的非正式的认可，表明拥有选择普惠还是通用电气的权利是一个值得追寻的目标。空军系统司令部向空军委员会提出了 1.5 亿美元的全面工程开发计划。空军委员会是空军选出的一群高级五星上将，是一群对于空军预算没有法定权限，却具有很大影响力的人。"问题的关键是，" Gissendanner 说，

> "你如果得不到他们的支持，你的项目十有八九会行不通。所以可以说这是一群给你的努力下达最终定论的人。如果他们同意了，那么你就可以得出结论——嗯，我做得不错。如果他们不同意，那你就要担心你的项目究竟能不能存活了。"

最后，委员会同意了。

3.4 愿最佳者胜出

普惠公司本来并没有把通用电气的威胁当回事，但现在显然不是这样了。1983 年 1 月，联合科技主席 Harry Gray 试图通过向空军提交一次性主动

提案的方式来结束这一切，他还向国防部长 Caspar Weinberger 提交了一份写着"亲爱的首长"的副本。采用对已经投入使用的对引擎进行改进和翻修的形式，可以为空军节省 1/3 花在引擎上的钱，而且还包括一系列附带的好处。Gray 的提议是一个商业提议，同时也是个巨大挑战。"如果确实想要节约国防资金，"他给 Weinberger 这样写道，"那么这个能够节省 30 亿美元的提议就应该被采纳。"如果不被采纳，显然暗示了并非真的要节省国防资金。这就是普惠公司希望快点回到的主题。

Gray 的提议没有被采纳。与普惠公司签订 ASD 合同的官员 Gary Hansman 说（他也曾参加挑选竞争对象的小组）：

> "尽快排挤掉竞争对手，然后直接签订五年的固定业务合同，对普惠公司来说是好的，对我们来说也应该是好的，卖主可以有固定的生意来源，如果一次性签五年期的合同，我们势必会取得更优惠的价格。它肯定是比我们目前按年度购买的费用要便宜。
>
> 我想这是比按年度购买的一个巨大提升。这非常吸引人，尤其是当你不知道竞争最后能带来什么的时候，你很难拒绝这么吸引人的东西。我猜这就是空军做出的商业决定。"

"这是第一个提议，"Nix 说，"而我们说：'好吧，天哪，这比我们之前买引擎花费的少多了，也许我们能尝到更多的甜头。也许对于政府来说这是个非常好的生意。'"也许在竞争中普惠公司有更大的潜力可挖。普惠公司的竞标对于空军来说，还有一些微妙的前景是空军从未要求或想得到的。Nix 回忆道："普惠公司说：这能节省你们数十亿美元。"

> "空军看了一下，然后说：这可并非全部吧。作为一揽子交易的一部分，你们提供的很多的东西是我们不想要的。他们提出的是要翻新很多已经在使用中的引擎，还要修改他们的配置参数。有些事情你想要改变，但有些你不想。所以对于这种一揽子的协议，它会给普惠公司很多工作去做，并且他们可能感觉就像把糖果屋的钥匙给了别人，不过从用户的角度来看，一揽子交易并非都是有利的。"

普惠忽略了空军信息的一个很显然的原因是它似乎很确信竞争不过是个伪装，空军另有打算。从官方角度来说，竞争的结果应该由全寿命使用成本以及可操作性、耐久性和持续性来决定；而从非官方角度来说，普惠公司似乎认为，决定会在推力的基础上做出。通用电气公司的 F101 DFE 最后能够提供 28000 磅（1 磅≈0.45 千克）的推力，而普惠公司的是 24000 磅多一点的推力。空军坚定地认为提高推力与近期的需要无关，而且，无论如何通用电气的引擎要更重些——有一些达到了 600 磅——这抵消了更高推力的优势。然而普惠公司，在这种由空军高层制定的政策下，坚持相反的主张。考虑到空军一开始就采取高推重比的目标，普惠公司的怀疑是可以理解的。空军早前很难让普惠相信他们愿意在引擎之前的 8∶1 的推重比上有所妥协，尽管他们是考虑到了耐久性的。"如果说在某种程度上两个组织相互不理解是有可能的，那么我得说公司和空军的一部分人根本就不理解我们现在在做什么。"

"空军尖叫着我们需要耐久性，但我不确定普惠是否听到了或者理解了。这帮人还是五年前让我们停止对引擎的工程性能进行提升，只为了减少 3.5 盎司重量的人吗？你们简直是在开玩笑。我们听到了你说什么，但我们知道你们不是认真的。你得坚守着神圣的 8∶1 推重比……我想大概从 1979 年、1980 年开始我们就一直处于在劝说的状态，试图让公司的高层相信：嗯，空军是认真的，你真的要牺牲那神圣不可移的 8∶1 的推重比。事实上我们不得不这么做。"

不止如此。普惠公司与佛罗里达和康涅狄格州的议会代表游说，代表又与空军交流，普惠公司也每天与空军引擎部门的人谈论推重比的事情。"我坐在那里与普惠的代表谈了几个小时，"Eddy 说，"并且说：'你们是在自杀。忘了这件事吧。老天啊，你只要闭嘴就没事了。别再试图对抗这事儿了。'他们说：'不，我们不是在对抗你，我们只是想要保护我们自己。'我说：'废话，你们是在试图阻止我们想做的事情。'他们说：'是啊，但是你们想做的事是使用通用电气的引擎，我们认为你是提前决定了竞争的结局，你们搞出这个竞争来就是为了最终使用通用电气的引擎，然后你们就能得到高推重比了。'"Eddy 说："压根不是这回事。"

空军拒绝 Gray1983 年的提议表明了普惠公司已经无计可施了。Clarke 上校说："不过是时间问题了。"

"引擎竞争大战已经开始偏离正常经商的方式了。此时他们的战略已经不是试图搞定我们，而是搞定其他能给我们施加压力的人。他们最大限度地攻击我们，而这种举动不过是最大限度地让空军坚定它的信条，那就是：我们要竞争，我们要施加压力，我们要用正确的方式去做这件事，最佳者才能胜出。"

3.5 施加压力

1983 年 4 月，在普惠公司的催促下，康涅狄格州的议员 Christopher Dodd（普惠公司的总部在康涅狄格州的东哈特福德）给空军部长 Verne Orr. 写了一封由普惠公司起草的信。他在这封理由充分的信中写到，"普惠公司与通用电气的竞争是为了全力确保普惠公司能解决 F100 的问题，然而当问题得到解决之后，竞争并没有停止"。信中还说："空军对竞争的官方理由是两个制造商能够提高工业基础以提供战时应变能力。" Dodd 在信中辩称说：

> "普惠公司和通用电气已经是战斗机引擎的工业基础了，如果空军想要用预先指定通用电气的方式来提升工业基础的话，这种情况下，竞争就会——叫作分配了。最好的情况也不过是，重新安排生产力，并且需要通用电气建立昂贵的设施来适应不断发展的工业。更有可能的是，这会损害工业基础能力，因为普惠公司不得不因此解雇更多熟练的员工。"

Dodd 让 Orr 接受一个"由独立的、毫无偏见的、有知识的人，或者某个你对之有信心的独立个人"所写的评论，在决定竞争的下一步该怎么走之前，发送正式的 RFP（正式竞标的提交邀请）给两家公司。Dodd 亲手把这封信送过去的。

Orr 此时不在国内，到了 5 月 9 日才回复。到了那时，Dodd 的信所激起的骚动已经消失殆尽了。Orr 只是不咸不淡地评论了几句："你的信确实引起了兴趣，不仅是空军，还有议会和媒体。"就这些。美国众议院军事委员会听到了关于这封信的风声，然后告诉了 Thomas Cooper——空军负责研究、发展和后勤的助理部长，来回答 Dodd 的指控。对于 Cooper 来说，向普惠公司及其同盟解读政策是一件熟悉的工作。作为曾经的众议院军事委员会的职员，他是 Gissendanner 的忠实支持者，特别是当空军想要得到海军引擎资金的时候，那时普惠恨不得让他被解雇。Cooper 熟练地处理了听证会，辩论说两家公司的竞争能够提供商业优势和技术保证。Orr 的信也只讨论了最基本的原则，没有说明花费、后勤、工业基础的事情，或是 Dodd 提到的空军以前的承诺。"当我们拓展我们的战斗机队伍时，我们必须有可持久的、可操作的且可靠的引擎来支持，"他写道，"你可以辩解说改进的 F100 能够满足这些。也许情况是这样，但是鉴于我们在议会中已经得到了非常吸引人的竞争地位，我相信我们必须将竞争持续下去。"RFP 如期在 5 月发出。

3.6　迫切需求：采购策略和 RFP

在此前数十年与普惠公司的合作中，空军积累了很多采购战斗机引擎的经验。与 F100 制造商的各个方面的商业关系都不太融洽：最初采购价格、担保和保证、备用零件和服务安排、获取引擎组成部分数据的权利，甚至是呈送能够使得引擎性能优越的单一零件样品。关于上述的最后一项，也就是引擎的可接受性，是一个体现管理引擎采购复杂性的例子。空军与普惠公司最初的合同包括了"物料清单"说明书，作为合格产品的标准。Gary Hansman 解释道：

> "清单上说：这是组成引擎的零件的清单。当你把它们组装到一起之后，下一步是去通过可接受性检测：将引擎放入测试室运行 15 个或 20 个小时，然后你检查不同的参数，如果参数是合格的，那么就意味着产品是合格的。这些就是一个合同商是否交付合格产品的决定性标准。也就是说，即使在之后的实际使用中，引擎不工作了，产生了失速停滞或其他什么，从合同上来讲，这是可以的（制造商也许有责任修好它，但政府必须为此而付费）。"

一旦确定下来，这样的前景就很难改变了，并不是因为合同不可打破，而是因为每个对合同的调整都需要经过与普惠公司的协商。空军基本没有讨价还价的余地。F-15 和 F-16 的开发就是基于一个仔细规划的非常僵硬的日程。空军需要 F100，而普惠公司深知这一点。"在任何单一来源的谈判环境下，"Hansman 说，"他们需要的不过是等着你沉不住气。你不能永远等待，你需要那个产品。我曾经参与过很多次 F100 的采购谈判，而条款总是有道理的——我可以调整参数——但我永远不会对结果满意。"空军对普惠公司的不满大多来自于公司想要最大限度地从空军对产品的急需中压榨利润。"他们能给我们任何想要的东西，"Hansman 说，"只不过是预算中钱够不够的问题。"而大多数情况下,钱不够。

　　RFP 是所有难处的缩影;空军想要用普惠公司在单一供方谈判中所提供的那种慷慨精神来完成竞争。"过去的单一供方谈判都是妥协,"Hansman 说,"RFP 就是我们想看的合同的大纲。"

　　关注的重点是价格、备用零件和担保。除了空军想要的计划的多样性,价格当然是足够直接的因素。为了有更多的选择——合同全盘交给一家公司,或者两家平分一份合同,以及一系列对合同划分的调整——空军要求每个公司提供不同的合同选择和价位:一份三年的定期采购合同加上不超过三年的后续合同;一份五年的定期采购合同加上不超过一年的后续合同;一份三年的固定总价合同加上不超过三年的后续合同;一份一年的定价合同加上三年的定期合同以及这之后的不超过三年的后续合同;一份一年期固定价格合同加上不超过五年的后续合同。两个公司都被要求分别提供100%、75%、50%和25%的预计产品目录,以备进行可能的合同分包。

　　备用零件的问题更复杂一些。政府需要考虑到尺寸、耐受性、材料、性能评价以及制造工艺的数据,来确定一个能够以更低价格提供这些产品的卖家,购买产品时厂商并不会同时将数据交给你;通常这些数据都需要花钱买的。普惠公司通常被看作是总是保留这些信息然后用高价兜售的那种制造商,而且对于备用零件的要价非常高,以显示他们是掌握控制权的人。尽管公司生产了20%的引擎零件,剩余80%的零件——根据《华尔街日报》——空军需要从普惠公司高价购买,支付的费用还包括管理、处理和服务费用。这种局面让空军生气了很多年,然后在1983年底终于因公司的高价零件丑闻而打破了。国防部长 Weinberger 将普惠公司在这场引擎竞争中的前景与空军想要的零件采购联系在一起。他说:"如果他们不同意这些,就别想得到引擎合同。"

　　对于引擎的大多数重要零件,RFP 要求承包商透露一些被空军叫作"级别三"再次采购的数据,也就是能够让另一个制造商重新制造某个零件的数据。这个主意是为了空军能够在选择的时候,让竞争双方都能够最大限度地降低他们在备用零件上的花销。这个方法对普惠公司的影响比通用电气大得多,因为前者对零件和工程数据有更大的掌控欲。

　　除了上述这些,RFP 旨在对担保进行改革。担保是一个非常狡猾的东西。而且更特别的是,它们不是免费的。担保费其实是支付给未来可预期的工作的,同时也是对供应商利润的保障,所以达成理想的担保协议的真正目的是确保空军不会鲁莽行事。"我的目标,"预算官员 Rick Thompson 说,"是别搞一个我们付不起的太大的担保。"除此之外的问题是获取什么样的担保。F100 的担保是要求普惠公司替换因为不良工艺和劣质材料导致失效的零件。这并不是一个理想的政策。Bill Eddy 谈起了普惠公司的另一个引擎上一种与上述类似的基于材料和工艺的担保协议。"他们在 F-111 飞机上使用了这个引擎，一个涡轮松掉了，造成了飞机的严重损坏。失效的原因是一个螺栓。而我们从担保协议中能够得到的，"他说，"只是一个新的螺栓。"（实际上，普惠公司开始提议更换螺栓，但它为了展现良好的信誉，更换了整个引擎，但不是飞机——飞机已经被烧毁了。）

空军并不希望在竞争中胜出的引擎仅提供一个螺栓的担保，他们最重要的目标也并不是得到重新建造整个引擎或飞机的保证，尽管这是非常诱人的一点。空军真正想要的是一种确保问题永不发生的办法。Hansman 说："我们认为能发生的最糟糕的事情就是你在担保上赚了钱。"

> "我们试图建立一些能够让他们一开始就把东西做得质量高的方法，因为我们不想让他们之后再生产和运送一些毫无价值的引擎来。如果引擎的确通过了接受测试，但也只是刚刚通过，那么，你知道的，这引擎不可能完成它的整个生命周期。所以，我们试图让他们尽量高标准地做，让引擎的持久性高一些，因为如果持久性不高，他们就得负责维修。我们得让他们与我们共同经受这些问题的痛苦。"

空军并不是故意让他们经受这些的。在 RFP 中提出的原型担保的主要条款是直率强硬且不妥协的。在三年或者 1000 个小时的飞行时间中（也就是涡轮和燃烧阀的 3000 个测试周期，大约八年的普通使用时间）引擎像预想的那样运转正常，这就行了。如果不是这样，承包商就必须修理它，或者付钱给空军修理它。而且，在 3000 个测试周期里，引擎应该至少保持 98% 的推力，还不能超过 105% 的燃料消耗。如果不是这样，承包商就得修理或替换它们。所有这些问题都在 F100 上出现了，空军本来应该付钱修理的，但现在这是普惠公司的责任，如果 20 世纪 70 年代担保就生效了的话，这些问题本来应该是承包商的责任。Hansman 说："如果我们不把引擎放在可操作的状态，我们就会损失。"

> "如果我们有了像失速停滞这样的问题，或者下一个还未知的问题，如果在保修期内出现这些问题，他们就得负责修理它。担保说他们要根据条款来操作，到了应用时得按照说明来操作它。

所以很大一部分责任是在承包商身上。"

RFP 中的问题仍然存在——包含了引擎、零件和获取数据的权利，以及担保——无论竞争的力量能否给空军带来比之前更多的东西，它们要花空军能负担得起的钱。空军准备好在前期多花一些钱，以此来避免日后在操作和支持方面花更多的钱，只要使引擎可靠性提高、担保更有力。当然，如果因此而导致初始采购价格太贵的话，空军也就不会这么做了。尽管也许除了 Verne Orr，没人知道其中的分界线在哪里。海军对此也有兴趣。由于仍被普惠公司的 F-14 引擎折磨着，海军密切关注通用电气的引擎，而且空军 RFP 中的条款也包括将价格、零件和担保信息同时提供给海军。人们饶有兴致地等待着普惠公司和通用电气对 RFP 的回应。

3.7 过渡期

来自后勤部门反对引进新引擎的声音一直没有消失。在 1983 年 7 月，它们又一次出现了，这一次脱离了空军的研究机构，而是由众议院拨款委员会的调查部门（S&I）形成了一份关于空军引擎采购的报告。众议院拨款委员会国防分委会的主席 Joseph Addabbo（纽约州）被看作是普惠公司最好的议员朋友之一，S&I 的报告给了他足够的材料来攻击竞争这个主意。

这份报告聚焦于从空军引擎项目人员、飞行员、后勤保障人员、美国战术空军司令部以及引擎和机身制造商处收集来的信息。它提出了很多重要观点。其中一个是，F100 自 1978 年起已改进许多，"普惠公司已经达到了空军提出的大多数的 F100 改进目标"。另一个是，未来几年的竞争——也许可称为 1984 年 Orr 开始决定是否要买通用电气产品之后，F-15 和 F-16 的再竞争——根据空军的消息，只有通用电气的 F110（由于 F101DFE 已经被重新指定了）确实投入生产，这一竞争才有可能。由于 S&I 的人员感觉到空军非常重视之后几年的竞争，这强烈暗示了通用电气——与空军官方公布的地位相反——已经被确认了将在 1984 年获得合同。还有一个观点是，苏联正在开发比美国 F-15 和 F-16 更快、更易操作的飞机，所以美国必须投入使用比普惠公司或通用电气公司更厉害的引擎。空军正在为这种可能性做准备：更高性能版本的 F100 和 F110——用行话来说就是成熟版引擎——正在研究开发中。如果空军决定投入使用这些更成熟的引擎，而不是普通的版本（看起来已经不普通了，因为更高性能的战斗机直到 20 世纪 90 年代中期才出来），S&I 员工指出可能最终不会仅使用一种引擎（现在的 F100）或三种引擎（老的 F100，加上一个新的更可靠的 F100 以及通用电气的引擎），而是五种引擎：上述的三种，加上更成熟的版本。这不仅会使后勤链更复杂，还会减少从普惠公司与通用电气竞争中的获利，因为通用电气的竞争花费和生产准备成本要均摊在更少的引擎上，而不是空军之前预期的 2500个。无论如何，这份 S&I 的报告中说，他们从后勤指挥部中能得到的最好评论也不过是"可控的而不是满意的"。

S&I 的报告，至少可以看作一个客观的评估，并不是全部悲观的。它被装到一个有着 S&I 参谋长 C. R. Anderson（一个爱挑剔的人）署名的信封里送出了。他写道，竞争"会造成额外的花费和采购的冗余"。他建议空军——正式声明与此相反——坚持双项承包合同。他谴责已经有问题的引擎零件供应链中不可避免的复杂性。根据空军自己的阐述，由于 F100已经被修复了，为了应对苏联带来的威胁，他提议应该取消竞争，把注意力集中到普惠公司和通用电气的成熟引擎上。

Verne Orr 在 9 月 1 日给 Addabbo 写了一封信来回应报告中的指控。"一种新的引擎是必要的，"他说，"仅 1984 年 F100 零件预算就有 6.28 亿美元，由于 F-15 和 F-16 编队的扩大，这个数字还会增加。竞争却才刚刚起步，有可能产生实质上的节省，并且 Orr 明确指出如果竞争被中止，这看起来太罕见了，空军不能承受这样的后果：

> 关于实行竞争姿态的政治分歧很明显，与大量的资金和利害攸关的工作有关。我们有一个绝好的机会来向美国人民展示国会和国防部都在认真地努力降低国防采购和维持费用。我可以向你保证，我对这个想法是认真的，而且我计划继续采购具有高推力的战斗机，作为空军最初的采购主张，只要国会将竞争看作珍贵的工具并支持我们的工作。"

说到推力，Orr 写道："这两个引擎的推力水平都能够满足现在的任务需求。我们需要的是可以随时提供并能维持维修费用的引擎。"由于双项承包合同已成定局，部长坦承在空军内部对竞争的两面性也有所认识，但是Orr 要做决定，而且要开放思维。"这个决定，"他写道，"会根据空军对承包商提案的详细评估做出，而不是做投机买卖。"当众议院国防拨款分委员会遇到这个事情的时候，Addabbo 已经规划了竞争要用的资金；而分委员会在少数派成员 Jack Edwards 的领导下，将钱放回去了。

竞争本身也有程序性的障碍。采购项目总是被视为周期性的，从开始到部署，由项目外的员工来确保他们是理智地考虑到了整个军队和财政的利益。真正的大项目最终是由国防采购评审委员会（DSARC）来审定的，这个委员会的主席是当时的国防部副部长 Paul Thayer，DSARC 是在 10 月 13 日成立的；没有委员会的首肯，这个竞争就不能继续下去。它并未在指定的日期召开。国防部战略办公室辩称，通过与防御办公室的接触，发现新引擎就应该面向高推力。几乎同时，防御办公室的测试评估办公室的领导 Adm. Isham Linder 发出了一个关于对竞争起决定作用的数据的警示。他指出，两个引擎都至少要到 1984 年底（普惠的要到 1985 年春天）才能准备好全面生产，而且没有一个完全通过了正式的耐用性能测试：普惠新的 F100 还没有完成耐用性检测的初期开发。"自从耐久性变成竞争中的关键因素，" Linder 在一封写给空军高层官员的信中说，"在两个承包商展示出他们的设计能够满足要求之前，还是推迟做决定比较谨慎。"然而空军却确信新的引擎一定比旧的好，所以拒绝推迟决定。F-15 和 F-16 的开发在继续，并将一次建造一个编队，也就是 72 架飞机。推迟竞争就意味着会损失数个编队和几百个引擎，这是空军不想接受的。空军研究开发部门的副部长 Martin Chen 说："问题在于，当你做这件事之前，你希望它有多保险？"

> "我想我们的争论在于，我们现在的处境尴尬。将竞争推迟能得到的更高的可靠性和准确性也许是值得的，但我们不这么想。从我们的技术数据当中我们看不到缺陷：也许有一些我们没有注意到的问题。但是现在没有任何数据显示这些引擎不会比我们现有的有显著提升。"

然而异议的联合效应已经足够使 DSARC 的评估推迟了。当 10 月 11 日的《国防周刊》报道了这项争论之后，康涅狄格州议员 Lowell Weicker 立刻写信给 Thayer 询问这件事情，Weicker 依赖于 DSARC 的评估来确保普惠公司不会被复仇的空军立刻驱逐出局。Thayer 在 11 月 2 日回信，给了 DSARC 一个 12 月 12 日的期限；与此同时，空军将会"评估现在以及 20 世纪 90 年代中期当更先进的战略战斗机出现时我们可能会进行的对引擎的不同选择"。竞争背后空军最看重的因素还不得而知，但似乎已经可以得出结论：空军仍然不把推力当回事。

DSARC 的审议意见还是有启发性的。DSARC 想知道费用分析改进小组（CAIG）关于竞争采购对成本影响的观点，这个小组是由副主任 Milton Margolis 派出的一批 OSD 分析员组成的。CAIG 有很大的独立性，它的目标在于确保财政方面的真实性和精确性。Cooper 不得不在他们能开始工作之前向

CAIG 提供相关的空军竞标数据——预期的采购和生命周期成本。

相对于 OSD 的特权与义务，CAIG 要求的服务向来很难满足。Cooper 不提供给 Margolis 这些信息，而且对 Margolis 的劝说毫不动心——至少最初是这样。"这是空军的职责，"一名官员争论道，"部长并不应该评估一个还没有被做出的决定。"也许还有更多的原因。1982 年的 CAIG 报告中说：通用电气一开始花费太多，而且引擎重量过大，会比已经基本开发完成的 F100 多花费 6 亿美元。这个报告让 CAIG 成了通用电气的敌人。

CAIG 然后就被禁止评估空军对于普惠公司和通用电气的特性预估：采购价格、服务需求、零件花费等诸如此类的问题。分析员并没有留下深刻印象。根据一位 CAIG 费用专家的说法，空军的规划是一种对竞争偏向性的嘲弄。

> "空军在预估引擎时说：通用电气的引擎会是低成本的引擎，因为它的操作和支持费用会低得多，尽管初始的费用会比较高。我们对他们说的进行了分析，根本没有道理，因为最终你的操作支持费用必须比 F100 降低 40%~60%。在我们看来这根本是不可行的。"

空军所得出的 F110 的操作支持数据，显然是从通用电气自己的美好规划中得来的，而普惠公司的数据却不那么吸引人，因为数据是从十年的实际应用经验中得来的。普惠公司在比较中的劣势并不令人惊讶。CAIG 建议空军重新采取一个更现实的方法。这是很敏感的一点。如果通用电气引擎不能展示出比普惠公司低得多的操作支持费用，以此来补偿太高的初始费用，就没有发生争论的必要了。

冲突凸显了竞争采购事前分析的基本问题：想要预测竞争的结果是很困难的，甚至是不可能的。对于已经投入生产的，如 F100，政府理论上已经达成了最好的协议。所有能消除的额外费用已经被合同谈判者消除了。竞争的支持者声称这个进程可以消除迄今为止还不知道的超额费用和低效率，这是一个看起来不错的想法，但经不起仔细推敲。

对于还没有投入生产的，比如 F110，分析家们根据产品重量、生产的人工时间以及材料花费来预估费用。预估主要基于以前的引擎产品运行的分析。由于到目前为止引擎都是通过非竞争的方式采购的，所以分析者不能很好地分析竞争采购。尽管如此，结果已经是可得到的最好数据，而且这种分析被大部分采购所需要。

空军准备怎样回应 CAIG 的批评，CAIG 能不能接触到他们想要的空军数据都还处于未知状态。Weicker 写给 Thayer 的信中既询问了 DSARC，也询问了 CAIG。Weicker 的首席军队事务助理，一位曾经的 OSD 员工，认识且信任 Margolis，很希望他们严密监视空军。Thayer 回复说，CAIG 应该"在空军部长进行供方选择之后，在国防部部长和我做出决定之前，拥有及时获取所有重要信息的权利"。Margolis 还不知道这个问题是怎么被解决的。"接触国防部的信息是非常敏感的话题，"他说，"如果你想要信息，你得与有信息的人合作。获得数据并不意味着拿到一盘磁带或者一份报告，而是意味着你与一些与此相关的人坐在一起，他们告诉你他们做了什么，为什么要这样做。"由于 Thayer 的信，Margolis 能够靠着空军的关于竞争的报告来完成评估，但他还是不能靠着对 OSD 进行全面的调查来完成。

11 月 2 日，Weicker 用一封信下了自己的赌注——议员 Lawton Chiles 也签了名，他像 Weicker 一样，站在国防拨款委员会的立场上，并且与普惠公司有着利益关系——这封信写给总审计局（GAO），请求 GAO 对竞争的最终合同方案进行评估，无论这个方案会变成什么样子。GAO 被命令对 CAIG 的分析进行评估，来作为它自己的检查的一部分。

在这一切发生的时候，空军另一部分人正试图搞清楚怎样处理双项承包合同——如果它能够通过的话，已经不能再简单地断定双项承包合同为后勤保障带来的复杂性是可以掌控的。进行详细的计划是必要的，至少应该系统地计划怎样安排他们，以及这样的计划如何影响空军决策者们什么时候将何种引擎分配到特定类型的飞机上——F-15 还是 F-16——以及专门的空军基地。

6 月，空军成立了"替代战斗机引擎采购方案工作组"来对这些问题的供方选择提出建议。工作小组是由空军办公室的不同人员组成的。由于缺少详细的指导，这个工作小组或多或少有些自行其是：根据预期的 F-15 和 F-16 采购目标，以及空军后勤保障和操作部门的不同引擎采购方案找出可行的、更优的引擎组合。

工作小组做了许多重要的假设。其中最重要的一项就是在编队层面（即战斗机操作和管理的最小单位）以下没有引擎组合。小组认为，在一个编队内将两个引擎进行组合，会打破后勤保障线以及操作支持结构，这是不可行的。这需要双向的零件和服务设备、混合的维修人员（空军的规则是不允许一个服务人员同时具备维修两种不同引擎的资格）、两种不同的飞行和维修记录，以及飞行员，尽管他们可能不会操作同队内其他飞行员的飞机。小组认为这是不可操控的。不同的编队可以用不同的引擎，而同一个联队引擎必须相同。

小组还设想，对旧飞机上的新引擎不应该进行改装，新飞机应被设计为只能使用一种引擎。比如，一旦一架 F-15 飞机被生产为使用普惠公司的引擎，它就不应该能被改装为使用通用电气的引擎。这种设计保证了一个编队组合的稳定性和可预测性。

工作小组最终决定，只要在这些限制之内的选择就是可以采用的。空军可以在 F-15 编队中只采用一种或同时采用两种新引擎，或者在 F-16 编队中这样做，或者 F-15 编队用一种引擎，而 F-16 用另外一种，或者 F-15 和 F-16 同时采用两种引擎。小组建议，为了最小化每个编队的操作复杂性，更好的方式是每个编队使用一样的引擎。这也是白宫 S&I 团队提出的看法：双项承包合同方案是易操作的，但并非首选。这个观点似乎被所有后勤人员所认同，但后勤人员仍然忧虑操作双项承包合同的弊端。

工作小组发布了报告之后就解散了。DSARC 在 12 月召集起来，没有受到推力和其他数据因素的影响，给了空军一个"尽管去做"的信号。这个结果几乎震惊了所有人。

3.8 竞争

空军和参与竞争的公司之间进行了一段时期的无约束的咨询和谈判过后，普惠公司和通用电气的最佳也是最终竞标在 11 月被送到了赖特帕特森空军基地。引擎系统项目办公室主管 James Nelson 上校以及他的下属从几千页技术和财政数据的报告中找出了重要的信息。他们准备了一个展现各个公司在每一个合约选择上的表现的简短报告，以及他们在担保和备用零件上的价格和条件，并且把这个报告带到华盛顿，向 Verne Orr 和空军总部官员做报告。Tack Nix 解释了这些会议是什么样子：

> "你第一次听到它的时候，你的脑子完全无法接受它。在它被报告给部长（即空军的 Verne Orr）之前，我听了五次。我到了第五次才理解它……这是一份脚本化的文字，上面没有任何解释，没有其他任何英文字母以及语法，它就是一份全是数据的稿子。它完全就是这种形式：这是提议的一部分，这就是合约人被要求答复的东西。这就是每个人答复的东西。我们在一些领域评估他们是满意的还是不满意的……我坐在那儿被这些东西吓到了。我简直不敢相信它们有这么复杂。"

不过竞争比预期的看起来更有效。两个引擎都比空军预期的要便宜。Hansman 说："两个引擎都有非常吸引人的价格，尽管这是可以预料到的。"

"引擎直到 1986 年才送来，所以我们预测了三年的通胀。这些引擎是现存引擎的衍生，且结合了许多工程改进和提升，这些都是要花钱的。这些引擎还没有投入生产，在这份生意中，学习曲线是非常重要的。经过这些提升，我们无法找到更便宜的价格了，而且引擎的寿命还提升了一倍，持久性更好。我们惊呆了。"

而且，与预料相反的是，通用电气引擎的价格实质上比普惠的还要低。Hansman 高兴地说：

"通用电气一台引擎都没生产，所以他们的学习曲线将会更好。他们准备组装。他们用这种方式给出的价钱让我们震惊。他们没有生产第一台引擎，却能在我们的可支付水平上报价。这简直太棒了。"

通用电气在备用零件方面也略胜一筹。普惠公司最终（不情愿地）放弃了一直以来对零件的控制（空军在 RFP 中花费大量时间要求公司给出二次采购的数据）。普惠公司最终提出的方案与空军的预期是符合的。但通用电气提出的比空军想得更好，并且自愿地提出了空军想要的任何零件的双向资源，以便于空军找到能够提供这些零件的替换供应商。考虑到采购中的每一个竞争因素，通用电气显然更有吸引力。

这两个竞标者真正的不同，在于担保费用。两个公司都提出了最基本的相同的担保，包括空军提出的关键条款。通用电气的价钱大约是引擎价格的 5%，无论最终中标的比例是多少。普惠公司也提出了 5% 的保险费用，但这是它 100% 中标情况下的价格，而若它没有得到 100% 的合同，那么随着合同份额的降低，普惠要求的担保价格逐渐上升，若它只得到 25% 的合同，那么它要求的担保费用将会高达引擎价格的 1/3。"你会看到担保价格一路飞涨，我的意思是，这价格太荒诞了。"Clarke 上校说："这种价格在任何情况下都是没道理的。"普惠公司的担保价格意味着普惠公司的竞标价格比通用电气贵得多。普惠公司看起来是将他们的竞标配置为，任何双项承包合同都会变得花费两倍价钱：空军不仅需要为通用电气的预期高价付款，还得付罚款——以夸张的担保价格的形式付给普惠公司。Bill Eddy 说："普惠简直把提议当儿戏。"

"我想他们这样做是有一定原因的。其中一部分是，普惠公司说：'你们这些人已经早就做好决定了，我们能得到的最好结果就是只得到部分合同。'然而他们被告知，不是这样的，如果你有最低的价钱以及最好的提案，那你仍能赢得全部合同。这就是他们试图做的事情。他们说：'好吧，在 100% 合同份额下，我们会给出最大折扣，我们给出的价格可以比通用低，但只要合同份额低于 100%，我们的担保价会高得让你承受不起，我们要的是全部合同！'"

Eddy 是对的。"记录显示，"普惠公司的一位官员在合同决定之后说道，"100% 的单向承包显然是规则允许的，我们决定在这方面下赌注，我们就这么做了，这是我们做出的商业决定。我们想要继续 100% 的份额要求，用给他们一个无法拒绝的提议的方式，而且以将每个单元的价钱都提高的方式，更进一步加强这个信息。"然而普惠公司失算了。因为通用电气的低引擎价格，加上空军对长生命周期费用的估计，通用电气才是那个 100% 份额的低价竞标者，而不是普惠公司。通用公司还将备用零件和担保写入条款，所以在任何一个方面都打败了普惠公司。显然对于空军来说这是一个很好的采用双项承包方式的理由——如果可行的话，但普惠公司和通用电气之间的担保的不同让它成为了一个问题。如果空军购买少于 100% 的普惠公司的产品，就不得不支付罚款。"普惠公司的提议，"Clarke 说，"让 Orr 置于了一种无法感情用事的境地。现在，他能重新提出选择 100% 的方案吗？是啊，他可以，但是不会是普惠公司的 100%。"在一次简短汇报中 Clarke 参与了几乎是 Orr 的供方决策进程的最后一步（经历了几乎两周）。

"……部长问我们的意见。那儿可能有大约 50 个人。我不会告诉你们他们说了什么，那是与选择相关的空军绝密信息。但是那儿的所有人——有四星上将、三星中将、二星少将、主官、上校以及文职和律师，所有的人——都起立然后告诉了部长他们的观点。我只能告诉你大家思想的主线都是：普惠公司让我们很难做出正确的决定。"

据 Orr 身边的人说，其实 Orr 自己倾向于（至少暂时地）让普惠公司完全出局，只购买 F110，但空军高级员工精力充沛的、真心实意的游说最终劝阻了他。"只接受通用电气的提案是非常诱人的想法，"空军调查发展委员会的代理部长 Chen 说，

> "只能说我们本来要 100% 接受它。我想我们最终决定不这样做的原因，是因为我们在单一资源的情况下吃的亏已经够多了，对吧？我们真的吃了太多亏了……确实得靠主观判断，我们不能每次都孤注一掷。"

Orr 决定了一个大家普遍认为最不可能的选择：他采用一年期合同，并在 1986 财政年计划了对合同分包的一次重新评估。Orr 并不想让空军在普惠公司主导竞标的基础上实行长期的采购计划，这在空军已经是一个公开的秘密（一位官员说："他把这看作是对他能否做出理智决定的攻击。"）。考虑到一年期的合同政策，通用电气毫无疑问是胜利者；空军意向购买 120 个 F110 和 40 个普惠的 F100。而且，F110 是为了 F-16 采购的——空军想要采购超过 1000 架 F-16——而普惠公司只得到了 F-15 的订单，这种飞机大概只会采购几百架。"没人认为 F-16 编队会突然转型然后接受一个全新的引擎，"Nix 说，"认为会在产品应用的中途更换这个想法简直令人难以置信。"

Orr 在 1 月份做出了决定。对于空军来说，问题解决了。OSD——Weinberger 自己，至少是正式的——仍然不得不签下这个决定。在 OSD 最终批准之前，国防部副部长 Thayer 还想让 CAIG 仔细看看空军的理由，空军仍在抵制 Margolis 办公室（的想法）。还有即将到来的 GAO 的审查（空军负责 R&D 的助理部长 Tom Cooper 曾与 Weicker 会面以再次确认议员对空军的公平性。Cooper 说，Weicker 告诉他如果 GAO 的审查是积极的，他就会独自离开空军，不过如果不是，就会有严重的惩罚）。最终，在 Margolis 和 Cooper 之间的一场气氛紧张的会议上，Cooper 得向 CAIG 做一个关于空军成本分析的简短报告，Cooper 问 Margolis，CAIG 是否会支持空军应对 GAO。"不，"Margolis 说，"仅仅依靠简报是不够的。"

Cooper 放弃了，而 Margolis 和他的员工们当晚飞到赖特帕特森空军基地去评估竞标。CAIG 认为，空军对通用电气和普惠公司竞标的估价——因为 CAIG 早先的批评而有所提升——是他们能想到的最好的程度了。而且，通用电气的竞标价格很低，这在 CAIG 之前的数据中并未体现出来；通用电气也不需要为了证明引擎的好处而将操作和支持费用压到最低。OSD 对此是

支持的，在 2 月 3 日，空军公布了这个决定。10 天之内，海军就宣布了未来采用通用电气公司 F110 引擎来装备 F-14s 战斗机的计划。部长 Orr 得再看看在 1986 财年每个公司的优点，所以引擎大战还没有结束。不过它的第一场战争显然是打赢了。

3.9 反应和反省

合同的官方宣告，是一份由 Orr 和 Weinberger 亲自起草的文件，声称：

竞争能够为政府在 20 年间节约 25 亿~30 亿美元，由此可以大大提高引擎性能，显著增加担保，而且能够扩大工业基础和防止产品线崩溃。

相比空军已经习惯了的对超额军费和管理不当的批评而不是对工作做得好的好评，公众的反应出人意料地不错。国会国防改革支持者们对此很赞赏，而且《纽约时报》将这个合同当作对国防部的批评，因为"单一来源采购会造成大量的低效率"。如果以后所有的服务都跟随空军竞争的步伐，即双来源方法的实施，报纸上说："将会极大提升国防部采购清单上的武器质量，除此之外，还能够极大地降低国防开支。"

这只是部分事实。许多参与竞争采购过程的人，想法要比《纽约时报》谨慎得多。竞争应该带来的好处大多是远期的好处。购买的低价是现实，但高可靠性和更好的担保范围还没有显现出来呢。"我们有了成功的征兆，"在合同被宣布八个月以后，Rick Thompson 说，"但是我们还不知道担保的好处什么时候实现，以及从现在开始的 20 年内操作和支持的费用会有多少。"空军的其他一些目标，如供应商竞争和工业基础的发展，都是还没看见效果的东西。"我想，在这种时候进行评价还太早。" Bethel 上校说（他刚接任赖特帕特森基地的 Nelson 上校）："我们还没有交付第一台引擎。"

在空军内部有一些对 Orr 曾承诺的再次竞争的前景的忧虑，特别是如果空军要采购一些已经成熟了的引擎的时候。"如果我们将配置参数调整太多了，"Bethel 反映说，"如果我们经历竞争这个过程，然后选择了另一个成熟的引擎，你最终会得到很小规模的编队。这对于后勤指挥来说是难于管理的。""这是我们从来没有做过的事情，这一想法的实现要基于我们每年的实践基础。" Tack Nix 说：

"想到可能造成的混乱会让很多人大伤脑筋……我们刚刚到试图执行决策的时候。任何以为我们已经执行了决策的人根本就不知道发生了什么。我们已经过了因决策明智而被人肯定、鼓励而兴奋的阶段。我们拍拍身上的灰尘,说:'你看,我们还有好多工作没做呢。我们还有两年才能知道实践效果如何。'我们需要做什么?我们开始问自己这个问题。我们开始从相关工作人员那里收集反馈。空军后勤中心的支持人员需要提前计划两到三年。你怎么预测工作量?由于有大量的基础设施还在建造中,所以即使是要解决一个简单的问题也需要大量的延迟和时间。所以我们真的需要计划好接下来两年的工作。"

对于空军接下来要做的工作有一种怀疑态度。"当你决定要用 F110 后,"CAIG 的一名成员说,

"有很多决定是当时才能做的,对吧?一旦你承诺了买一栋房子,然后你开始选择,就等于你承诺了要割草、要照顾园子、要付水费,以及所有这样的事情。我们还不清楚,一旦这样的决定做出了,还有多少这样的承诺要负担和实施。"

这些承诺在承包商合同每年重新分配的情况下能否得到有效实施还不清楚。"对于一年期的决定,我们没有办法来对零件类型和数量进行好的决策,也没办法安排我们的大修,"Dick Nichols 上校(他是收购替换方案工作小组的一名后勤人员)说,

"预计的过程包括两年的交货周期。所以,一旦你得到了钱,你就有两年的时间来进行采购;一旦你与承包商签订合约,那么你有两年的时间来交付。所以我们现在要求有四年到五年的提前时间,来决定我们需要什么。在现在这件事进行的方式下——一次决定一年的事情——我们不知道要买什么,是买新的 F100 的零件还是 F110 的零件呢?买多少呢?所以这就产生了一个实实在在的问题:我们不知道要为每个引擎计划多少次彻底检修,因为这是一个一年期的决定。"

Nichols 说:"空军后勤部门的大部分官员,已经游说 Orr 不要做第二个

一年期的合同政策了。"部长如何平衡他们的忧虑和自己想要给两个承包商保持竞争压力的愿望，仍然是一个谜。

与承包商打交道的人们看到了竞争压力带来的好处，也看到了保持这种压力的需要。"整个事情的底线是，作为竞争的结果，我们得到了一个全新的普惠公司，一个新的、悔悟了的、有责任心的、渴望满足客户需求的普惠公司。在某种意义上的新人通过逆境上了一课。"Clarke 上校满意地说：

> "与我们对话的所有人，尽管他们是同一批人，都与竞标之前的自己划开界限。此一时彼一时。我们失败了，我们知道这一点。我们是全新的普惠公司。我们准备好了用你想要的方式来做事情。而通用电气却可能变得与之前不同了，这让我们很是忧虑。我认为他们很满意目前事情的发展，而且我听说他们现在的地位有点像一个单一资源的供应商了。如果他们很难打交道的话，那我们在 1986 年和 1987 年就有得受了。"

通用电气的不恰当行为还不能与普惠公司在 1 月的零件市场中给空军带来的创伤相比。那时当空军向国会报道了与普惠公司的合约之后，众议院军事委员会要求空军取消担保条款。数字能够解释 1984 年 5 月空军做出的行动：在 1.3 亿美元的引擎上，制造商要 5300 万美元的担保。与通用电气 5% 的价格相比，委员会写道："这担保的价格也太高了吧。"它认为"政府将这个风险当作合理的商业判断"。到了 1984 年秋天，参议院决定允许付一部分担保的钱，但不是全部的 5300 万美元。矛盾将要上报到议会了，与此同时，空军已经与制造商签订了合同，而他们甚至已经不能弄清楚自己的法定责任到底是什么了。"我们怎么能在这么晚的时候调整竞标呢？"Clarke 很困惑：

> "我们已经确定要采购了。而且我们已经选择了引擎的组合方式，我们怎么可能在不破坏整个合同的情况下拒绝付清他们要求的担保的钱呢？我们压根就不想这么做。"

令人难以置信的是，委员会行动之后，普惠公司让空军明白，如果想要重新协商担保的事，一些低于最初的 5300 万美元的结算方式还是可以接受的。如果公司在供方选择之前就这样做了，那么结果也许就完全不同了。

4

管理和技术服务外包： 究竟谁在经营海军海上系统司令部

1988 年 4 月，海军海上系统司令部（NavSea）受到海军检察长的批评，因为他们在完成任务时过于依赖承包商来开展日常工作，包括海军船只以及船上系统的采购、维修、更新改造以及停用等工作。在一场日常检查中，检察长发现许多 NavSea 的合同并没有清楚地陈述性能需求，而且承包商似乎参与了一些敏感工作，比如采购计划和资源选择，这些行为本来应该只由政府雇员参与，以保护公共利益。检察长的报告责令 NavSea 在接下来的三年里将承包商服务减少 50%。

NavSea 官员悄悄地开始对合同进行检查，并准备对检察长的报告进行回应，但此事注定保密不了太久。6 月 14 日，有记者披露了 Operation Ⅲ Wind 这一事件，即一场为期两年的针对海军和其他国防部机构、主要的国防承包商和独立咨询顾问之间的不合法交易的调查。尽管没有任何迹象显示出 NavSea 的员工或承包商是调查的目标，但海军官员判断不久后国会就会开始调查 Operation Ⅲ Wind 事件和检察长报告中所揭露的情况之间可能的联系。

对于那些早就开始忧虑"对承包商的日益依赖，导致指挥部门日益下降的士气和效率"的 NavSea 官员来说，海军此时面临的尴尬境地其实是因祸得福。合理的前景是，NavSea 在 25 年来第一次被允许增聘足够的额外人员来恢复重要的内部工程和管理能力。但是在为保护必要预算而制定"人力转换计划"策略的过程中，NavSea 官员发现，面对国会的政治顾虑和管理与预算办公室的私有化准则，他们不得不采取点儿策略。

4.1 外包：从艾森豪威尔到里根的政策和政治主张

从美国革命战争时起，美国政府就已开始从私营领域采购商品和劳务，但直到第二次世界大战后外包才成为行政单位正式的和平时期政策。在1954年的预算演说中，艾森豪威尔宣布"一项行动的开始……私营企业的基本行为用这种方式实施可以变得更合适和更有效率"。①于是开始了一个长期的行政政策传统，这些政策旨在将联邦政府从与私营部门的直接竞争中解放出来。

从艾森豪威尔开始的每一届政府都颁布了推行私有化的重要政策文件，这些政策文件基于如下的前提：

> 在治理过程中，政府不能与公民进行竞争。以个人主义自由和创造性为特征的竞争性企业制度，是国家经济增长的主要来源。基于对此原则的认知，政府过去乃至今后的一贯政策是：依赖商业资源提供产品和服务，以满足政府的需求。②

尽管这个原则在美国众所周知，但行政私有化政策在政府内部却从未得到广泛支持。由于不同的团体都是以自己的利益为先，害怕丢掉工作，而且私有化的结果往往是他们的影响力会变弱，于是对这个原则的反对倒是非常广泛和为人赞同的：因为特定的政府决策和行为与公众利益联系太过密切，所以它们不能被托付给任何将决策的结果或者行为采取的方式中以物质利益为重的人。

就连艾森豪威尔也意识到了私有化特定政府活动的潜在缺陷。在他第二任期的末期，他建立了贝尔委员会，来研究政府承包的发展，特别是在研发（R&D）的白领阶层中。这个委员会的报告在1961年完成，警告说有太多的关键政府职能正在被移交给私营领域，而且政府正在逐渐失去评估承包商在敏感研究开发工作中的表现的能力。③然而尽管有这些警示，20年来，对政府承包政策和其他与预算有关的事项负有责任的管理预算办公室

---

① John D. Hanrahan，《合同管理》，p. 84，诺顿公司，纽约，1983年。
② 管理和预算办公室A-76通告，1983年8月，p. 1。
③ 此外，委员会发现许多美国贸易——在某些情况下甚至是整个行业——都极度依赖政府合同以保证其生存。因此，委员会建议政府重新估算这些承包商是否确实是"私有的"，政府是否真正鼓励自由企业。

（OMB）没有任何显著的政策改进。

直到 1978 年，政府出台了一套针对所有类型的货物和服务的承包政策的指导方针，①即 OMB A-76 通告。A-76 通告主要关注（但并不严格限于）所谓的工商业的货物和服务，也就是说是蓝领阶层的行为，如设备搭建和维修、场地维护、餐饮服务、垃圾收集、照相和数据处理、安保及消防服务以及纺织和重工业。通告敦促联邦事务局在可行的情况下外包这些活动，它还提出了加速承包奖励机制的若干办法。

通告强调工商业活动表明了两个重要的现实。第一，私营领域在这些方面的绩效表现，与那些关系到专业技术和对重大政策和管理决策的建议等方面相比，争议要小得多。第二，这证明了想要在蓝领阶层活动方面提高私营领域的生产热情是非常困难的，反之，对专业建议和协助的外包需求正在飞速上涨。

产生这种差异的原因带有很大程度的政治色彩。国会还没有通过任何要求联邦政府机构遵守 A-76 通告的法律，所以 OMB 不得不依靠机构的自觉服从，结合它在总统交给国会的年度预算提案中限制这些机构内部员工安排的权力。在很大程度上，加上国会同意 OMB 努力限制联邦劳动人口的扩张，它也搁置了一些人员精简提议。可以预测的是，联邦政府机构为自己尽可能多地保留了已经开展的工作，只将一些人手不足的新工作外包。从 20 世纪 50 年代末起，随着冷战和科技的迅速发展，政府对于政策和科技创新的需求增加，新的政府行为更多地属于白领阶层的工作类型。

直到卡特总统任期时，OMB 才进行了一些重大的政策改革，旨在控制外包专业提议和协助的飞速增长（其次是提高私营领域的工商业活动的表现）。最初的改革是在 1978 年开始的，OMB 发布了一个临时公报，宣布了在专业服务领域进行承包需要各自遵守的指导方针和原则。第二年，OMB 发布了 A-76 通告的实质性修订版本，这个版本仅明确覆盖了工商业服务；1980 年，A-120 通告的初版，即《咨询和协助服务指导方针》出版了。A-120 通告覆盖了如下行为：

> 支持或改进政府机构的政策制定、决策形成、管理和行政，
> 支持或改进管理系统的运行。这些服务可能的形式有信息、建议、

---

① 这一讨论不包含主要国防和航空航天硬件的设计与生产。由于"二战"期间军械系统及私营工业基地动员的衰退，政府对必要设备的操作以及保留众多专家的做法一直被视为不切合实际，到了 20 世纪 60 年代中期，普遍被认为不可行。

观念、替补、结论、推荐、训练以及直接的协助。

A-120 通告对目的的开放陈述与 A-76 着重强调赞成承包的语言风格形成了鲜明的对比：

> 本则通告（A-120）制定了政策，明确了责任，且为行政分支机构在决定和控制从私人或组织获得建议和协助性服务的过程中需要遵守的指导方针。

一个新的要求在通告 A-76 中成为一个重点阐述的原则，即承包的服务不能用于替代内部在研究、开发和测试领域的核心能力。两个通报都规定了任何情况下政府机构都不能外包需要政府机关的自由裁量权的活动，比如需要价值评定的政府项目管理或项目优先权的选择。

然而 A-76 通告的 1979 年改进版本中不仅缩小了外包的范围，而且文件首次要求在外包决定之前将公共和私营绩效的成本进行系统比较。超过 100 页的补充条款提供了对工商业活动实施费用评估的具体细则，而且规定只有当外包能够节省至少 10% 的成本时才能实施外包行为。

与此相反的是，A-120 通告并没有要求对专业建议和协助服务的外包行为进行费用调研。这一类的服务是对内部绩效的补充而不是替代，所以相比雇佣更多永久性的政府雇员，这种承包是暂时的、一次性的，也是更廉价的。

自 1978 年 OMB 开始采用这种区别对待方式以来，审计署（GAO）屡次建议国会通过某项法令来强制政府机构遵守 A-76 通告。1981 年，GAO 估计，如果 A-76 政策全面实施，能够在 1982 ~ 1987 财年为联邦政府节省 36 亿美元。GAO 同时指出，将大量工商业活动移交给私营领域能够大大增加政府管理和技术岗位，同时又无须增加政府工作人员的数量，因此在很大程度上减少了承包商在管理功能上地位越来越明显的现象，以及削弱了这些机构在关键任务中开展内部工作的能力。[①]

OMB 最初反对 GAO 的建议，但到了 1981 年，OMB 又表示并不反对立法规定，只要能将 A-76 政策的执行和管理划给政府行政部门。然而到了 1988 年，也没有通过任何此类立法。如果 OMB 政策被赋予法律权力，国会

---

① 《公务员与合同人员：各自在联邦政府的职责应是什么?》p. 9，美国政府预算办公室，1981 年 6 月 19 日。

毫无疑问会失去一些监管他们授权的项目的能力——他们的一些权力会被转移给行政分支，这是因为在预算中，政府机构的人员编制是明显列入其中的，而承包服务却是机构采购账单中的一个隐形项目。①

在里根任期内，OMB 发布了通告和官方通知来鼓励商业行为的私有化，但提议限制咨询和协助服务的外包。然而实际上，政府的政策在总体上提升了私有化在这两个领域的参与度。

尽管始终与此前的趋势保持一致，A-76 政策涉及的领域还是适度扩展了。在里根执政期间，OMB 更关注执行而不是定义的改变。OMB 在 1983 年首次要求联邦机构提交详细目录清单，向 OMB 报告他们权限内的与工商业活动有关的工作年限总数，②还有已经外包和已列入成本估算计划的相关活动所占的比例。除此之外，OMB 还要求每五年重新评估一次将要外包出去的活动是否能够节省至少 10% 的经费（之前外包出去的活动还没有进行定期重新评估是否比内部完成更有效率的要求）。

这种更进一步的监管对政府机构服从 A-76 通报的指示有着显著作用。但到了最后，OMB 仍然依赖于独立的机构获取他们活动的数据，而机构依然发出关于政府机关的自由裁量权的警告，以此证明放弃对大量活动进行费用分析是正确的。根据 OMB 一位主管监察国防部是否遵守 A-76 政策的员工 Linda Maseris 所讲，1988 年，国防部报告总共有大约 776000 个工作年的工商业活动，但其中只有 68000 个工作年——不到 9%——被认为可以私有化给合适的候选人（1983 年，也就是被要求报告的第一年，国防部仅报告了 14000 个工作年的工作量被承包出去）。

在专业建议和协助领域，里根政府承诺建立包含许多新型武器系统的大规模防御系统，加之 OMB 在 1981~1982 年对机构人员的大规模裁减，③使得国防部 A-120 承包项目不可避免地增加了。华盛顿弗吉尼亚州一家技术

---

① 某种程度上制衡国会这种"集体的"个人利益的是：每个个体都从私有化中获益，当他们促进了行业利益或帮助其所在州/区获得有价值的合同时，竞选连任的机会也提高了。然而，国会议员们不仅受到私有产业部门的游说，也受到政府部门的大量游说。1988 年，有 700000 多名政府雇员联合会的成员致力于促进国家 260 万联邦公务员的利益。

② 一个工作年相当于 2088 个规定工时（即无加班，包含带薪病假及带薪假期），一名全职员工一个日历年的工作时间。

③ 联邦就业水平实际上自 20 世纪 70 年代初一直在下滑。1969~1977 年，联邦雇员数量由 310 万人下降至 300 万人（平均每年减少 14000 人）。卡特执政期间，这一趋势明显加速；截至 1981 年，联邦雇员的数量又减少了 10 万人（每年 2.5 万人），降至 290 万人。里根执政第一年，又有 50000 名雇员离开联邦政府，此后这一趋势有所减缓，基本与卡特执政期间相同。到 1986 年底，还有 260 万名联邦雇员。（1986 年的数据取自 1988 年的《美国统计摘要》。其他所有年份的数据均取自 Hanrahan 的《合同管理》，p. 23。）

管理支持公司的总裁在他的公司年终报告中说：

> "1981 年对于专业服务产业来说是里程碑式的一年……最主要
> 的变化就是里根政府重新定义了国家利用私营企业作为政府采购
> 和服务的主要来源的传统政策。这个政策显然是符合国家利益的，
> 而且保障了专业服务产业的长远前景，机会不可限量。"①

里根政府的政策并不是对这个趋势的唯一贡献，甚至并不是最显著的
贡献。在 20 世纪 80 年代，国会同样加大了联邦机构对专业服务和协助的需
求。在这方面最大的推动是 1984 年的《合同竞争法》，它限制了独立公司
在一个特定领域对联邦承包合同的独占机会。新法主要是推动联邦承包合
同采取竞争性奖励政策，且每五年重新竞争一次，而不是在单一资源的基
础上一条道走到黑。这个法令包含了 29 页纸，列举了联邦机构用于"进一
步采购和市场调研"的需求，来确保完全的、开放的竞争，每年还要向机
构首脑进行过去和未来"所有行为"的报告，来增加竞争氛围，减少非竞
争合同的数量和成本。

不久之后，国防部就与一系列的个人和组织签订了更广泛领域的合同。
大部分国防部官员认为，总的来说，竞争的增加降低了合同的价格。但是，
并没有形成这样的共识，即认为降低价格能够补偿政府为监督如此众多的
设计和生产承包商而产生的费用（在某些领域还提高了技术风险）。更重要
的是，联邦机构的内部人员很少变动，在市场调研、竞标提案评估、合同
管理和国会报告这些领域签订了比以前多得多的合同。

通过新法案并非国会提高政府对私营领域依赖性的唯一途径。白宫不
断地谈论到限制联邦政府规模的必要性，然而国会仍稳步地提高它自己员
工的规模和专业知识能力，并且下放其决策权力。②在 1970 年有四个委员会
及 20 个子委员会是针对国防部的，到了 1985 年便增加到了 96 个委员会和
子委员会，参与国防法规的制定，听取国防证人的辩词。据透露，1983 年
国防部收到了 18148 个从国会发来的书面问询以及 592150 个电话。③

为了跟上国会对信息要求的数量和复杂性的急剧增长，国防部再一次

---

① John D. Hanrahan：《合同管理》，p. 256，诺顿公司，纽约，1983 年。

② 权力下放开始于 20 世纪 70 年代初，并在很大程度上旨在削弱少数人手中的程序与政策控
制权。

③ J. Ronald Fox、James L. Field：《国防管理的挑战：武器采购》，p. 75，哈佛商学院出版社，
1988 年。

向私营领域求助。至少在 1980 年初，GAO 就开始建议联邦政府在国会委托报告中确认承包商投入的程度，但是到了 1988 年这样的责任也没能真正建立起来。OMB 自己觉得，这种要求是没必要的，因为在相关的合同中承包商的责任已经写明在工作说明书中了。

国会的一些成员，特别是 David Pryor 议员，很重视 GAO 关于专业服务合同的周期性警告。早在 1982 年，Pryor 就呼吁大家关注政府的基本问题，诸如：

> 完全无视联邦工作人员不断增多，并且规模越来越大的情况；
> 联邦工作人员缺乏责任感；联邦工作人员甚至不遵守最基本的道
> 德准则——这是政府每一级官员都要遵守的。①

尽管 Pryor 做出了努力，很多国会成员依然没有意识到 A-120 通告的存在以及在 A-76 中已有的相关限制。就像大众一样，在 20 世纪 80 年代的大多数时候，他们只思考发生在国防硬件生产中的有关收费过多、低级材料替代以及竞争过少的问题。

一切都在 1988 年 6 月 14 日改变了，媒体报道称，联邦法律执行部门截获了一些文件，封锁了一些办公室，签发了抓捕一批国防部官员、独立国防顾问以及主要国防合同商雇员的许可证。突然间公众的焦点都聚集在 Operation III Wind 上了，这是一个为期两年的由司法部门和海军调查服务部门联合的调查，针对一些国防顾问贿赂国防部官员以获得咨询工作，以在国防合同的竞标中为其合作客户提供战略信息。

突然间，对咨询顾问滥用权力的防备成为国会的一个著名诉讼案。几乎是同时，海军检察长四月份的关于 NavSea 的报告不再仅是海军的一个内部事件了。

4.2　给 Aspin 的答复：NavSea 采购的特殊案例

1988 年 8 月 5 日，众议院军事委员会主席 Les Aspin 写信给海军副部长 H. Lawrence Garrett——海军采购项目的最高负责人，讨论关于海军检察长那篇造成巨大麻烦的关于 NavSea 承包的报告。Aspin 的信暗示说他几乎预测到了所有检察长提到的事情：

---

① John D. Hanrahan：《合同管理》，p. 319，诺顿公司，纽约，1983 年。

"我想知道海军正在采取什么行动来实施检察长对于海军海上指挥司令部以及整个海军的建议。①如果能提供一份纠正此问题的时间表，我将不胜感激。我也很好奇，为什么海军对于外包建议和协助服务的依赖比其他任何服务更强，我也想知道海军会采取什么措施来减少对于外包支持的依赖。"

自从检察长的报告草稿在 1988 年 4 月份开始传出，NavSea 的官员们便一直忙于准备回应。随着 Operation III Wind 的揭露，上级长官们更是不断施加压力，要求给出减少司令部对承包商支持服务（CSS）依赖的计划表。

在 7 月末，国防部长 Frank Carlucci 建立了针对承包咨询花费的审计专案组，通知所有军队长官和最高文官，期望他们能配合审计员的工作。他还要求他们确认，任何与承包商在采购过程中引起不当影响所产生的费用，都不是依据国防部要求承包合同付款的。

海军副部长 Garrett 在 8 月 3 日又向 NavSea 和其他海军以及海军陆战队的采购指挥官们发出了一个备忘录，要求对 1990 财年"及其他年份"进行预算修订。Garrett 明确了预算修订的目的是为了有计划地逐步淘汰参与采购的承包商，并引入联邦工作人员，这样便不至于对正在进行的项目造成严重的影响。Garrett 要求司令部在 8 月 12 日前给出修订的预算，并在 30 天内提供计划实施的完整报告。

因此，8 月 5 日，当 Aspin 的质询放到 Garrett 办公桌上的时候，海军便迅速做好了充分的回应准备。然而，直到 9 月 23 日，Garrett 才回信给 Aspin，他这篇四页半的信中大多篇幅都不是在讨论如何在未来降低对承包商的依赖，而是讨论海军采购的特殊需求和其他导致 NavSea 严重依赖承包商支持服务的因素。

Garrett 坚持认为，海军船舰和兵器的独特属性，以及它们在商业领域缺少同行的特点，导致了 NavSea 采购的长期特殊性。Garrett 写道："国防部其他部门的装备采办依靠私营企业进行设计、开发、生产以及测试，只需由指定的国防部项目经理提出任务需求和管理监督。"举个例子来说，在空军

---

① 检察长的报告实际上涵盖海军采购司令部的很多部门。然而，正如报纸中的报道所示，也许其最显著的特点便是矛头直指 NavSea。这个案例仅考虑了海军提出的人力转化（占海军采购司令部——包括海军海上系统、空中系统、供应系统、空间和海战系统、海军战略系统项目办公室、海军陆战队研发与采购司令部新职位的 74%）的 NavSea 那部分。NavSea 负领导责任，推动整个海军人力转化的计划与实施。

和其飞行器的案例中，这种依赖性是非常强的，因为商业产品已实际应用到军队中，这意味着航空工业有足够的动机和能力来维持自己的设计专业知识并投资于研发和设备。然而对于造船业来说就不是这样了。战船及其武器系统的很多方面——诸如核动力、战船的重锚、潜艇的静音和承压问题、电子战和水雷战（此处仅列举少数几个例子）——花费惊人，对精度要求又极高，却没有任何商业应用上的回报。

这个现实导致了目前的采购策略，就如 Garrett 表达的那样："NavSea 在某种程度上，是它自己的主承包商。"

> "在这方面，NavSea 在过去的 200 年间都是独一无二的，船舶开发专业知识都是在海军内部进行，而相关的实验室网络、开发中心以及测试活动也是如此。私营企业没有全面的能力、经验以及所需的大量资源来发展船舰系统……所以，公众和私营领域之间保持着合作的生产关系。在这种生产关系中，是政府，而非行业来整合建造战船的平台和系统。"

NavSea 作为主承包商的角色及其系统集成责任的复杂性，从总指挥部的规模和矩阵组织结构就能反映出来。1988 年，NavSea 总部有 350 个正式官员、67 个现役人员以及 5000 个文职人员，这些人分布在阿灵顿的六栋大楼中。

除了指挥官、副指挥官以及主要工程师的办公室，NavSea 被分为了十个指挥部。其中四个指挥部行使一般的商业和政策功能，满足指挥官与其他政府和商业组织的交互需求。剩下的六个指挥部合作完成 NavSea 的 34 艘战舰和装备采办项目的设计、采购和全寿命周期支持的核心功能。

这六个指挥部中的三个——船舰设计与建造、核推进和武器与作战系统指挥部——为船体、机械装置、电子装置、兵器以及作战和推进装置提供基线设计和技术要求。NavSea 后来将不同系统的细节设计与建造工作外包给大量的私营企业。三个指挥部的其中之一——"平台"指挥部（水面战斗舰艇、潜水艇、水面非战斗舰艇——官方称为水雷及海上补给船司令部）监管船舰合同。[①]武器与作战系统指挥部（最大的海军指挥部，并且是

---

① 除了这些指挥部，还有海狼级攻击型核潜艇的收购项目。基于多种原因（成本高、技术与进度风险高、在国会的曝光度高），1989 年第一份建造合同签订的几个月后，海狼项目经理并不是向潜艇的副司令汇报，而是直接向 NavSea 司令汇报。

指挥部中唯一负责主要装备的设计与采办的）监管武器装备采办合同。

一般来讲，一旦项目开始部署，负责监管采购过程的项目办公室还要继续负责生命周期支持（直至项目结束）以及海军在全国50多个试验基地的协调和监督工作。这些基地包括海军造船厂、监管本区域内私营船舶工作的海军主管办公室、武器和弹药站、培训中心、工程办公室、测试与维修中心、技术中心。NavSea的现场运行操作占用了国防部110000名工作人员的95%（其中96%是文职人员）。

正如Garrett在给Aspin的信中所解释的，NavSea任务的重要性和复杂性需要特殊的合约工程和其他技术协助：

"船只的独特性让项目复杂性大大增加，且加剧了对CSS（承包支持服务）的需要。在任何时间，NavSea都同时管理着25~30个不同的船只和潜艇采办项目。海军船只需要很长的采购周期和配置周期。从最初的研发到最终配置可能要花费十年时间。船只通常能够服役30~45年，在这段时间内，每艘船需要经历持续的工程研究、后勤保障任务、更替计划、全面检修和更新改造。即使是在每艘船上的一个独立单元，都需要特殊的、量身定做的服务。一艘船服役的时间越长，便越发成为一个独立的个体，也便越需要特殊的支持服务。CSS就是在整个过程中提供服务的。"

20世纪80年代，在对所有服务进行前所未有的和平时期国防建设过程中，NavSea的任务大大扩展了，由此也显著地提高了CSS的需求。里根政府的海军策略要求舰队扩大规模，从480艘扩大到600艘，包括从后备船只中选拔战船、增加已经投入生产的船只和武器的订单，以及引入新的船只和武器采购项目。

1987年，NavSea向海军舰队交付了19艘新船，另有六艘计划在1988年交付。除此之外，司令部还在监管与15个私营船厂的承包合同，正在建造89艘不同功能的船只，从战略潜艇到远洋探测船。1988年，NavSea还计划为整个海军舰队配置350套新设备——巡航导弹、鱼雷、枪支、雷达以及导航通信系统。

20世纪80年代的一系列发展加剧了NavSea拓展任务的难度。海军武器和战斗系统集成的复杂性自70年代中期开始急剧提高，NavSea发现他们需要越来越多的CSS来确保正在发展中的海军舰队始终处于技术前沿。然而与此同时，船只建造、检查、维修的私人专业技术专家和设备不断减少。

在 70 年代油价上升、商业游轮市场崩溃之时，很多船厂都倒闭了。到了 80 年代，这一行业复兴时，美国造船商们发现他们已经无力与韩国、日本和西德的有政府资助的同行竞争了，所以他们只能疯狂地竞争海军的项目，由此产生的合同价格十分低廉。一些 NavSea 官员担心这样的低价会使造船商们偷工减料或者提出索赔来补偿额外的成本（或者两者都有）。从这一点来看，NavSea 对造船商的技术和管理监督的压力陡然增加。

最后导致的复合效果就如副部长 Garrett 所说："近年来国防采购的分水岭变化，及其引起的我们项目管理资源的连锁需求。" Garrett 在给 Les Aspin 的信中说："举个例子，1984 年的承包竞争活动从根本上改变了采购过程。"

> "1984 年到现在，NavSea 竞争合同的奖励从 34% 提高到了 56%。竞争增加了采购计划、资源选择过程和提案评估报告的层次细节。曾经只需签订单一合同的唯一供应商，现在有了竞争者，这导致多项合同的出现。组件拆分和二次采购需求也增加了大量的采购合同。二次采购需求使需要监管的合同数量和生产流程都增加了一倍。"

总而言之，Garrett 主张，80 年代的发展给 NavSea 带来了更多技术和管理需求。但是，作为 NavSea 的指挥官，海军副司令 William Rowden 在 8 月 30 日的备忘中向海军作战部长抱怨：

> "司令部是海军舰队的支柱，但人力资源却没有得到相应的重视……每个项目管理办公室建立时，NavSea 都从相应职能部门派人，并支付相应的成本。这一趋势使得各领域专家的行业组织消亡，对 NavSea 影响很大。"

1981～1988 年，NavSea 的拨款提高了 42%（以 1990 财年美元计），但司令部却饱受现役军人缺编之苦，[①]仅仅是文职岗位增加了 8%。NavSea 自己有权增加的唯一岗位就是承包商岗位，这项资金来源于司令部船只建设、

---

① 军队缺编的状况主要是受 1986 年《Goldwater-Nichols 法案》的影响，这一法案旨在提升各单位的协作，减少竞争。除了其他影响，它还减少了所有军事总部的编制并增加了"联合"组织（比如国防部长办公室和参联会主席办公室）的编制。海军中将 Rowden 估计，尽管 Goldwater-Nichols 法案规定每个部门三年的编制削减总数只是 6%，其岸上指挥部的目标意味着 NavSea 20% 的编制削减。

研发、采购、运营和维修账户。从 1981 年到 1987 年，司令部在 CSS 上的花费增长了三倍，达到每年 12 亿美元的顶峰。

但在 1988 财年，在检察长报告和 Operation III Wind 计划实施之前，NavSea 在 CSS 的预算已经被削减了 40%，仅为七亿美元。由于通常都是一些国防项目，不断增长的联邦赤字要求 NavSea 开始用更少的钱办更多的事。尽管司令部在 1988 财年的拨款为 256 亿美元，环比增加了 20%（且为海军总预算的 29%），增加的预算也仅限于舰船建造账户，而大部分资金都以合同的形式拨给了私营造船商。其他所有 NavSea 账户都在 1988 财年预算中削减了，1989 财年的海军预算更是只有 196 亿美元，环比减少 23%。①

尽管预算被削减，司令部仍然是联邦政府最大的承包机构，它要在 1989 年交付 24 艘舰船——比 1987 年和 1988 年的船只之和仅少一艘——还有 1990 年的 22 艘。

在致 Les Aspin 的信中，副部长 Garrett 指出，海军已经开始审查采购过程中的 CSS 利用情况，他请求司令部"提出一个策略来重新定位 CSS 的职能，以一种有序的方式远离这些领域"。Garrett 承诺说，当审查完成后会提供给 Aspin 海军内部审查的结果。不过他也明确表示，海军并不建议再次突然减少 CSS 的数量：

> "这些问题的重要性和复杂性让我们坚定，在开始任何攻击性的措施之前一定要确定诊断结果，并且要搞清楚实质性的改变，如果真的需要的话，必须仔细规划、做出实质性的努力和耐心的配置。"

尽管如此，在现实中，海军已经决定要进行实质性的改变，并正在井然有序地进行。

4.3 NavSea 和它的承包商们：诊断

副部长 Garrett 或许并未准备向 Les Aspin 透露他的计划，但在海军内部他已经明确表达了他的意图。他的 8 月 3 日备忘录已经要求司令部在采购过程的"特别敏感时期"，立刻从外包支持过渡到内部执行，即：

---

① 所有数据均为当年美元。

需求定义、采购计划、认证准备与批准（J&As），以及资源选择过程。

NavSea 指挥官，海军中将 Rowden，转而给 NavSea 副指挥官和文职执行长官们①下达了一份备忘录，重申使用承包商的最新政策，制定了更明确的指导方针和更严格的限制条件并要求即刻执行，并指导他们在各自项目内如何实施拟议的过渡计划。

指定协调整个计划的人是 Bill Tarbell，执行采购、计划和评估的副指挥官。他的基本工作是规范所有项目的信息，辅以实际的时间表，以获取额外的办公空间和征募必要的政府工作人员。起初，Tarbell 担心这个计划需要赢得各级组织的支持，比如海军秘书处、海军作战指挥办公室、国防部长办公室、预算管理办公室，以及最重要的——国会。

Tarbell 毫不怀疑此次过渡是有保障的。在过去的几年里，NavSea 承包商总数不断增加，从而导致的"文化改变"变得越来越明显，这使他头疼不已。

"你必须在一种文化中生活很长时间，成为它的一部分，才能真正了解它。以前，你知道谁是承包商、谁是内部人员。现在可不同了。你在路上或者在会议中和人们擦肩而过，都不知道他们是政府雇员还是承包商雇员。他们并没有在额前印上标记，也没有穿不同的制服。他们甚至都没有带不同的（安全）徽章。这些人当中有一些是已经退休了的军队人员，一些是已经退休的文职人员，有一些是老朋友和同事，还有一些是昨天就在你旁边那张桌子和你一起工作的人，然而现在他们却在为承包商工作，你并不总是知道他们的角色是不是变了。"

Tarbell 描述的情况反映了检察长"在某些情况下很难判定政府雇员的职能在哪里中止，而承包商的功能在哪里开始"这样尖锐的批评。实际上，检察长竟然认为1988财年 NavSea 拨给 CSS 的7.08亿美元的预算，其中有5亿美元都用在了承包商不应该承担的服务上，因为他们的参与让采购过程

---

① 除了采购、计划和评估指挥部，NavSea 的副指挥官都是海军军官。每个指挥部都有一名文职行政官，属于高级行政人员（SES）。SES 由职业公务员最高的六个级别组成。Bill Tarbell，SES 的一员，是 NavSea 唯一的文职副指挥官。

变得容易产生权力滥用，或者因为他们取代了政府监管核心技术功能的责任。

尽管 Tarbell 发现很难评价检察长的量化数据的合理性，他还是承认参与到这些固有的政府功能中的承包商们"撰写采购计划，在资源选择过程中协助我们，批准规范，决定使用何种备选方案——诸如此类的事情"。像他的大多数同事一样，Tarbell 相信这种情况并不是故意为之，而是司令部职能不断增长的必然结果。

除了建立新的采购项目和增加承包和报告需求的法规，在 20 世纪 80 年代晚期，NavSea 被要求与国防部长办公室（OSD）进行了前所未有的多次交互。一个主要原因是，1986 年国防采购副部长这个职位是新建立的，根据 Tarbell 的说法，副部长办公室的人员"对信息有着永不满足的胃口——也许比国会还要大"。

> 他们建立了多个新的报告要求，一个新的全自动报告系统，而项目管理者们……不得不通过自动化系统，不断向 OSD 传送大量的信息。

很大程度上，NavSea 项目管理者和员工将这些要求视作恼人的干扰，影响他们开展项目，并进一步推动他们使用承包商工作。就像 Tarbell 本人所阐述的那样，国会和 OSD 的额外监管以及 OSD 本身被认为"毫无价值"。

> "我通常给人们质疑的权利，我发现如果付给他们工资，他们就想做事情。但是如果他们没有什么具体的责任或义务——就像 OSD 员工和国会员工一样——他们一开始会做什么呢？他们说，'让我们获取些信息吧'，'让我们操纵数据吧，希望我们能对过程有点实际的作用'——而实际上他们并没有，但至少这不能阻止他们获取信息，所以他们还是有事情做的。"

Joe Cipriano，武器和战斗系统的执行长官，非常同意 Tarbell 关于 OSD 监管作用的观点。

> "他们可能有时候能阻止我们做傻事，不过这只占很小的一部分。我怀疑用于减少这 1% 的傻事所花的钱——已经被那些额外需求抵消了。"

对 Cipriano 来说，项目经理是要做影响项目的重要决策的，如果聘请项目经理而又不信任他，这将毫无意义。

"我在学校里被教育说，你得让最了解这件事的人来做决策。你与项目经理离得越远，你能够依据来做决定的信息就越少，所以你就更有可能做出错误的决策。"

并不仅仅只有 NavSea 项目经理憎恶这些额外的监管。正如 Cipriano 指出的，他们不仅没有必要的技能，也没有兴趣像官员和销售员一样，为了业绩而有效地工作。

"我们并没有训练项目经理或者选择他们作为市场销售人员。他们是因为别的贡献而被选中的……有一种巧妙的办法来发现什么是能够构成一张 Vu-Graph 的正确信息以及需要用多少颜色。承包商们似乎比我们在这方面更有天赋。"

NavSea 的承包商们可能确实在这些方面更有天赋，不过他们并不需要对采购和维修海军船只武器这些重要工作的最终价值如此偏激。如果 Tarbell 能从承包商那里得到一些公正的观点，那么他就会惊讶地发现，国防承包商与 Joe Cipriano 和他自己的观点多么一致。

George Frasier① 是一家主要依靠承包国防部工作的管理咨询公司的执行官，他一直怀疑他的公司提供的服务究竟有没有作用。一般来说，这些服务包括战略制定与管理辅助、数据系统设计与管理、图表和报告准备，以及相关支持和行政工作。Frasier 解释说，在让国会采购项目显得更合理的工作中，很多都是政府部门做的——也就是，更像私营部门的企业。但是如果这就是真实意义的话，Frasier 发现它背后的假设非常滑稽。

"军队对于一些事情的计划是很趾高气扬的。我们得有主要的收购计划，我们得有基本需求计划，我们还得有采购计划……后勤保障计划、可靠性计划、安全计划。人们忙着写如何做好工作的计划，就没有时间做任何实际工作了……在大多数行业中，使事情更加可靠，就是找到一个清楚他正在做什么的优秀的人。这

---

① George Frasier 是化名。

并不是找人给你写一个 14 章的计划告诉你如何建立一个流程。"

Joe Cipriano 回应 Frasier 的评估说："国防部的业务方式根本没有办法做好业务，至少不符合商业标准：

> （所有给 OSD 的报告）并非商业上会做的事情，因为他们会觉得这不经济，所以他们会提前行动，犯一些错误，无论犯了多少，然后为错误付出代价，因为这比让所有项目经历一圈计划要经济得多了。"

这种不经济的工作方法在 NavSea 的内部行动中有其自己的表现。在 Tarbell 看来，对 NavSea 员工来说没有明显的或令人信服的理由让他们考虑日益依赖 CSS 而造成的大量成本，因为这是唯一的选择。Tarbell 估计，NavSea 的人们上一次在传统的"自制或购进"决定中，仔细斟酌在给定情况下的替代方案，已经是至少十几年前的事了。Tarbell 说："不管它是便宜还是贵，都是一个辩论性的话题，你永远都不会找到特定的证据来支持哪一个论点。"

实际上，Tarbell 并不确定指挥部的 CSS 资金购买了多少承包商的项目，因为指挥部是按照服务付钱的，而不是按照特定的承包商服务年限的多少。但是他的直觉告诉他，这肯定比简单地雇佣更多政府雇员要花得更少、更有效率。

> "是否有浪费呢？我想你做不到使用承包商而不造成某种程度的浪费。这是一个肯定要有浪费的过程。我宁愿政府雇员做这个工作，但我不会说政府雇员做这个工作就没有浪费了。真正的差别是，与承包商工作，你得经历一连串撰写和签订合同的过程，而与政府雇员工作，你只要告诉他们做什么就好了。"

然而经济上的成本并不是唯一要问 NavSea 关于 CSS 使用的问题。正如 Joe Cipriano 指出的那样：

> "一些工作和产品需要办公室日常运作机制，如果要在这些工作中加入承包商这一因素，它会变得非常不便，而且你如果为额外的承包商办公室不一定需要的管理架构付费的话，就会使成本激增。（不过）这是一个政治系统，所以做出的决定会产生政治影

响……我们需要担忧美国人民对国防部的业务方式怎么想。所以，除了经济上的开销之外，还有其他需要考虑的开销。"

　　基于以上考虑，Tarbell 和 Cipriano 都不得不承认 NavSea 承包商的建议和协助通常增加了额外的花费，指挥部只能忍痛支付。比如，Cipriano 担心，承包商介入向国会和 OSD 提交书面和会议报告准备工作的最终结果：

　　　　"承包商影响着 Vu-Graph 要呈现的内容以及简报中要强调汇报的内容。国会和 OSD 在 Vu-Graph 和简报的基础上做决定，所以，可以说承包商在某种程度上是会影响到重大决策的。"

　　Tarbell 还担心承包商参与的活动种类，以及他们对重要决策日益增加的影响。"太过频繁了，"他认为，"NavSea 经理们甚至没有时间去检验产品运送是否准确、有用。"

　　　　"我们有管理几十亿美元项目的项目经理以及一大堆内部人员。他们的规模不同，不过我可以说大概每年有 20 个军职人员以及二三百个或者 400 个承包商工作日吧。并且，这 20 个军职人员也有很多事要做，没法适当控制承包商所做的事情。所以他们拿来产品只管用，也不管产品花费了多少钱。没人在意产品的成本估算、预算投入或其技术规格等。我们只是使用产品。我们没有人力去适当地检查、评估，并批准产品的使用。当我们没法做这件事时，我们便放弃了曾经被告知的不要承包出去的政府责任。这并不是非黑即白的事。我们所做的事全都处于灰色地带。"

　　Tarbell 所说的"灰色地带"，属于指挥部遵循 CSS 指导方针的一大部分。这被包含在一份 39 页的被称为《NavSea 4200.8C 指南》的文件中，补充文件 OMB A-120 通告中额外的目录和定义，这些目录和定义本为指挥部任务和行动量身定做的。① NavSea 指南列出了 7 个不同的服务目录，其中有

_____

　　① A-120 通告，应用于所有联邦机构，列出了四类咨询和援助服务：个体专家和顾问；研究、分析和评估；管理和专业支持服务；工程和技术服务。NAVSEA 指南识别出七类供应商支持（CSS）服务：四类 OMB 指定的服务——海军统称的合同咨询和援助服务（CAAS）；合同系统工程；信息技术；32 个由联邦政府资助的研发中心。

些是根据服务行为实体定义的，其他是由主要事实和工作内容定义的，还有一些是被使用工具和方法定义的。就像 Tarbell 描述的那样："我们有一些挥之不去的定义性问题。"

Tarbell 在一个很好的位置上，能够知道 NavSea 定义性问题的内容，因为他在曾制定 NavSea 1986 年定义的 OSD 相关的服务小组工作过。正如 Tarbell 解释的那样，NavSea 在 CSS 定义文件中的含糊其辞是故意的：

> "这个小组的海军部分非常非常努力地想让定义清晰、精确、不含糊。但 OSD 的人不听我们的。所以在我看来，我们没有达到三个目标当中的任何一个。他们做得非常模糊、宽泛、充满歧义……他们害怕如果定义精确了，我们就不得不为了我们需要买的东西制定一个又一个定义。所以实际上，他们真正想要的是尽可能宽泛的定义。"

定义太宽泛了，以至于 90% 以上的司令部的支持服务承包合同被官方分类为要么是承包商系统工程，要么是管理支持服务。①就像 Tarbell 所意识到的那样，这个事实极大地限制了指挥部要求保持的 CSS 记录的有效性。特别是在管理支持服务这一块，事实上没有办法精确预测在任何一个合同下能提供什么样的服务，因为定义实在太宽泛了：

> 管理支持服务（MSS）的主要形式有建议、培训或直接帮助来提高管理或其相关系统的设计和行动……应用领域包括采购管理、项目监督和报告、数据收集、后勤、预算、会计、审计、人员管理、公文管理、记录管理、空间管理、数据库管理，以及相关的系统。

根据 Tarbell 的说法，CSS 的宽泛定义意味着"我们不能把合同写得过于精确而限制了承包商们能做的事"。结果，CSS 变成 Tarbell 所说的"阻力最小的路径"，在专业建议和协助之外，还在其他许多领域协助提高 NavSea

---

① 在海军检察长的报告中，各项定义的混乱也是显而易见的，其中重复并错误地使用"consultants"一词来描述 NavSea 对外部帮助的过分依赖。据 Tarbell 所说，consultants 只是七个 NavSea CSS 分类的一个，仅占整个 NavSea CSS 预算的 1/10 不到。考虑到 consultants 在 Operation III Wind 调查中的中心地位，这一错误无疑掀起了国会对检察长报告的警惕。

的能力。在某种程度上，CSS 反映了 NavSea 变得士气不振且责任感降低的原因，并且，自相矛盾地说，它也为数以千计的每天拥挤在 NavSea 总部工作的人们起到了情感释放阀的作用。

Don Matteo，潜水艇的执行长官，这样描述作为一个 NavSea 雇员的普遍烦恼：

> "看看这个地方，简直就是垃圾场。人们像沙丁鱼一样拥挤在这里，而且东西从文件柜一直堆到天花板。我们没有空间做会议室。我还算幸运的——我有自己的办公室——但是像所有人一样，我能看到蟑螂在我的电脑里爬进爬出……我本来应该在总部至少管理 500 个人，再加上基层的人。我们每年在潜水艇项目上花费大约 80 亿美元，不过你以为当我们想要一台复印机的时候就能得到吗？人们不会每天都在排队，但我们为了得到一台复印机得等一个月才能得到申请批准，然后 GSA（政府服务管理部门）给我们送货……
>
> 他们最近限制得最紧的一件事是差旅津贴。去年，我们当中的五个人去普吉特海湾的船厂待了五天。这里距离机场大约有两个小时的路程，但只允许我们租一辆车。一辆车坐五个成年男人，外加一星期的行李。"

还好承包支持服务的定义是宽泛且模糊的，NavSea 雇员最终找到了克服这些障碍的方法。例如，如果一个项目的成员需要参加一个基层活动并且项目的差旅预算非常低，解决方法之一就是邀请一个承包商同行，让他为租车签字。Matteo 的复印机问题就是用这种方式解决的。一天他走在走廊里，几乎没注意到墙壁后面闪烁的灯光，后来发现原来是一台承包商的"正在出租"的照片复印机。没有人知道这台复印机是谁的，也不知道是谁申请的，也不知道它什么时候就在这了。"不过有一件事你可以确定，"Matteo 打趣说，"这儿的居民总是不断变化的。"

有时变化的目的更加正式和公开，例如获取进入会议室许可的机制。根据承包商 George Frasier 的说法，特别普遍的是，在 NavSea 寻找采购计划协助的申请中，会有如下陈述："成功的竞标者可以得到项目所用的会议设施，以便项目使用这些设施和更方便地接触政府机构总部。"此外，当这些会议设施被使用后——NavSea 和承包商员工的立法会议——承包商通常要提供免费的三明治和茶点。

所有这些都是合法的。Frasier 说，他们为 NavSea 员工士气的付出是很有意义的，这是很有道理的。"他们无条件地享受客户殷勤，" Frasier 继续说道，

> "不过最重要的是，我们都知道，比起我们的企业客户，对这些人来说，它意味着更多。当我们试图向花旗公司这样的客户出售产品时，他们会派一个副总裁来，而他不过是一个年薪 15 万美元的人而已。我们给他看精致的宣传手册，但他觉得根本没什么，他非常懂这些东西。当我和一个重要国防承包商在一起时，我们得说'欢迎某某首长'；我们给他准备专门的停车位——'请把车停在正对门口的位置即可'；一个在合作餐厅为欢迎某某先生预留的特殊位子。对这些人来说，这些东西是很重要的。（私有化热潮）产生的重要影响之一就是它创造了奖励体系——奖励表彰体系。导致成功的因素之一是我们对这些人的谄媚和奉承。"

正如 Frasier 的评论所暗示的那样，这些礼仪不仅让经理们和行政部门的技术专家们印象深刻，也让官员们大感惊讶。在这两类人群中，文职人员可能在长久来看更容易被他们影响。最显而易见的原因就是他们很大可能在 NavSea 度过他们的整个职业生涯，而对于官员来说，在 NavSea 的任职只不过是三到四年的一段任期而已。

不过这对于工作也有一些微妙的影响。在 NavSea 总部，对司令部的 5000 个文职人员来说，要感受到相比占据了所有耀眼地位的官员——指挥官、副指挥官和项目经理，以及其他支持军营的高级员工——的默默无名和毫不起眼真是太容易了。尽管文职执行长官也算是一些上尉甚至是在 NavSea 任职项目经理的上将的领导，在指挥部的文职人员也习惯性地对穿制服的人表示尊敬。一位高级文职人员抱怨说，也许在 NavSea 占统治地位的文化动力就是他所说的"恼人的汤姆叔叔综合征的军民版本"。

Frasier 显然相信，由像他这样的公司提供的隆重待遇本是有利的而不是有害的。甚至 Bill Tarbell（他的办公室负责批准司令部的所有保障服务合同）也相信 CSS 更有创造性的利用是无害的，至少在个人道德方面是这样。

> "我们政府的工作人员和承包商的人都非常诚实，并且是你所能找到的最爱国的人。只有很小一部分是不诚实的……但是绝大多数——超过 99%，我想——我们不需要担心这个。"

Tarbell 同样坚信 NavSea 技术承包商的贡献是卓越的和不可缺少的：

> "人们倾向于认为采购是一个合同功能。我们喜欢用'获取'
> 这个词来概括我们所做的所有事情。它相当大的一部分是工程过
> 程，对每一个项目来说，这需要我们从不同的承包商那里得到零
> 散碎片——声纳系统的声学技术专家、后勤保障专家……在很多
> 领域，承包商支持是将工作做好的正确方式，因为我们所做的许
> 多事情是不会再次发生的，而且是高度特殊化的。我们已经很幸
> 运了，有这些优秀的承包商可以依靠。"

但是，尽管 Tarbell 对于 NavSea 承包商的技术贡献如此骄傲，他同样坚
信，司令部雇员和承包商也很忠诚可靠，Tarbell 还是被司令部尔虞我诈的
环境困扰着。

> "我们变得非常依赖承包商，这几乎已成为一个身份象征。如
> 果你有份工作要做，而你想坐在桌前亲自做这份工作，那你就不
> 会在组织里占据重要位置了。如果你没有一个承包商可以帮你做
> 这件事，成为一个管理者而不是执行者，你就不会占据重要职位。
> 它已经在这里形成了一种文化冲突。我们的工程师和管理者都忘
> 了该怎么做这些工作了。他们可以接受一个任务，将它交给承包
> 商，然后他们可以检查承包商反馈的结果，但他们已经没有兴趣
> 和韧性坐下来自己完成这些工作了。"

Tarbell 将此与 1980 年的情况进行了对比，那个时候，承包商与文职人
员的比例还是 1∶1。

> "我们那时还没有 Operation III Wind。一些孤立的事件可能在
> 发生，不过我们并不知道。我们那时并没有现在的文化氛围。我
> 们并没有因为太依赖承包商而不知道政府员工该如何工作。我想
> 我们那时候对政府要做的决定掌控更多。我们奖励做得好的合同。
> 我们很少争论，也很少有在合同上的问题。我们也很少有含糊不
> 清的说明手册。"

Tarbell 自己的诊断非常清晰：NavSea 的工作量远远超过它的雇员能承

担的量，而承包商又大大超过了它能控制的程度，士气低下，责任感被腐蚀，在很多方面的表现也在不断退化。但这也并不是实质性提高 NavSea 内部工作量不容置疑的理由。

4.4 运筹帷幄

正如 Bill Tarbell 所说的那样，只有两个部门的预算——OMB 和国会——能体现出真正的问题。副部长 Garrett 已经下令禁止承包商参与采购进程中的敏感领域，而且 OSD 也因 Operation III Wind 而倍感尴尬，它毫无疑问地会欢迎任何满足国会和公众要求的计划——只要这个计划不会破坏现行的项目，也不会带来更多的尴尬，并且不会损害与国防承包商的关系。

然而在实施之前却仍有一些政治上的障碍。要做的第一件事就是租赁更多的办公空间。Tarbell 估计，如果 NavSea 没有行动起来改善官僚主义缓慢办事的作风，并削减国会的政治分赃，这至少需要两年。

> "也许我需要做的最重要的事是让 Les Aspin 签订一个备忘录，授权给我去租赁 300 平方英尺的办公空间，我不能雇佣这些人然后把他们扔在大街上，不然我什么也办不到。但是，你相信吗？为政府租赁这些地方比我们建造多少潜水艇还要控制得紧。任何与房地产相关的事，不管你是建造还是租赁，都是一个地盘归属的问题。我可以确定，Warner 议员（来自弗吉尼亚）会与他的来自马里兰和哥伦比亚的同事们进行一场大辩论。"

另一个障碍更加复杂，并且需要一个考虑到国会和 OMB 竞争关系的策略。例如，愈演愈烈的预算赤字问题，这是一个无党派问题，国会和 OMB 都可以为此提供预算计划。在拟议的提案中提出太多可能的花费和效率效益是错误的。除了缺少数据支撑，Tarbell 最不想做的事情就是与 OMB 的私有化狂热者产生冲突。

> "他们认为外包更有效率，我们不想公开挑战这一点，因为有人很乐于挑战我们：什么是固有的政府功能？一些人非常狂热地认为，如果按照他们的方式做事，我们就能在整个政府的行政分支只有两个雇员——一个总统和一个副总统，这两个是法定必须有的。他们可以将内阁秘书和舰队司令的职位都外包出去。如果

我提醒他们，宪法规定了国会有责任建立一支海军，他们就会说：'是啊，但是没说怎么建立，为何咱们不直接雇佣一支海军呢？'"

在国会这一边，Tarbell 看到了适当的劳动分工的问题，更多的是政治博弈而非意识形态上的分歧。

> "国会并不反对私有化的观点。他们只是不同意私有化这件事。真正对私有化热衷的，是行政政府，尤其是里根政府……不过国会仍然很关注 NavSea 是不是想要把所有的事情都依赖于承包商支持，这个答案必须是'不'；首先，因为答案确实是'不'；其次，你懂的，他们不能支持一个会给这么大的工业造成如此消极影响的东西。"

NavSea 在 1988 年的预算削减已经对专业服务业产生了实质性的消极影响，这可能与它的商业基础的不断侵蚀产生巨大冲突。Tarbell 希望现在的政治风气能让国会不那么容易被工业界的游说说服——只要 NavSea 小心翼翼地解除心理戒备，而不是火上浇油，就不会发生整个工业因为孤立的不当行为而被惩罚的事。除了虚伪之外，过分依赖承包商的行为会对国会造成适得其反的效果，而且无论怎样都会损伤 NavSea 与那些行业的关系，而这些的忠诚和服务，司令部还用得着呢。"我们永远不会完全脱离承包商的支持，"Tarbell 说，"但是我们必须重新平衡这一切。"

在财政、意识形态和政治方面影响有限，NavSea 找到了一种引起尽可能小的争议和指责的策略。Tarbell 解释说，在花费方面，可以归结为：

> "仅需要将钱从项目账户调整到人力账户。只要我们的钱数是固定的，就不会引起太大争议。我们想避开财政方面的问题——我们说：'看，不过是洗钱嘛。没什么可说的。'"

NavSea 在任何意识形态和政治的反对中保持中立的策略是简单的。就像 Joe Cipriano 所说的：

> "在我看来，做出这个转变的主要原因不是我们真的担心承包商能做和不能做的界线在哪儿。即便从 III Wind，我也认为找不出什么证据证明这条界线经常被跨越……我更担心的是效率低的问

题……但是同时，我们必须承认，我们把一些政府固有的功能承
包出去了。所以为什么不调整一下态度——我们曾有错，而且错
得离谱，不过我们会修正的——而不是诡辩我们没犯错。"

摆在眼前的还有一个可怕的任务，编辑需要的人力、花费以及日程数
据来做一个令人信服的案例，来证明 NavSea 能够解决这些难题，而不制造
新的麻烦。Tarbell 知道在他的采购、计划和评估记录中的概略信息能够表
明 CSS 中的哪些项目花费更多。为了更精确地了解个人承包商服务是什么
样的，以及他们花费多少，哪个是消耗性的或者不合适的，以及他们多久
能够被消除，他甚至不得不彻底查清承包商自身来获取关于他们在 NavSea
合同中获得的薪水和员工安排的信息。

如果 NavSea 的人力资源变革计划要包含在新总统 1989 年提交给国会的
预算提案中，那么它得在 12 月中期之前获得海军高层官员、OSD 和 OMB 的
允许。由于要在短时间内解决如此多的困惑，Tarbell 有理由感激海军检察
长给了他一个目标。但是后来，在接下来三年里，CSS 的 50% 的削减看起来
是一个更难达到的目标。

5

三叉戟： 配置要求

在地表数几十至数百米以下，三叉戟潜水艇在地球的海洋内巡逻，它也是国家面对来自敌人的第一波核打击时进行有效反击的重要武器。针对苏联拥有的大型核反应堆和射程达到数千英里的多弹头弹道导弹，三叉戟是目前为止美国建造的最大的潜水艇。建造于 1987 年，包括导弹、舰艇人员、训练设施以及特殊基地在内，每艘花费大约 17 亿美元，这也使三叉戟潜水艇成为美国历史上花费最高的武器系统之一。

三叉戟系统是国家战略力量和国家安全的核心，但三叉戟潜水艇并不像 20 世纪 70 年代早期设想的那样用于打造新一代战略舰队。这个计划预期建造一艘安静的拥有更强大作战能力的潜艇，可以作为射程翻倍的新型导弹的发射平台，用以代替上一代海神系统。

从第一次提出概略的计划到十年后的首次部署，在一系列完全不同的，有时甚至相互冲突的目标下，三叉戟系统最终定型。国防部希望制造一个高性价比的导弹平台；白宫希望把三叉戟作为一个和苏联进行谈判的重要筹码；海军方面则认为急需建造更大型的可负担得起的潜艇作战群；令人生畏的核动力海军之父——海军上将 Hyman Rickover 坚持建造一个以新设计的核反应堆作为动力的高速潜艇。

5.1 三叉戟的起源：ULMS

三叉戟的前身要追溯到 1966 年，当时国防部长 Robert McNamara 成立了一个国防分析机构，组织一些著名的国防专家研究美国的长远战略需求以及满足这些需求的最经济有效的方法。从 1950 年开始，特别是 1962 年古巴导弹危机之后，在军备竞赛以及新兴的苏联核威慑力的压力下，美国的军事策略发生了变化。军队直接参与交战的用途慢慢被战略威慑的概念所代替，战略威慑更强调让敌人意识到我方有足够能力承受第一次核打击并完成核反击。

在整个 20 世纪 50 年代和 60 年代早期，战略武器的发展演变为震慑力（通常称作"三位一体战略"），比如 B-52 轰炸机、陆基洲际弹道导弹（民兵型和泰坦型）、潜射弹道导弹（北极星和海神）。[①] McNamara 和他的团队正要研究最好的新一代远程弹道导弹发射平台，也就是著名的 STRAT-X（战略研究，试验）。他们认为，STRAT-X 强调成本、可靠性以及生存力。生存力已经逐渐成为一个关注焦点，这主要来自于为了应对未来的苏联威胁从而升级民兵导弹发射系统。

STRAT-X 小组 1967 年夏天完成了他们的工作。在认真评估过近 125 个待选基本模型后，专家组详细研究了四个部分：火箭发射井、潜水艇、陆基移动以及舰船发射。在海军系统分析师的帮助下，专家组得出结论，潜艇可以为美国未来的战略威慑力量提供最经济有效的、最具生存能力的解决方案。在报告中，STRAT-X 成员勾勒了一个低速、安静、坚硬并且无须进行深潜的潜艇。限定潜艇的深度和速度主要是为了降低成本，同时它的隐形结构尽量使其避免被探测到。这种新型潜艇将携带多弹头的弹道导弹，并将射程大幅提升到 6000 海里（相比而言，北极星和海神系统只有 2500 海里的射程）。STRAT-X 称这种新型的水下远程导弹发射系统为 ULMS。

专家组成员并没有明确具体的承载量，但是他们建议新型潜艇可以携带超过 16 个弹道导弹（北极星系统携带的弹道导弹数），这样就可以减少部署所需的潜艇数量，同时也就减少了成本。为缩减成本，关于潜艇和导弹的很多研究也将被终止。为了和巨大的远程导弹匹配起来，潜艇将非常大，并且移动非常缓慢，其最高速度不超过 13 节。速度是一项耗费巨大的指标，提高一点儿速度需要配置更大的核反应堆。专家组成员总结出速度并不会显著提高潜艇抵抗敌人攻击的能力，因此选择了隐形作为潜艇的主要防御特性。ULMS 潜艇可以将噪声降到最低，特别是在低速时。并且，由于提升导弹射程显著增加了潜艇的作战范围（从海神的 550 万平方海里增加到大约 5300 万平方海里），因此潜艇就有了更大的空间躲避敌人的声纳

---

① 替代了北极星导弹的海神导弹，实际上在 20 世纪 60 年代还未投入使用。此导弹的改进版始于 1962 年，可装载 10~14 个弹头（从技术上来说，是"多弹头分导工具"，或者 MIRV）；北极星导弹于 1971 年改版为海神导弹。

探测。新型导弹射程的提升带来了其他防御优势，比如减少了海外潜艇基地的数量需求，这些潜艇无论从东海岸还是西海岸，都可以锁定苏联的目标。①

新潜艇的其他设计特性也要能够提高潜艇系统的经济有效性。传统上，一艘船的建造从船体开始，然后完善内部系统和子系统的安装，极其狭小的工作环境导致安装工作缓慢且费力。STRAT-X 专家组成员希望延续北极星项目的成果，即一种模块方法，这样船体就可以分部建造。这种追求成本效益的建造方式与潜艇巨大的直径相适应，这样不仅可以容纳更大的导弹，而且可以降低噪声，同时也提供了更大的空间来配置武器系统，从而提高潜艇生存能力。新型潜艇将增强中心观测站，从而减少对人员数量的需求。因此，生活保障系统的需求也降低了。和预期一样，检查和修理时间也减少了，这些新特性将意味着续航时间的提升——单次巡航时间可以达到 83 天，北极星/海神只能达到 65 天。

STRAT-X 项目是 1967 年 8 月 4 日发布的。当时越南战争已经花费了大量的国防预算并且在国会和公开场合制造了一种敌意和紧张的气氛，因此这个小组节约开支并且在技术上相对保守，迎合了国防部的认可。递交了报告后，专家组就解散了。美国海军面临的下一步，就是如何详细设计这一系统并将 START-X 所描绘的蓝图变为现实。

5.2　海军和战略潜艇

和其他具有悠久历史的机构一样，海军无疑是庞大的。他们的部门被非正式地分为水面部队、航空部队以及最近形成的潜艇部队——每个部分都有其传统和晋升系统。但它们都不是真正意义上的战略威慑力量。承接这一任务的潜水艇人员，都将 ULMS 及其前身——北极星/海神舰艇视为对进攻型潜艇战的背离和对他们主要使命的威胁。在 1960 年曝光首次完成的北极星潜射弹道导弹以前，潜艇一度只用来攻击舰船，速度快且迅猛，装备的鱼雷虽小但威力巨大。他们紧跟目标（通常是敌舰或者潜艇），进行突然袭击，然后快速撤退。与这样迅猛的画面相比，装载弹道导弹的战略潜艇则是大型发射平台，它们在大洋中隐匿，避免和敌人直接接触，以确保导弹的安全，寻找反击机会。不过潜艇人员也日益担心，随着海军装备中大型舰船的出现，攻击型潜艇的资金可能会被削减。

_____

① 海军为北极星/海神舰队保留了关岛、西班牙、苏格兰以及美国东海岸的基地。

这些担心并不是没有原因的，北极星项目充分证明了这一点。1956 年开始，在卫星和所谓的导弹力量差距时期，国会慷慨地资助，希望能够看到美国建立起海基威慑力量，北极星项目很快吸纳了海军预算的 1/10。在这个过程中，很多攻击型潜艇计划被顺延，从 20 世纪 50 年代末到 60 年代中期，当北极星项目高速发展时，相对来说，攻击型潜艇的建造量也减少了。①

北极星项目并不是由海军建设局管理的，而是由特别项目办公室（海军内部称作 SP）负责的，这是在艾森豪威尔总统的命令下，由国会于 1955 年创建的，并很快接管了监督北极星项目完成的任务。正因为新潜艇任务的紧急（国会两次增加资金来加速潜艇建设项目），SP 得以从海军中抽调合格的人员来参与。与通常的行政管理系统不同，SP 直接向海军部长汇报（直到 1965 年，SP 开始向海军作战部长办公室汇报），这个机构也享有很多非常规的自治权。在一些观察者眼里，整个海军并没有把北极星项目（或一般而言的舰船弹道导弹系统）当回事儿，这也许并不令人惊奇。②当海军想收回部分北极星的超额资金来发展非舰船弹道导弹系统时，国会担心这个系统可能会吃紧，而 SP 坚持说 FBM 不再需要资金。多年后，国防部长 Melvin Laird 被迫将传统资金分开以防止过多的资源被海军用于战略项目。

尽管海军偶尔对现状不满，但是，潜艇作为战略威慑力量的一部分这一观点还是得到了认可（至少是在国防分析师当中），而 ULMS 是北极星以及海神计划的延续。鉴于 SP 成功实施了北极星计划，在提前三年完工的情况下依然节省了 4.5 亿美元的预算，③ 毋庸置疑，它还将继续接管 ULMS 项目。

5.3 ULMS 和特别项目办公室（SP）：海军上将 Levering Smith

作为 SP 的主管以及 STRAT - X 小组的主要顾问之一，时任海军少将 Smith 从研究阶段、设计和实施阶段对 ULMS 进行了管理。Smith 带来了可观的导弹专业知识以及在装备采购方面的经验。他与海军中将 William Raborn

① 1960~1967 年，共部署了 41 艘北极星潜艇；1971 年起，配备全套 MIRV 海神导弹装备。

② FBM 系统不仅指战略潜艇及导弹，还包括其船员及其他军事人员、辅助服务和设施，以及其他部分。

③ 不过，有些批评家指出，由于充足的经费（完全成本外加应急成本）以及国会的强烈推动，海神项目的管理变得异常轻松。

一直是北极星项目的技术总监，自然被认为促成了项目的成功。1961 年，海军晋升委员会本未提名 Smith 晋升为海军少将，但白宫拒绝批准海军的晋升清单，直到 Smith 的名字被添加到晋升名单中。肯尼迪总统称，这次晋升是鉴于他在担任 SP 技术总监期间的不凡表现以及其"在科学领域的非凡天赋和杰出贡献"。北极星计划完成时，作为注重成本和稳健管理方式的代表，他已经在国会和其他方面赢得了声誉。Smith 本人总结，他的哲学并不是"试图用最少的成本达成目标"，而是将成本控制在可支配范围内。

可支配是什么意思呢？在 STRAT - X 报告发布后的几个月，这个概念尚不完全清楚，但 ULMS 概念最初确实得到了美国国会认可，同意投资 500 万美元用于 ULMS 项目的研究（与此同时，苏联攻击型潜艇达到了前所未有的 30 节速度的报告也让他们感到震惊，于是众议院和参议院武装部队委员会同意开发"超高速"攻击型核潜艇，也就是众所周知的 688 级）。起初，ULMS 在海军项目中优先级并不高，直到 1968 年 3 月，Smith 被任命为 ULMS 的项目经理后才有改善。1969 年 1 月，新任国防部部长 Clark Clifford，在其副手（前海军部长 Paul Nitze）的敦促下，从 1970 财年的预算中拨付 2000 万美元用于 ULMS 的项目开发。

在初期设计过程中，ULMS 项目始终保持低调。参与项目的其他海军单位，尤其是潜艇部以及核动力推进指挥部（舰船系统司令部的分支机构）正忙于设计新的攻击型潜艇 SSN-668。鉴于设定新 ULMS 系统的特性相对自由，Smith 便严格遵循对 START-X 研究设定的愿景。特别是，他努力利用现有的技术，降低昂贵的研发成本。例如，为实现导弹射程增加，简单地把海神号导弹的体积扩大一倍就能实现。新的潜艇也将是相当大的，质量达到 18000 吨，比北极星潜艇的两倍还要大一点。

Smith 并未把速度作为设计中的一个重要因素，而是更愿意花时间来提高静音技术（以及扩大操作区）作为新船的保障。因此，他计划用现有的反应堆（最新设计的，由攻击型潜艇 Narwhal（SSN-671）测试过，并且不到 ULMS 潜艇体积的 1/3）来实现他的双重目标——静音操作和降低研发成本。Narwhal 是自然循环反应堆，速度低，通过对流（而非油泵）将加压水冷却液运送到反应堆芯，用以代替泵移动加压水冷却剂通过反应堆堆芯。其结果是，当巡航速度高到能使用巨大的操作区时，它比传统的强制循环反应器更加安静。在 Smith 眼中，这是一个明显的优势。Narwhal 的反应器提供 17000 轴马力（SHP），只比北极星潜艇系统多一点。由于其超大的体积和重量，在装备该反应堆的条件下，ULMS 潜艇速度达不到 18 ~ 19 节以上，比它的前身慢约 4 节。

总之，SP 在 Smith 的指导下设计开发的 ULMS 似乎达到了 STRAT-X 的目标。新的大型导弹将会增加预期的射程，同时，新型潜艇需要有足够空间来装备这些导弹。创新功能主要集中在建造技术、维修保养以及静音技术的改善。通过依托现有的技术，ULMS 设计不会带来新的研发成本或风险。作为其副产品，SP 对 ULMS 设计有几乎完全的控制权，因此将减少对其他海军等单位的专业知识的依赖。至此，Smith 有理由为整个研发过程而高兴，但在 1970 年，一直进展顺利的项目遇到了困难。麻烦解决了的时候，ULMS 已经发生了一些巨大的变化。

5.4 ULMS 和核推进项目负责人：海军上将 Hyman Rick-over

困难造就了 Hyman Rickover，他的远见、海军核动力舰队的成功开发，以及他与国会的联系都成了神话。像 Smith 一样，Rickover 不是通过指挥岗位成长起来的，而是通过担任工程指挥。他从上尉到 1953 年晋升少将为他随后的海军生涯提供了模版。尽管他颇有天赋而且勤奋，1952 年以前，海军两次未通过他晋升少将的申请。这意味着，根据法律，他一年之内必须退休。然而，强大的朋友和盟友，包括杰克逊、艾森豪威尔总统的儿子的朋友和其他政治影响力颇深的成员游说海军考虑核推进项目的负责人，Rickover 才最终得到了晋升。在随后的几十年，Rickover 与国会保持着良好的关系。感谢他们的帮助，他才能够在海军部长甚至总统反对的情况下继续留在海军，直到 1981 年，他以四星上将的身份退休。而此时，他已远远超过了法定退休年龄。

Rickover 的强项不仅在于延长他的职业生涯。1955 年，他策划成立了海军核推进局，自任主管事务的副局长。这个机构是原子能委员会（AEC）海军反应堆分会的一个镜像，而 Rickover 已经是原子能委员会的会长。AEC 可以越过总统，对所有的核研究、开发和安全有最终的话语权。Rickover 控制了海军核设计和开发的每一个环节，包括作业程序、人员选拔与培训、安全标准和安保措施。他还能够消除他的上司对其计划的反对，众所周知，他还会以 AEC 的名义告知他的上司们：遗憾的是，海军上将 Rickover 已经适应不了任何海军指令了。

Rickover 利用职务之便，促进研发能量更大、寿命更长的核反应堆，经常不考虑海军中的其他需求和优先事项。他粗鲁的风格在部分海军中很不受欢迎，但同时，他也培养了下属强烈的忠诚度。他的项目安全标准极高，技术上的成功也无可挑剔，加之他与国会的紧密联系，使得他无懈可击。

一方面，理论上讲，只要 SP 和 Smith 使用现有的反应堆，Rickover 在 ULMS 项目开发中的作用就仅限于提供反应堆。另一方面，选择新的反应堆也需要 Rickover 参与到整个推进系统的设计中，因为它在船体直径这样的基础设计要点中，占据了潜艇后身的 1/3。当 SP 要求核推进部提供 Narwhal 推进系统的重量和尺寸数据时，Rickover 的介入几乎是不可避免的。Rickover 立即提出强烈的反对，认为新船将需要足够的动力来达到至少 24 节的速度。虽然苏联攻击型潜艇仍然能够逃脱 ULMS 追逐，Rickover 争辩，如果被迫运行在超过 24 海里的速度，他们将什么也探测不到，因为这个速度是声纳能够有效探测的最高速度。Narwhal 设备无法提供必要的轴马力，Rickover 建议使用新的能提供六万轴马力的双自然循环反应堆（每个反应堆三万轴马力）取而代之，甚至可以超过 Smith 最初设计动力的三倍以上。不过双反应堆仍处于设计阶段，并且尚未经实验证实。

关于给予 ULMS 多大的速度，以及速度和隐身性之间的权衡问题，解决起来非常麻烦。隐身论的支持者认为，那么高的速度会降低敌人的声纳探测效果（虽然有一些海军试验已表明这种"致盲"效果，不过相关数据还不充分）。不出所料，Rickover 得到了潜艇人员的强烈支持，他们需要高速的 ULMS 系统，他们不愿看到新的潜艇行动缓慢、动力不足。另外，更快的速度意味着更大的反应堆和船体，以及更大的噪声，更容易被发现和攻击。静音型潜艇的支持者认为，速度是一个代价很高却无关紧要的功能。ULMS 潜艇设计监理 Henry Hoffman 上校说：

> "有很长一段时间我甚至觉得不该把一个推进装置放到潜艇中。我们应该建造一艘驳船，把导弹管放置其中，并拖出来停泊。这对我来说就足够了，足以构成威慑。"[1]

不过，虽然反对高速潜艇的论据在海军看起来更有说服力，当 Rickover 没有经过太多的争论就占了上风时，人们也没有很惊讶。Smith 的一些理论还是很先进的，不过他投降了。Smith 是一个沉默寡言的人，他看到

---

[1]　速度和隐身性的问题被苏联反潜战（ASW）未来的不确定性发展进一步复杂化。如果苏联的进一步发展是在 ULMS 潜艇离港后对其进行追踪，那么速度（以及较小的规模）将有利于躲避敌人的声纳。不过，如果反潜战的技术旨在提高开放海域的监测，那么降低无源声纳敏感度的静音技术将会更有价值。在设计上的另一种争论是：一方面，潜艇需要装载的导弹数量越多，系统成本将越高；另一方面，潜艇装载的导弹越多，潜艇被发现并遭受攻击时，就越多地丧失了战略能力。

Rickover 是一个公认的大师，也无心对抗，所以他在这场竞争中丝毫没有胜出的希望。此外，一些观察家指出，FBM 程序开始以来，海神项目第一次遇到技术问题，美国国会却投票通过了一项削减资金计划。纠缠于这些问题，并不愿因为内讧让 ULMS 计划出现问题，Smith 认为在动力问题上让步显得更明智。在 Harold 上将的敦促下，他和 Rickover 达成一致，在其后的海军作战委员会上，Smith 说："我坚信我们可以做出决定并开始工作。"他还说：

> "在一次会议上，我和 Rickover 还有 Shear 达成一个有效的共识。我的专业领域不是潜艇以及潜艇作战，而他则主要从事舰船建造，特别是动力推进方面。Shear 的专业是潜艇作战，而我擅长导弹系统。所以，他迫切要求我提供潜艇的容量特性，即能承载最大的导弹是多大。他正确地指出，在潜艇设计中，相比于具体规格，武器重量更大意义上控制了设计。所以我能影响的唯一因素就是导弹的总体重量。"

1970 年 3 月，出现了一个折中方案。ULMS 潜艇将携带 Smith 的大型弹道导弹，强化射程为六千海里，其导弹发射管相当于海神的 3.5 倍；由 Rickover 的新双自然循环反应堆推进，这将使舰船的最高时速达到 26~27 节。潜艇直径将达到 50 英尺，可同时容纳比北极星/海神号潜艇更多的导弹和大型双反应堆。总之，它将会达到三万吨，这大概是 Smith 最初设计的 1.5 倍，更超过最大的北极星潜艇的 3.5 倍。

但 Smith-Rickover 妥协并未预示着在 ULMS 项目上达成一致。大约在未来两年内，系统应该是什么样子的问题再次浮出水面，从政府一层一层向上。海军和国防部加入了系统特性的争论，最终被正在进行的战略武器限制谈判（SALT）以及在白宫和国防部之间的地盘争夺战所纠缠。

5.5　Zumwalt 加入

1970 年 9 月，当国防部副部长 David Packard 从海军代理部长 John Warner 那里了解到 Smith-Rickover 妥协时，他断然否决了这一计划以及拟建系统的诸多细节。1969 年，普惠公司的合伙人 Packard，在尼克松总统的国防部长 Melvin Laird 引荐下，给国防部带来一个更加理性、务实和经济高效的装备采购策略。在 Packard 看来，ULMS 没有一项符合标准，要制定新的

ULMS 建议案，计划很快被送回海军，由新任海军作战部长（CNO）Elmo
Zumwalt 上将负责。①

　　Zumwalt 在水面舰艇司令部的地位迅速上升，在新职位上他非常关注海
军水面舰艇以及北极星/海神舰队的潜在老化问题，在短短几年时间，就针
对此提出了应急计划。作为他的双重议程的一部分，他早早就开始寻求新
潜艇建设的广泛支持，并希望开展一项振兴水面舰艇部队的计划。这两个
目标都必须严格控制预算，并且都有可能与 Rickover 产生冲突。Zumwalt 建
议新的水面舰艇部队采取高低档搭配的方法。一部分价格昂贵但性能优良
的舰船，结合大量的成本更低但技术并不太复杂的舰船。由于核动力大约
相当于常规动力舰船价格的三倍，所以低成本意味着非核装备，但这遭到
了 Rickover 的强烈反对。在潜艇的问题上，Zumwalt 同意 Rickover 的看法，
认为核动力是保证长期水下执行任务所必不可少的，但他建议，应该尽可
能使用已有的设计，从而最大限度地提高潜艇的建造数量。鉴于苏联拥有
了战略核潜艇以及潜射弹道导弹系统，威胁到美国长期以来在该领域的数
量优势带来的威慑力，Zumwalt 认为新型潜艇的开发迫在眉睫。此外，尼克
松政府不得不在 1969 年 10 月，开始与苏联进行战略军控谈判，Zumwalt 回
忆道：

　　　"……Paul Nitze 是 Melvin Laird 军控会谈的首席代表，他每个
　　月给我打一次电话，说很简单，我们必须要有苏联人感兴趣的东
　　西并达成某种交易，如果我们不能很快地在潜艇问题上有所决策，
　　我们就会失去谈判的筹码。"

　　没有 Rickover 的合作，Zumwalt 对于达成他的目标不抱有任何幻想。他
后来评论说："实际上，Rickover 相当于海军作战部长、海军部长、国防部
长，以及总统的下属。"Zumwalt 继续道：

　　　"Rickover 与国会之间法律层面外的一些关系，就像 Edgar
　　Hoover，使他能打败行政权威。而事实上，他是一个行政管理无政
　　府主义者，因此，他赢了本不应该赢得的战役，而使海军在其他
　　很多方面损失惨重。"

───────────

　　①　海军作战部长，作为海军穿制服的最高级别的长官，是参联会的一员，并且是总统的主要
海军顾问。

为避免和 Rickover 展开长期不确定的对抗，与此同时还满足 Packard 建议的成本较低的系统的需求（同时也是 Zumwalt 本人的想法），Zumwalt 和 ULMS 督导委员会①加速新的设计方案。1970 年 10 月，一个 Smith-Rickover 妥协的精简版本诞生了。该潜艇将只有一个 Rickover 的新的自然循环反应堆（尚未开发），共 3 万轴马力。新的设计被称为"超级－640"，显然是为了表明这是一个与最先进的北极星/海神号潜艇相似的伟大构想（事实上，"超级－640"尽管比 Smith-Rickover 的设计要小，但已经相当于最大的北极星潜艇的两倍）。减少体积是通过牺牲非速度方面的性能（例如，隔音和维护的方便性），而且很可能意味着放弃一些节约成本的方案，因为模块化的方案是不可行的，但也许与 STRAT－X 团队理念最相违背的一点是，考虑到性价比和性能，新潜艇的导弹发射管大约只比海神大 10%。换句话说，"超级－640"新设计的特点是 Rickover 所倡导的速度，但同时牺牲了放置大型导弹的空间。

Zumwalt 后来毫不讳言地认为，"超级－640"潜艇并不是实现设计目标的最理想的潜艇。他本人的偏好是美国海军最新的攻击型核潜艇 SSN－688，它可容纳全尺寸 ULMS 导弹，虽然这比 Smith 最初设想的 ULMS 潜艇要小。

> "从最大生存能力的分析角度看，你需要可行的尽可能大的平台数量。平台是很花钱的，你可以把已有平台建得更好。②在 688 级……我们有理想的答案：主要是将设计拆分，并且在中心安装导弹（飞鱼潜艇的改进版本，第一代北极星潜艇也是这么做的）。你可以以很低的成本做到这一点，因为反应堆（是一种强制循环反应堆，比 Rickover 设计的要小）是现成的，并且研究已经完成，所有体系结构和工程上的工作也已经完成。"

不过，Zumwalt 继续说："很明显，Rickover 绝不会支持那些没有他的新反应堆的任何设计。我很明白他会愿意采取任何延迟计划来达到他的目的。"鉴于他对苏联建造新的系统也有些恐慌，认为需要更多的潜艇来对付

---

① Zumwalt 的前任，Thomas Moorer 上将，在 STRAT-X 报告发布之后不久便成立了这一督导委员会。直到 1970 年 8 月 Packard 拒绝海军计划之时，它都没有在 ULMS 发展中起到特别积极的作用。

② 和 Levering Smith 一样，Zumwalt 认为 ULMS "应该是一个导弹载体。但我所指的导弹载体包括逃脱的足够能力、躲避监测的足够能力、为了自身防御能够发射鱼雷的足够能力"。

它，Zumwalt 认为："为了建造这艘船可以作出任何让步。我认为我们最好向 Rickover 投降，但绝不能向苏联投降。"

5.6 进一步发展：加强版海神

"超级-640"，因为承诺采用新反应堆设计，赢得了 Rickover 上将的批准。尽管 SP 有所担心，但也放弃了降低研发成本的诉求，着手解决无须大幅增加体积便可提升导弹射程的技术问题。1970 年 11 月，当 SP 带来适用于北极星/海神潜艇上的强化射程的初步研究时，关于系统配置的争论变得更激烈了。通过改装并添加一个比原来大几十至几百厘米（几英尺）的导弹发射管，就可以兼容更大的导弹，并通过修补导弹组件，SP 部门的人得出结论，它能够在多数满载荷的情况下提高射程。这是 STRAT-X 的明确要求，并且兼容现有或更新的潜艇。新的导弹概念——EXPO（加强版海神），至少在不久的将来，可以显著提高潜艇的生存能力，从而无须设计新的潜艇。Smith 趁机游说国防部、白宫以及国会，宣称加强版海神是一个明智的、温和的替代选择。他认为"超级-640"是一个昂贵的、高风险的开发，没必要因为苏联的不确定威胁而匆忙研究。他相信海军将从推动海基战略力量研究中获益。因此，Smith 提出了一个为期一年的延迟计划，在这期间 SP 就可以进行 UMLS 研究，重点是生存力研究，以决定更合适的潜艇设计。他指出，如果在这期间需要更多的战略核潜艇，海军可以建造更多北极星/海神潜艇以及与其匹配的海神或加强版海神导弹。

但 Zumwalt 受够了推迟，他后来指出："不要把你的不紧迫感和迅速壮大的苏联威胁相比。"他评论说：

> "Smith 从来不担心战略平衡的改变。他根本不相信苏联会因为巨大的战略核优势（假设他们真的有）而不受牵制。他认为，一些现有的美国装备将能抑制苏联。我觉得他大错特错了。但是他固执地相信这一点，因此，无论在其机构内部，还是在项目实施过程中，持有和我相同观点的人，都认为他是一个阻碍。"

Zumwalt 决定继续新潜艇的研制计划。1971 年 1 月 27 日，他会见了 ULMS 督导委员会。督导委员会曾召开会议讨论海军建造的"超级-640"和远程导弹哪个更受欢迎。据一名在会议现场的 SP 员工说，Zumwalt 认为加强版海神并不靠谱，他支持"超级-640"。① 他希望在所有计划讨论结束后更多的人也能够这么认为，并且停止讨论其他替代方案。正如 Zumwalt 后来解释说，他把"加强版海神"看作建造新潜艇的阻碍。因此加强版海神无论是对 Rickover 还是他自己都是不可接受的。

1971 年 3 月，Zumwalt 任命海军少将 Harvey E. Lyon 为 ULMS 项目经理（据 Smith 说，Rickover 在一次 ULMS 会议上提出成立一个新的办公室来管理 ULMS 项目，而这在几个月的时间内便实现了）。Lyon 的头衔是 PM-2（2 号项目经理），他的任务是监督整个系统，包括导弹、潜艇和相关支持设施的研发。PM-1（1 号项目经理）——Levering Smith 将在导弹研发上支持 PM-2，当 Smith 和 Rickover 已经无法理智地进行交谈时，Lyon 的任命显然是必要的，需要有人帮助他们进行交流。但这多少看起来也剥夺了 Smith 长期以来在海军导弹系统的权威。1971 年 11 月，《海洋电力杂志》上有一篇文章配图为 Smith 的照片，"无可争议的弹道导弹权威即将结束么？"Smith 权威衰退的另一个证据是，许多人都认为，Lyon 得到了 Hyman Rickover 的支持。

无论 Lyon 任命的意义是什么，ULMS 项目发展迅速。1971 年 4 月，通用动力公司电船部被授予 3500 万美元的潜艇设计合同。同年 7 月，海军成立了 ULMS 船舶采购项目由海军上校 Henry Hoffman 领导，来监督船的设计合同。与此同时，海军整理 ULMS 特性并向国防部长办公室提交预算请求，新系统初始作战能力②计划在 1979 年或者 1980 年形成。

5.7 返回国防部长办公室：David Packard

尽管 Zumwalt 很努力，一路遭遇坎坷的 ULMS 项目又一次遭遇国防部副部长 David Packard 的阻力。Packard 把原 Smith-Rickover 妥协计划发回海军，要求做更多的工作，并明确说明了他希望看到什么。据海军内部备忘录记录，副部长曾设想"一支 30~40 艘潜艇的部队，隐身性以及成本控制应该放在国防部长办公室评价指标的首位"。至少要保证后者，不过他大概要再次失望了。

接受海军的预算请求后不久，Packard 从一个 SP 文职人员那儿获悉加

---

① 此次会议重申了对强劲的反应堆的需求。它能够产生必要的速度以逃脱无源声纳潜艇的攻击，并且在溢流事故发生时使修复系统生效。

② 新系统初始作战能力（IOC）指潜艇符合所有相关标准并由训练充分的船员操作。

强版海神列表。Packard 立马有了想法，并很快发出一个暂时的项目决策备忘录，承诺美国要发展 ULMS，不过同时又显著减缓其研发速度。根据他的备忘录，形成初始作战能力的时间不会早于 1984 年，这比海军拟议的时间表要晚四至五年。与此同时，Packard 建议，在 1978~1984 年，加强版海神的开发要确保现有的战略潜艇部队的生存能力。

Packard 建议的基本内容，以及其他四个有关 ULMS 的事项，都被包含在国防部长办公室和海军编制部门的发展概念文件（DCP）中，并且于 1971 年 9 月 7 日发表，其目的是提供一个关于 ULMS 和加强版海神决定的正式文件。该 DCP 包含一个简短声明，内容包括 ULMS 的需求说明和相关问题的讨论（如苏联可能提高的反潜艇作战能力）。然后它提出了五个选项来维护美国海上力量的威慑力：

（1）什么都不做（取消 ULMS 和加强版海神计划）。

（2）增强海神导弹的射程，初步部署完毕在 1977 年。

（3）ULMS，初步部署完毕①1979 年；②1980 年；③1981 年；④1982 年。

（4）ULMS 计划，1981 年初步部署完毕，同时进行加强版海神潜艇开发，从而使加强版海神潜艇在 1977 年完成部署。

（5）加强版海神导弹，1977 年初步部署完毕，之后进行 ULMS 计划，大约延迟到 1983 年初步部署完成。

此时，大多数观察者认为只有（4）和（5）是严肃的选项，并且两者之间的差异很有趣。选项（4），用随后 DCP 讨论中的话说，要求发展加强版海神的研究和开发，"这将在 20 世纪 70 年代中后期完成部署"。选项（5）同样要开发和部署加强版海神，"不过计划在 1983 年前完成后继的 ULMS 计划"。然而，DCP 指出，在选项（5）中，一个关于 ULMS 特性的决定可以被推迟到 1973 财年或者更晚。这种延迟可以带来附加技术的研究以及额外的生存能力功能，但也引发了无限延期的可能性，甚至导致 ULMS 项目终止。

DCP 中还附上了海军作战部长 John Warner、参谋长联席会议主席、负责系统分析的助理国防部长 Gardiner Tucker，以及代表国防部审计长办公室的副助理部长 Don R. Brazier 的意见和建议。参谋长联席会议主席选择（3），即只有 ULMS，认为它提供了更能够确保应对苏联反潜技术进步的方案。主席还对 ULMS 发展提出建议，认为关键应该放在提高精度、增加射程方面，美国应该需要加强其进攻性战略力量：

　　"如果苏联继续以目前的速度部署洲际导弹，那么增加美国战略进攻力量的能力以保持可靠的威慑也是有必要的。除了可能取代北极星，ULMS 也是在这方面做出贡献的重要部分。"

参谋长联席会议的备忘录中根本没有提及"加强版海神"。

Warner 部长推荐他所谓的"改进版的选项（4）"，他写道："优先研发 ULMS，但开发和部署加强版海神系统作为补充。" Warner 建议 ULMS 船体配置应该再增大 18%，他认为导弹发射管也应当增加 66%，超过"超级-640"。他辩称"仅用 ULMS 就可以满足长期需求。现有的北极星/海神潜艇最终会需要更换，其可靠性将远低于苏联 20 世纪 80 年代的现代化潜艇"。此外，他特别强调速度的问题：

> "海军认为，根据我们对苏联声纳和反潜战术发展趋势的经验了解，对于 ULMS 来说，至少需要达到（已删除）节的速度才能够应对可能存在的威胁。海军在'二战'以来在众多的反潜演习中，遇到过上层或下层的主动声纳，已经证明在充分利用海洋环境时，高速度对打破声纳探测有很大的用处。我们最近的试验表明，最先进的声纳系统在潜艇速度增加的情况下效果显著下降。作战经验和试验数据都表明战略潜艇需要高速的支持。"

Warner 驳回了速度的成本大于其效益这个说法。在 DCP 中讨论了 Rick-over 推荐反应堆和低功率动力的成本差异。Warner 表示，这个成本差异小于 5 %的总系统成本。此外，Warner 争辩道，低功率的反应堆：

> "如果不经过重新设计的话，可能会……不满足十年的设计寿命。这些改进是昂贵的，在很大程度上抵消了使用低功率推进所节约的成本，并且没有任何好处。海军认为，成本差异是很小的代价，这个新的武器系统必须能够满足 21 世纪的挑战，以确保有足够的作战能力。海军指出的是，正如在 DCP 中所说，从舰船的可用性到更少的能量补充次数，剩下的成本完全可以抵消使用这种推进器的高成本。"

与参谋长联席会议主席和海军部长的看法恰恰相反，国防部官员希望谨慎进行 ULMS 研发。助理国务卿 Tucker 呼吁能够比选项（5）的时间再延迟一些，建议不要早于 1984 年。他还建议审查 ULMS 的可选配置（可行性），并提出在 1973 年，国防部长办公室应该重新考虑是否继续进行 ULMS 项目。在一个简短备忘录中，来自国防部长办公室下设的审计办公室的 Don Brazier 提到，包括其他问题，已有的建造项目成本都显得不切实际。

5.8　Packard 的决定

仅一个星期后，1971 年 9 月 14 日，国防部长办公室发布了关于 UMLS 的决定。据传言说这是 Packard 亲自起草的文件。虽然它也被标榜为"改良的选项（4）"，这一决定似乎更接近选项（5），并且被视作海军的失败。Packard 并未使用"加强版海神"这一说法，而是将首要重点放在发展远程导弹，"尽可能接近到四千英里（1 英里≈1.61 千米）"（这是加强版海神的期望距离），"同时尽可能兼容已有的海神潜艇的配置"。这枚导弹，计划于 1977 年完成，随后又出现射程更远的远程导弹（ULMS 原来的导弹，现在被称为三叉戟 II），导弹将部署在新一代战略潜艇上。决定建议本次导弹的工作没有时间表，也没有一个确切的结束时间，实际上，它并没有向国防部提交任何具体的潜艇设计。Packard 声称：

> "新型潜艇中受到导弹特性影响的参数不能在导弹项目确定新型导弹的射程、性能和尺寸参数前完成。其他的子系统包括推进、静音等可以和导弹研究同时完成。ULMS 项目的目的在于能在 20 世纪 80 年代初以合理的成本拿出一套新的装备。"①

事隔多年，回顾这一决定，Packard 写道：

> "在当时，我相信在潜艇最终方案形成之前，必须进行导弹开发。基于此，我做出了上述决定。从讨论中我感觉到，潜艇的设计方案中更大直径的船体也许很有必要。但是如果可以开发较短的导弹，那么这将允许一个较小的潜艇完成整体构建。我记得，那是我对这个问题的试探性的决定的基础，并在预算准备好的那个秋天，我打算做出这一决定。"

---

① 早些时候，在同一份文件中，Packard 写道，在其他因素之外，其计划将"确保我们在 20 世纪 80 年代初拥有一支新的力量——如果有需要的话。"他同时指出，"也许新潜艇的首要需求就是静音性。"决策文件并未提及速度或者动力的需求。

但在这一切发生前，Packard 改变过想法。

5.9 逆转

Packard 思想发生转变是在 1971 年 10 月与时任美国总统尼克松的一次谈话中，总统指出，白宫支持一个增加潜射弹道导弹（SLBMs）和战略潜艇的计划。[①] 尼克松希望正在进行的建设方案能够说服苏联在军控谈判中加入潜射弹道导弹作为筹码。

军控已成为尼克松政府外交政策的主要举措之一，总统在 11 月就要面临改选，他把赢得个人威望的筹码压在与苏联谈判的成功上。获得双方都满意的协议是一个棘手的问题。近年来，苏联急剧增加陆基导弹力量建设，并取得了洲际导弹数量上的优势。此外，它已经开始大规模计划建设潜射弹道导弹和战略潜艇，在这方面苏联曾一直落后于美国。虽然美国已经用 MIRVed 海神导弹取代了北极星导弹，但从 1967 年北极星潜艇服役以来，美国一直没有建造新的战略潜艇，也没有任何潜射导弹（SLBM）的发展方案。按照这样的发展速度，到了 20 世纪 70 年代中期，苏联的潜射导弹部署就将和美国打成平手，到 1980 年，就会达到美国的两倍。根据 Zumwalt 的说法，尼克松分享了他有关增加潜艇数量的想法，他和他的政府一直在寻求冻结洲际导弹建设，并希望限制潜射导弹建设，以阻止苏联在这两种类型的导弹上的优势。理所当然地，苏联还在犹豫中，白宫希望改变他们的想法，让他们意识到美国在积极部署潜射导弹，并以此作为筹码——一个可以和苏联潜射导弹建设做交易的项目。

对于国防部长办公室和白宫（包括预算局和国家安全委员会）的分析师来说，很明显，仅凭 ULMS 一项并不是一个好的筹码。其可用性还在遥远的未来：即使在海军发展的概念白皮书中，潜艇最快也要到 1979 年才能完成。如果想要美国的潜射弹道导弹计划对军控协议有影响，那就必须在 20 世纪 70 年代增加部署。因此，最有前途的选项是建造更多的北极星/海神潜艇或转换已经在建设中的攻击潜艇。

然而，Packard 和他的上司国防部长 Melvin Laird 意识到，这两个选项在海军高层中都不具有可接受性。潜艇艇员们一定会反对攻击潜艇转换，并大力支持 Rickover 上将。Rickover 支持新潜艇和推进系统的研发，并认为这

---

① Zumwalt 上校将此归功于 Paul Nitze，认为他作为 Laird 的 SALT 代表，已经亲自说服尼克松和 Packard，强调了 ULMS 项目对美国国家安全至关重要的作用。

两个项目会进一步拖延，甚至会阻碍到 ULMS 潜艇项目。如果是过去发生任何迹象，Rickover 会毫不犹豫地去寻求他在国会的朋友们的帮助，以防止这种情况发生。为了保护经过海军不同利益群体打造出来的 ULMS 协议，Packard 将寻求以某种方式调整这个装备计划来满足外交的需求，同时 Laird 在白宫为他争取时间。

Packard 的第一个动作就是去找 Rickover，并讨论有关加快 ULMS 船舶建造项目的可行性。1971 年 10 月 31 日，Rickover 的回答是肯定的，他向 Packard 承诺，ULMS 主导舰船可以在 1977 年底到 1978 年初交付，潜艇能以每年三艘的速度建造。根据这个时间表，完成时间与之前的发展概念白皮书相比提前了一年半，同时也加快了年产量。到 1980 年底，美国海军将拥有十艘新的 ULMS 潜艇。即使在这样的增长率下（根据军备控制协会 1972 年公布的背景文件，这将进一步降低 ULMS 相对于其他已有潜艇的性能和维护优势），ULMS 与其他替代潜艇相比并不具有优势，例如，其他攻击型潜艇可以在 1975 年时快速转换到增强型潜射导弹部署。

尽管如此，Packard 同意 Rickover 的想法。第二天，也就是 1971 年 11 月 1 日，他下令海军进行新一轮方案研究，此次研究快速部署的战略核潜艇，包括加速 ULMS 方案 。但大家都清楚 Rickover 的许多建议会被采纳。一名 SP 职员说："这项研究是 Packard 自己早已下定决心的，我们都只是走走过场，我们都知道答案是什么。"Zumwalt 海军上将后来证实该研究经过了严格论证，他和 Packard 已经同意，接下来需要确保国会的批准和行政机关的预算等。

在海军继续进行其研究时，Laird 开始和白宫玩起猫捉老鼠的游戏，白宫要求他在 11 月将方案呈交防卫计划审查委员会（DPRC）审查，DPRC 由基辛格担任主席，他是尼克松的国家安全顾问。Laird 抵抗这一要求，可能是因为他将这看作国家安全委员会及其分支 DPRC（本质上隶属于国防部长：军事战略和相关的防御计划）的插手。同样令人担忧的迹象表明，DPRC 和总统都更加倾向于北极星/海神潜艇的建造（例如，在一份 1971 年底起草并于 1972 年发布的外交政策报告国会草案中，尼克松说："我们正在设计一个新的远程潜射导弹系统（ULMS），同时我们还发起一项建造附加导弹潜艇的计划"）。不管他的理由是什么，Laird 两个月都没有呈递研究报告，他告诉基辛格研究尚未完成，虽然草案早在 12 月初就在国防部完成了。

12 月 26 日，Laird 下令加速 ULMS 项目，主要是方案的基础研究，它曾经两次被重新起草以强化加速方案。他的此次行动并未与白宫商量。几个星期之后，也就是 1972 年 1 月 12 日，加速计划的消息被一名不愿透露姓名的国防部官员披露。潜射弹道导弹倡议的命运结束，这对于总统来说，无论在国内还是在国外，其在政治上的代价过于昂贵——是对国防部长的否定，更不要说与国会关系密切的海军上将 Rickover。

当 Laird 终于呈递方案研究时，1 月 26 日，他解释了他选择 ULMS 加速计划的理由（在一份日期为 1 月 4 日的备忘录中）。他认为其他可能的潜射弹道导弹的设想"不是一个深思熟虑的、有建设性意义的长远计划，更多的是一种紧急反应。因此，这对政治和外交可能会适得其反"。

若干年后，回首他内心的改变，Packard 写道：

> "对 ULMS 计划的最终决定主要是由于海军从一开始就一再催促。所以，经历了一系列复杂的，但是综合的决定过程之后，我改变了我最初的决定，目的是满足总统提出的我认为合适的目标。"

5.10 最终配置

尽管白宫和国防部的官员曾就这个战略角逐过，经历了 Packard 对 ULMS 加速计划的坚持后，项目的成员已经着手潜艇的基本设计元素。1971 年 11 月 9 日，项目经理 Harvey Leon 上将宣布了他们努力的结果。该 ULMS 潜艇将配备一个比"超级-640"长大约 10 英尺，直径宽大约 9 英寸的导弹发射管，这意味着它可以发射比海神导弹大约 60% 的导弹。但是，这并不兼容现有的或修改版的北极星潜艇。新潜艇船体直径为 42 英尺，排水量 18700 吨（"超级-640"为 14000 吨），反应堆马力从 3 万轴马力升级至 3.5 万轴马力。Lyon 如此解释反应堆功率的提升：

> "反应堆设备可以提供充足动力，这样潜艇就可以走得比设计的速度更快。对于三叉戟潜艇，速度并不重要。我们没有为了保证速度而限制动力单元的尺寸，我们的考虑是在紧急情况下能够提供更多的能源。我们所做的另外一件独特的事是，有些动力更强并且更大的潜艇在 40.23 千米（25 英里）每小时的速度下比日产汽车更安静。这就是为什么我们把它加入。我们知道我们需要建造一个运行更安静的设备，而且我们也希望它运行更安静。三叉戟的所有指标等于或超过规格，包括可靠性等。当你想到一辆

宝马汽车的成本是 3.5 万元时，你就会知道三叉戟潜艇是一件物美价廉的产品。"

不管对这些改进的评价怎样，海军在去年已经完成了 ULMS 潜艇的设计，这是对总统的预算要求以及 1972 年 1 月向国会提交的加速研发和潜艇建造投资的一个交代。5 月 15 日，随着美国和苏联即将在冻结洲际导弹数量，并限制建设战略核潜艇和潜射弹道导弹上达成协议之际，Melvin Laird 重申了国防部的承诺，公布了 ULMS 方案，并宣布了其官方名称：三叉戟。

多管火箭炮系统：在预算内按时完成

20世纪70年代后期与80年代初，一系列的武器装备因为负面消息成为报纸头条。M-1坦克、布雷德利战车、约克中士高射炮和爱国者导弹因为超出预算或者进度落后而为大家所熟知。同一时期，多管火箭发射系统（MLRS）与其他武器相比却因为不同的原因而被大家所了解：它按时推出并且未超预算。

MLRS的故事是一个关于坚持想法并最终实现的故事，是一个关于军队机构不断创新的故事，是一个关于承包商不怕风险的投资故事，讲述了政府和制造业人员如何共同克服那些可能将该火炮系统开发领入歧途的困难。

6.1 起源

陆军官方政策要求武器装备应该从一个概念或者一份由训练与条令司令部（TRADOC）官员拟定的需求分析的声明开始，陆军机构负责展望未来战场从而确定需求。只有一个概念被充分考虑后，采办人员才能开始长期、艰苦并且很有可能失败的尝试，去努力将想法变成现实。以这个多管火箭发射系统为例，需要一个可追踪的车载发射系统能在一分钟内一次发射12个8英尺长的火箭，这个过程是逆向进行的。这个想法不仅美国官员想到了，苏联人也想到了。

1941年的夏天，迄今为止从未被击败过的希特勒德军装甲师在苏联的西部开出一条血路向前追击，正在撤退的苏联红军使用了一种秘密武器。1941年7月14日下午3时15分，欧洲俄罗斯东部的奥沙火车站——德国军用物资的转运站，在十五分钟的轰炸后消失了。在很短的时间里，112枚火箭弹降落在火车站周围,这种火箭弹每个重量超过 100 磅,杀伤力比一个重型榴弹还强。那些从这次短暂但猛烈的轰炸中存活下来的,曾经在两年内征服了大半个欧洲的德国人在慌乱中逃走了。以前从来没有这么小的一片地方在如此短的时间里被这么多的火力袭击。

这个摧毁了奥沙火车站的武器就是多管火箭发射系统(MRLs)的原型,后来苏联人称它为"喀秋莎"(Katyusha)。因为比常规火炮更容易生产,"喀秋莎"在苏联红军中得到很快推广。1941 年末,324 辆"喀秋莎"被运往前线。整个 1942 年,苏联红军又装备了 3000 辆"喀秋莎"。在这场战争的最后,火箭弹幕成为苏联战略的一个重要部分,"喀秋莎"的低精确性被它爆炸时带来的巨大杀伤力所弥补。

美国陆军在第二次世界大战中也使用了 MRLs。在珍珠港事件之前,美国化学部队曾研发了一种能释放毒气的 MRLs。因为毒气在"二战"中被禁止使用,所以高爆弹头得到了发展,美国的这种 MRLs 被陆军、海军和潜艇部队作为区域轰炸武器使用,但是使用规模却远不如苏联。

在"二战"末期,化学部队因为其预算和开支被大幅削减,缺乏资源完成火炮导弹的研制。负责研发 MRL 的化学部队被迫解散。MRLs 成为没有士兵使用的孤立机器。那些逃脱被扔入废品堆的火箭炮也被转移进了偏远的仓库。

美国野战炮部队原本可能抓住这个机会将 MRLs 装备到枪支和榴弹炮队伍中,此时也不愿意卷入其中。传统的野战炮兵部队都是使用加农炮实现精确打击的,但是战后有限的资源使他们将注意力集中到如何提高武器的精确性而不是增强武器的杀伤力,这也导致了不能精确打击的 MRL 失去一席之地。

另外一个美国陆军机构可能采用或者提倡 MRL 的是军械署,这个机构负责为陆军提供武器装备。唯一与火箭相关的官方机构就是位于阿拉巴马州红石军工厂的军械研究分局,这个机构之前一直关注 Werner von Braun 关于弹道导弹的研究。它没有时间研发甚至支持野战部队都不想要的武器。

相反的是,苏联在第二次世界大战后同样保存了大量的"喀秋莎"。1942 年,"保护 MRL 军事顾问团"为了保护 MRLs 的生产和使用而成立。最后,MRLs 在红军中成为一个独立的机构,它的威信因为这个充满敬意的名字——"保卫者"而大大提高。战争后期,"喀秋莎"热衷者在苏联军队中确立了牢固的地位,他们不需要依靠苏联炮兵部队或者化学部队而存活。

1950 年 11 月,美国陆军 MRLs 因为中国加入抗美援朝战争之后得以短暂复兴。野战炮兵部队发现加农炮不能产生超大的火力去抵挡中国步兵的

"人海"战术。为了应对这种威胁，陆军发展并且装备了 M91，一种挂载到卡车后面的"二战"时期老式的 MRL。M91 被组织成为野战炮兵单元，这一临时的火箭战斗集团取得了成功。但是，就像在"二战"中的结局一样，M91 最后并没有在这场战争中保留下来。1953 年，美国军队再次聚焦到欧洲，他们认为当时中国与西德交战的可能性很小，野战炮兵部队解散了临时火箭战斗队，将 MRLs 放回仓库，再次使用更精确的加农炮，其他西方国家也是如此。

从 20 世纪中期到 60 年代初，西方缺少对 MRLs 的研发兴趣，导致苏联对这种武器的垄断。但是在 20 世纪 60 年代中期，西德、西班牙、日本和以色列都将类似于苏联"喀秋莎"的 MRLs 装备到部队。虽然这些国家将 MRLs 加入到装备中的理由各不相同，但是我们可以有趣地发现很多官员都是 20 世纪 60 年代中期西德、西班牙、日本军队中有影响力的人，作为曾经的年轻中尉而经历了"二战"中苏联"喀秋莎"的火力攻击。以色列人更是在近期体验了一下：1956 年和 1967 年在阿拉伯—以色列战争中，埃及和叙利亚使用了苏联 MRLs 并取得了很好的效果。

6.2　更大但不需要更好

进入 20 世纪 60 年代，美国军队可能又要面对敌人如"人海"般的进攻。与中国军队的"人海"式进攻不同，苏联的进攻浪潮由主战坦克构成，这让美国军队很着急。每年都有报道说苏联工厂建造了更多的坦克，更多的苏联步兵单位变成装甲兵或者机械化步兵单位。每年苏联的核兵工厂也会增加，这降低了美国通过核武器攻击苏联本土以抵抗苏联在欧洲攻击的传统策略的可信度。

为了更好地了解这些发展的含义，野战炮兵中心（俄克拉荷马州西尔堡）——着眼于未来战争的军方机构，并决定装备什么样的武器给野战部队——对苏联进攻北约（NATO）实行了一系列的计算机模拟。在这些模拟中，有一个被称为"红腿"的研究，模拟苏联军队用大型坦克群攻击，美国用炮兵反击。在这些场景中，这些靶子一瞬间都出现在模拟中，这意味着，依据苏联的学说，这些模拟的加农炮不能处理这些攻击浪潮。这些榴弹炮没有足够的速度消灭所有目标。

与此同时，美国军队导弹司令部高级系统概念办公室开始研究他们自己的 MRLs 概念，而与之前在锡尔堡的研究无关。导弹司令部工程师 Herman Oswell 就是在高级系统概念办公室研究这个，他最先将一名分配到他办公室的野战炮兵部队军官提议的将 MRLs 作为单管火箭筒的概念纳入提案。这名军官将他的概念称作高精度火箭系统（HARS），说："让我们建造一种和加农炮有一样精度的火箭系统，我们能将速度、区域饱和杀伤力和精度同时结合在一起。"

Oswell 和他的工程师们说服野战炮兵部队军官，当前先进的火箭技术不能允许这样的事情发生，他们能够研发技术来建造 HARS。经过这样的努力才最终有了 MARS。Oswell 说："我们感觉到我们真正需要的是快速火力打击的优势，所以我们需要某种能多管发射的火箭炮。"

在解决"浪涌"问题的"红腿"模拟中有一个模拟的 MRLs 与导弹司令部开发的极其相似。这种 MRLs 每次发射三发火箭，使用改进的常规导弹（ICM）的弹头，这也是计划用于 MARS 的弹头。这种弹头比固体高爆模块更有杀伤力，它包含了数个子母弹——棒球大小的榴弹，能够打击装甲车辆（比如自行榴弹炮和装甲运兵车）和"软"目标（卡车、供应车、未经保护的人群）。这种子母弹能够在主战坦克上方的薄装甲板上打孔。如果北约的武装力量装备这些概念中的多管火箭炮系统，他们就能打赢。假如他们没有装备这个武器，他们就会输掉。

为了使 MARS 像加农炮一样精确，Oswell 和他的同事在每个火箭中放入了导航系统，当它离开发射系统之后能够保持稳定的高度，就像炮管对于炮弹的作用一样。这个复杂的系统极大地提高了每个火箭的成本，使火箭炮很大（16 英寸的直径），而且每个发射台只能携带三个（国外的 MRLs 每个发射台可以装多达 40 个 4 英寸~8 英寸直径的火箭炮）。

复杂 MARS 的另一个特点是"推进分区"。加农炮既能够打击近距离目标也能打击远距离目标。为了击中近距离目标，就要减少推进炮弹的火药。为了击中远距离目标，就要增加火药。在加农炮研制过程中这是一项简单而且廉价的技术，但在火箭炮中这项技术的实现却很困难，在 MARS 开始研究的七年后还没有成功。

为了解决这个问题，导弹司令部谋求航天工业的帮助。在 1968 年 11 月，七家承包商向导弹司令部的来源选择评估委员会提交了设计方案。两个月后，其中五家公司（马丁·玛丽埃塔、诺斯罗普、克莱斯勒、波音和沃特）接受了为期六个月的研究 MARS 及其相关问题的合同。

这些研究凸显了这个系统的成本问题。更严重的问题是，之前导弹司令部计划加入火箭炮弹头的子母弹并不是有效的坦克杀手。Robert Hardy，一个航空工程师，在沃特从事 MARS 研究的前坦克指挥官，回忆指出："你需要发射七、八或者九个火箭弹才可能以 50% 的概率击毁一辆坦克。"导弹司令部曾经收到合同承包商的报告，他们进行了各自的成本和操作可行性报告（COEA）。MARS 并不具有成本效益，在 1970 年 3 月，导弹司令部与军队材料司令部的长官命令解散 MARS 产品研究办公室。

6.3 重新开始

MARS 项目的取消并没有挫伤沃特对 MRLs 研究的兴趣。在建造一种长距离导弹"长矛"时，沃特公司成立了一支火箭发动机与火箭空气动力学方面的工程师和科学家队伍。1970 年，Robert Hardy 成立了一个团队，用沃特自己的基金设计和建造了一个原型火箭炮，被他称为"廉价火箭炮系统"（CARS），这么命名是因为其完全由已经可以大量生产的零件组装而来（155 毫米的子弹头和响尾蛇火箭发动机）。Hardy 并不把 CARS 称为一个完美的系统。

> "CARS 因为使用未优化的部件而有缺点。也因为这个，我并不寄希望军队能够装备 CARS。真正重要的是为了证明我们能够研制高精度火箭弹。"

当沃特研究 CARS 时，导弹司令部高级概念研究部门的工程师也重新尝试更节省成本的 MRLs。Herman Oswell 和他的同事放弃了推进分区的想法，转而开发自由飞行的火箭炮，实现在没有昂贵导航系统的情况下达到最好的精度。最后的系统在短距离内不那么完美并且没有常规火炮那么精确，但是廉价、快速而且在战场中很有效。

6.4 说服野战炮兵部队

一旦做出了这些基本设计的决定，导弹司令部的工程师们就开始说服野战炮兵部队相信改进后的 MARS 的价值。根据 Oswell 所说，存在的困难是克服之前在野战炮兵部队形成的对自由飞行火箭炮的偏见。他们已经接受像 Pershing 和 Lance 这样的有特殊应用的导弹，但是当在野战炮兵部队谈起自由飞行的火箭炮时就像在谈论将要和加农炮一比高下的东西一样。

Oswell 在 "Legal Mix" 和 "Battle King" 项目中找到相关佐证。野战炮兵的研究表明，在北约战场中苏联军队有比预期更多的坦克、飞机和炮弹。为了应付这些坦克，军队装备了反坦克导弹。为了应对飞机，军队开始开发一种防空导弹。然而应对不断增长的苏联炮弹规模，包括大规模的现代版"喀秋莎",则成为一个问题。根据 George Moses 上校的话,"我们在欧洲的炮弹已经寡不敌众,达到了 3:1 甚至 4:1 的地步,想通过快速打击的榴弹炮改变这个不平衡的现状是不可能的。越来越多的军官,尤其是年青一代,开始考虑某种形式的 MRLs,作为弥补这个不平衡的工具了。"

多管发射火箭炮的主意得到了国防部的支持。负责战术研究的陆军副部长助理 David Hardison 牵头开始进行名为"Battle King"的研究。这个经历使他成为 MRLs 的狂热支持者。Hardison 为说服军队决策者,指出,"采用美国 MRLs 就可以减少成本。"Hardison 说:"一旦人们相信了对反炮群系统的需求,那么讨论的重点就只剩下数量问题了。"

"什么样的武器能在最少的成本下产生最大的杀伤力?同时,很多人关注的成本集中在人力成本上。所以,在 1974~1975 年,我开始记录一些数据。图 6.1 中显示了三个使用 MRL 的士兵产生的火力大约等于 300 人或者一个营的兵力使用 8 英寸榴弹炮产生的杀伤力。军队正经历严峻人力短缺的事实使这个论据非常有说服力。"

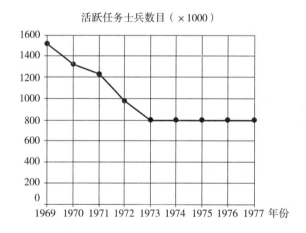

活跃任务士兵数目(×1000)

图 6.1　1969~1977 年活跃任务士兵数目

时任陆军副参谋长的 Walter T. 将军和训练与条令司令部指挥官(TRADOC) William E. DePuy 将军一样最初有些怀疑 MRLs。但是到了 1976 年,这些军官,包括野战炮兵部队的高级指挥官都开始支持这个方案。Hardison 关于使用这个武器能够节省大量人力资源的观点使这个系统的部署成为优先项目,仅次于 M-1 艾布拉姆坦克和 M-2/3 布雷德利战车。

Oswell 和 Hardison 可能当时没有意识到他们已经说服军队发展第一个和平时期的 MRLs。自从 1775 年当美国第一野战炮兵军官 Henry Knox 上校带着缴获的英国手枪走过提康德罗加堡、纽约、波士顿的大雪，野战炮兵部队都是依赖加农炮。然而，人力短缺比过去 200 年更加明显。军队已经决定接受导弹司令部的新型 MRL。现在最困难的问题是，导弹司令部必须按时提供 MRL 而不超出预算。毕竟，预算超支和延期的困境也许会导致军方改变其最初的决心。

6.5　第一任项目管理者

1975 年 9 月，陆军部长授权成立项目办公室，致力于发展今后众所周知的通用支援火箭系统（GSRS）。有着丰富项目管理经验的野战炮兵军官 Kenneth Heitzke 上校被分配到导弹司令部担任 GSRS 第一任项目经理。

导弹司令部指挥官给 Heitzke 可以挑选任何在导弹司令部工作的人到他手下工作的权力。Heitzke 要求加入他团队的第一个人是 Lawrence Seggel，他是一个工业工程师，刚刚完成了"Lance"项目的工作。Heitzke 任命他为项目副经理，他在这个职位干了超过 12 年。

Seggel 在 Heitzke 邀请他加入之前就已经开始 GSRS 项目的工作了。之后成为 GSRS 项目主管的 Monte Hatchett 上校，后来回忆到，Seggel 也有"自由支配权"：

> "他可以选择他想要的人。导弹司令部的指挥官说，他想在固体火箭领域找到我们现有最好的人才。Seggel 精心做了一个专门程序确保他得到了他想要的人。"

Seggel 的第一个任务是制定 GSRS 收购战略。作为项目经理的 Heitzke 正式负责这一战略的制定。他和随后的项目经理把大部分时间花在让陆军、国防部和国会建立和达成支持 GSRS 的共识上。用 Heitzke 自己的话说，项目经理是一个"建议者"，Seggel 负责制定与执行收购战略。

Seggel 的战略框架是由陆军副部长 David Hardison 提供的。Hardison 意识到过高的要求可能会使 MARS 计划最终失败，因此他提倡科技保守的方法。他说："我们的策略，是制定保守的目标并超过它。一定小心不要期望过高，我们首先需要通过提供普通的炮弹头满足我们的要求。智能的反坦克炮弹头及类似的更冒险的技术将是以后考虑的事。"①

6.6　Seggel 的大胆执行

在 Seggel 看来，一个成功的收购战略的主要前提是放开手脚制订计划和执行。为了实现这个目标，他得说服他的上司，使导弹司令部和陆军材料司令部的指挥官们尽快开始 GSRS 项目的研制。

> "我按照他们的导向开始执行这个项目。它名义上需要 120 个月——十年。
> 我知道这不能满足需求。但是我想知道为什么要这么久。
> 他们说：'天哪，你不明白，你这笨蛋，回去把这时间缩短，缩减到合理的范围。'"

Seggel 的计划"缩减至合理"中涉及免除很多的规则，并且赋予项目经理非常大的自由决定权。Seggel 没有得到他所希望的全部自由决定权，但他得到了大多数，他有权限优先启动生产一些组件，他聘任了能够全身心投入到 GSRS 项目的律师和合同专家（惯例是合同专家制定出一个"范围"，项目办公室需要以此为基础）。最后，他取消了将占用他和项目经理太多时间的许多例行报告和会议。

6.7　成本控制

Seggel 采购战略的另一个主要元素是成本控制。MARS 项目已使他意识到，他的工作不仅是"打造最好的 GSRS，还要在一定的成本下建造最好的 GSRS"。"所需经费研究"统计了需要花费的材料成本、人工成本、间接费用、研发成本等。Seggel 减少了 20% 的估算，并且为每个 GSRS 合同拟定了预算。

Seggel 计划通过竞争迫使承包商减少这些目标成本。在美国估计有至少

---

① "行人"弹头是一种改进型常规弹药弹头，类似于为多管火箭炮（MARS）设想的那种。然而，与 MARS 弹头不同，GSRS 弹头从未营销其作为坦克杀手的功能。其在战场上的角色是攻击脆弱的目标，特别是敌军营地和防空火炮。生产这一弹头的技术已被很好地证明，并被纳入两种榴弹炮弹、长矛导弹和空投炸弹。

十家企业有开发能力并建造多管火箭炮，在他的采购策略里，他利用各种机会使他们相互竞争。Seggel 特别关注 MLRS 火箭能否获得最佳的价格。由于野战炮兵计划购买大约 400000 发火箭弹，控制火箭的价格，就可以节省纳税人一大笔钱。因此，利用额外的资金建设第二条生产线应该是一次很好的投资。

6.8 对承包商的严格管控

为了缩短时间，有人建议 Seggel 让承包商在没有导弹司令部的支出下开发 GSRS 的原型产品，直到可以进行测试。承包商告诉 Seggel，原型产品的质量不取决于政府雇员的不断监督，而是竞争的鞭策。这种"放手"的方式，目前正在用于约克分区防空炮（DIVAD）的研发中，这种采购策略，被广泛誉为"未来的浪潮"。

然而，Seggel 更偏向于能使导弹司令部在系统设计中发挥更加积极作用的方法。他认为，在 MARS 项目和其他项目中，导弹司令部的工程师和科学家已经发展起来一定程度的专业知识，没有一个单一的承包商能够比拟。

> "事实上，我被迫需要解释为什么我没有接受 DIVAD 概念。因为这两个发展是根本不同的。DIVAD 应该是用来集成已经开发过的武器。一支枪、雷达和火控（系统），我们要把它集成在一起，就可以使它工作。GSRS 是不同的，这是一张空白的纸。没有这样的系统存在。没有火箭、发射系统，没有主要的子系统。以前我不如他们（比如发展 DIVAD 的人）的时候我就说：'绝非如此。当我们的导弹司令部工程师是这项技术的领导者时，我们可以置之不理吗？'"

他说服他的上级支持他拒绝使用"DIVAD 概念"后，Seggel 和他的团队立即制定了一些详细的采购计划。尽管这些计划在时间表与各个阶段承包商数目方面不尽相同，但是他们设计 GSRS 过程是一个相似的合作过程。导弹司令部将提供一个系统的草图。承包商将提出更具体的设计特征。导弹司令部的工程师们将这些设计作为一个"功能配置的基础"，详细描述每个 GSRS 组件的功能，然后被互相竞争的承包商转化成原型产品。

一旦完成，功能配置描述了一个"自推进发射装载机"（SPLL），它一次能发射 12 枚火箭弹。这种 SPLL 由一个布雷德利战车底盘组成，它装载着一个可转动的盒子，盒子能够通过升降来使火箭瞄准。盒子携带两个"豆荚"，每个装载六个 8 英寸直径火箭。火箭出厂时装载在"豆荚"中，海运时可当作火箭集装箱，发射时可以当作枪管。

1976 年 12 月，由将军和高级陆军部文职人员组成的陆军系统采购审核委员会（ASARC）对这个计划进行了审查。该委员会向国防部长建议并得到批准，两个独立的主承包商在长达 29 个月的"验证阶段"，通过建立三个原型发射系统和几百个原型火箭对 GSRS 原型系统进行验证。在验证的最后阶段，将会对这个原型系统进行测试。在 1977 年 2 月，"功能配置"文件快要出台的时候，国防部长 Harold Brown 在防御系统采办审核委员会（DSARC）——该机构与 ASARC 相当——的建议基础上，授权对 GSRS 进行验证。

6.9 建造原型系统

1977 年 4 月，导弹司令部向 31 家公司发出请求建议书（RFP），很详细地描述了 GSRS 概念和招标建设的三个原型发射系统和约 300 个测试火箭。在 RFP 中明确企业承包建立原型系统的作用是不创造他们自己版本的 GSRS，而是找到最好的方式使已经经过深思熟虑的设计成为原型系统，并且进入测试阶段。除了这个，赢得建造原型合同的承包商要负责寻找大规模生产火箭发射系统和火箭炮的最佳途径。

1977 年 9 月，获得成本加奖励费用合同（CPIF）的赢家是沃特公司和波音公司。根据 CPIF 的条款，每家公司履行合同所产生的费用可以报销。为了激励每个企业降低成本，目标成本预先给定。如果公司的实际成本超出目标成本，其奖励费将会减少。反之，如果实际成本低于目标成本，奖励费会更高。

沃特有一个初始的优势。建设原型系统的沃特员工已经开始关于 GSRS 的工作有一段时间了。他们不仅参加 GSRS 功能配置的过程，而且已经进行了一系列与 GSRS 相关的实验。许多人都是"Lance"计划和沃特内部 MRL 研究项目的老成员，他们非常了解两种火箭系统技术的共性，使他们能立即开始建设和测试 GSRS 概念的原型系统。沃特在 1977 年 12 月从测试平台发射了其第一个 GSRS 火箭。1978 年 9 月底，沃特已经发射了 11 个或更多火箭。

波音相比沃特火箭技术经验不足，因此不得不在实验室进行原型开发。它进行了一系列实验，以确定建造 GSRS 火箭的最好办法。直到 1978 年 9

月，波音公司尚未决定火箭是否要安装有玻璃纤维或钢制电机的部件。因此，直到 1979 年 4 月，波音公司才发射火箭。

沃特公司和波音公司都遇到了用于激活弹头的引信问题。此引信由哈利钻石实验室研发的炮兵引信改造而来，这个公司由陆军物资司令部经营，为沃特公司和波音公司提供材料，因为是政府的装备，这些材料是免费的。1979 年 8 月，波音公司不满自己的进度，要求更多的时间来建立自己的原型，他们指出，是因为引信问题而导致进度过慢。沃特虽然也经历了引信问题，但他们反对改变时间表。沃特公司的观点占了上风。进度安排不会有任何变动。

尽管引信问题出现，但是在前两年 GSRS 进展顺利。开支保持在预算范围内，并按照 Seggel 的预定时间表进行。唯一与预定时间表不符的事情，发生在 1978 年，延迟了 3 个月。为了在与西德的谈判中显示美国的诚信，最终在德国军队使用的系统，无论是沃特公司还是波音公司都将火箭的直径增加了 3 英寸，以适应德国 AT-2 "美杜莎" 反坦克地雷。

6.10　来自大洋彼岸的援手

当 Harold Brown 授权验证 GSRS 时，他也研究了让其他北约国家参与的方法，根据卡尔弗纳恩修正案，要求国防部长尽可能提高美国武器使用与北约同行相同弹药的比例。在整个 1977 年和 1978 年，大西洋两岸的会议期间，法国、英国和西德同意在欧洲建立 GSRS 运载设备和火箭。1979 年 7 月，四国签署了一份谅解备忘录，使关系正式化。英国和法国各自投入 1500 万美元支持 GSRS 的研发。德国的参与包括启动一项开发火箭的工作，使其能用于发射 "美杜莎" 反坦克地雷。

本协议的直接影响是 GSRS 系统设计的改变。从此以后，它被称为多管火箭炮系统（MLRS），这也适合欧洲术语。一个更具体的变化是，在协议签署的预期中，沃特飞机工业公司和波音公司正在重新设计火箭炮。导弹司令部已决定最佳尺寸为 8 英寸，但是因为无法挂载 "美杜莎" 地雷，沃特公司和波音公司改变他们的合同，开发 9 英寸火箭。突然的设计变更造成三个月的验证阶段时间表延迟。火箭没有必要重新设计，但火箭的 "豆荚"、SPLL 和火控系统都需要一些改动。

多管火箭炮系统的国际化也对这个项目产生了有益的影响。Albert Yee——后来担任沃特多管火箭炮系统项目的经理，提供了有助于维持多管火箭炮系统项目稳定运行的协议。Yee 认为，陆军、国防部、国会中那些倾向于 MLRS 项目的人都会由于美国政府对这项国际条约的尊重有所约束。Yee 说："共同发展多管火箭炮系统成为'双行道'如何工作的一个典型的例子。"主要任务是维持对多管火箭炮支持的项目经理，也看到了这个联盟项目的国际化。

6.11 外界的支持

国际化不足以保证多管火箭炮系统的生存。野战炮兵、训练与条令司令部（TRADOC）、陆军参谋长办公室、陆军部长，以及国防部长办公室等一系列高层组织以及国会，都有能力终止或者打乱这个项目。Seggel 努力保持规划者和项目承包商的一致性，项目经理努力说服这些组织，让他们相信多管火箭炮系统值得支持。

Heitzke 上校是第一个项目经理，他努力将多管火箭炮系统推销给更高级别的决策者。David Hardison 设法说服训练与条令司令部和陆军参谋长，以及野战炮兵中心的领导共同支持这个系统。结果是，Heitzke 无须花费大量时间做项目简介。在国防部长办公室这个更高级别的层级，简报同样简洁。没有必要让国防部长成为 GSRS 的积极支持者。但是，如果国防部长或项目分析和评估办公室（PA&E）不支持这个项目则会是致命的。令 GSRS 高兴的是，PA&E 积极支持火箭和导弹系统，并没有阻拦项目的进行。

Heitzke 花费了大量的时间说服国会支持多管火箭炮。他不仅与委员会、小组委员会和个别国会议员谈话，还不厌其烦地给其他工作人员做工作。Heitzke 在华盛顿的努力得到了回报。他成功说服国会为 MLRS 提供经费，1977 财年预算拨给这个项目 500 万美元，超过了国防部要求的 400 万美元，额外的钱用于加速项目发展。

Heitzke 的继任者是 Barrie Masters 上校，他花费大部分时间与欧洲人谈判，这使他仅有一部分时间来维持由 Heitzke 得到的国会支持。这项任务由陆军参谋长办公室执行，这个行政机构建立优先预算计划，并试图说服国会批准这些优先事项的预算。1979 年，负责研究、发展和采购的陆军副参谋长 Donald Keith 中将在国会听证会中说，想要建造像苏联那样的加农炮和"喀秋莎"，多管火箭炮系统需要"拼命"发展。

国会从心里认同了这个说法，并在随后的几年，也接受了来自 Keith 将军继任者的说法。陆军为多管火箭炮系统发射装置和"行人"火箭申请的资金总是被挪用。有几次为"行人"火箭申请经费都被拒绝了，一次是一个双神经元气体火箭炮，一次是末端制导反坦克火箭。但是，这些火箭炮仅是基本多管火箭炮系统的装饰，它的采用或者拒绝并没有影响项目整体的成功。

Richard Steimle 上校是 Masters 上校的接班人，他重点宣传多管火箭炮系统。他前往欧洲向盟国的官员介绍，并几次访问国会，与国会议员和工作人员交流。虽然他煞费苦心地维持 DCSRDA，但他在成为委员之前从没做过验证工作。Steimle 上校大部分时间都是在野战炮兵中度过的，提醒那些自称为加农炮手的人，陆军正在裁员，多管火箭炮系统将使野战炮兵在人力更少的情况下产生更大的火力。

到了 1980 年，当 Monte Hatchett 上校接替 Steimle 成为新的项目经理时，多管火箭炮系统得到了足够的支持，允许更小的相关项目作为它的后续项目。由于大气压力和风速影响火箭炮的飞行，所以投资研发了收集这些数据并传输到多管火箭炮部队的系统。因为知道一个火箭发射系统的确切位置能够帮助火箭炮准确打击目标，Hatchett 上校说服了陆军部为 PADS（一种自动测量装置）拨款。由于多管火箭炮系统的火箭吊舱对于陆军汽车运输队的 5 吨卡车来说过于庞大，所以 Hatchett 上校说服陆军部长不要削减陆军 10 吨卡车项目的经费。

但是，这项成功并没有改变后续项目管理者的角色。Augest M. Ciandolo 上校和 Malcolm O'Neil 上校花了大量的精力在维持已达成的共识上。O'Neil 上校回忆说，他在 24 小时内回答了所有来自华盛顿的询问，这意味着他和他的工作人员不得不通宵工作去找答案。

6.12 承包商助阵

MLRS 项目管理者们争论的主要问题就是系统的成本效益，因为系统节省的大量成本都来自于减少的人力成本。事实上，多管火箭炮系统保持在其预算范围内是一大卖点，对国会来说尤其明显。在验证阶段，沃特公司和波音公司都向政府收取比他们真正用于构建原型少得多的钱。Billie M. Smith 是沃特公司当时的 MLRS 项目经理，他解释说，沃特公司愿意在短期内赔钱以收获长期更多的利润，因为一旦他赢得了大规模生产多管火箭炮系统组件的权利，军队一定会大量购买。"很久以前我们就看到了多管火箭炮系统的潜力，"Smith 说，"在陆军感兴趣之前，沃特公司已经花了 2500 万~3000 万美元的自有资金研发与这个项目相关的关键技术。当然，不能保证我们会赢得生产合同。不过，我们有信心，因为我们不至于在研究 MLRS 这么久的情况下还拿不到生产合同"。

6.13 测试

直到原型彻底地通过测试，生产合同才会签订。到了 1979 年的春季和夏季，这两个承包商都从装载到原型机发射台的吊舱中发射了原型火箭。该 SPLL 的测试开始于 1979 年 8 月。波音公司和沃特公司各自运送他们的 SPLL 原型系统到阿伯丁试验场进行测试。每个原型系统经过 700 英里（1 英里≈1.61 千米）的运输到达了测试基地。无论运载车还是火箭炮都在埃格林空军基地进行了测试，以确定其在各种天气下的性能。组件的测试在导弹司令部的实验室进行。

验证阶段的"最后考核"是由作战试验和评估局（OTEA）完成的，它直属于陆军部。该考核由三个阶段的测试组成。测试Ⅰ（OT Ⅰ）和测试Ⅱ（OT Ⅱ）是非发射测试，其目的是要确定每个原型的可靠性、可维护性、存活力、可移植性。此外，测试Ⅰ和测试Ⅱ也测试了战士学习如何使用每个原型和每个原型如何配合陆军的组织、战术和条令的难易程度。操作测试Ⅲ（OT Ⅲ）在 1979~1980 年冬季进行，在白沙实弹发射沃特和波音的原型系统。火力分级由分布在不同范围的目标确定。每个原型系统需要按一定的顺序瞄准目标，根据其精度和发射的响应程度打分。

OTEA 和项目办公室对两个承包商生产的原型系统都很满意。沃特公司的系统无法达到位于最远射程（超过三万米）的一些目标。波音公司系统在测试Ⅲ中的精确性不如之前的高。波音公司的顾问 Richard Trainor 认为，这是由于波音火箭已经装有压舱物而不只是弹药，这个有效载荷引起的空气动力学效应并未考虑到。尽管存在问题，这两个原型系统发射速度快、距离远，并且精确，足以满足生产的条件。按照项目经理 Monte Hatchett 的说法，军队有"两个赢家"。

6.14 选择主承包商

多管火箭炮采购策略的下一个步骤是：成熟阶段。据 Seggel 的总体规划，在成熟阶段，只有一个承包商生产多管火箭炮——虽然该承包商的工作划分成三个合同。大规模开发合同将改进在验证测试阶段被证明是存在缺陷的 MLRS 设计。它还含有一些之前在计划中，但其发展已被故意推迟的附加因素，如导航系统、测试设备和技术手册。初始的生产设备合同包括用于装备工厂进行大规模生产 MLRS 火箭炮和组装 MLRS 发射系统的设备。

低速率生产合同要求承包商在生产设施完成之前开始建造试验火箭和少量的多管火箭发射系统。

成熟阶段在军队采购计划中不是常见特征。低速率生产通常从工程开发阶段之后开始，因为所有的错误都是在这个阶段消除的。如果有必要，一项为期两年的工程开发阶段将在测试验证阶段之后、成熟阶段之前进行。但是事实证明，在测试过程中出现的问题很微不足道，所以不管 ASARC 还是 DSARC 都认为直接从验证到成熟阶段不存在很大的危险。

导弹指挥部的总指挥召集来源选择评审委员会，决定两个验证阶段的承包商中的哪一个赢得成熟阶段合同。其中，用于确定哪家企业得到合同的主要标准是成本。来源选择评审委员会判断成本是否合理的依据来源于"费用估算"团队的工作，他们负责具体估算完成每个合同需要花费的开销。

1980 年 4 月 29 日，导弹司令部宣布，由于沃特公司的成本计划，以及略高的精度，沃特公司被选定为成熟阶段的主承包商。在未来 3 个月内，沃特公司得到了总价值 1.158 亿美元（1980 年美元）的合同，用于大规模开发、低速率生产以及建造初期生产设施。

6.15 开始生产

沃特公司决定在阿肯色州坎登市的高地工业园建造它的生产设备，沃特公司和波音公司都是在这里建立了自己的原型系统。多管火箭炮系统设施的总成本约为 1.5 亿美元。其中，5000 万美元是沃特自己的钱。据沃特公司的 Billie Smith 所说，如果沃特公司想在多管火箭炮系统项目中赚大钱，这项投资是必要的。Smith 说："对沃特公司来说最大的开支是自动化设备，我们在 1977 年做了一个研究，对比了劳动密集型工厂与资本密集型工厂的单位成本，最终确定一个劳动密集型的工厂不能生产成本有效的武器系统。为了给出这两种差异的证据，我们计算出高度自动化工厂的员工每人一年有 40 万美元的生产量，而国防工业的平均水平是每个员工的生产量为 10 万美元。"

另外 1 亿美元中，5000 万美元来自政府，其余 5000 万美元由投资建设多管火箭炮系统组件的沃特公司的分包商投资得来。由政府支付的设备必须是"多管火箭炮系统专用的"。

低速率生产合同要求沃特公司在 1982 年 1 月之前交付 12 个发射系统和 1374 枚火箭弹。这个项目用于培训人员和技工，并作为对系统进行改进和进一步测试的平台。该合同是一个固定价格加奖励费用的合同，总共 2690 万美元。由于没有大规模制造火箭炮和发射系统，这些项目的单位成本超出预算，大约是大规模生产火箭和发射系统时预算的两倍。

1980 年 10 月，项目办公室执行了低速率生产合同其中的一个项目，并且又订购了额外的 2340 个火箭炮和 32 个发射系统。这些额外项目对政府来说要花费 4780 万美元。1981 年 11 月，以 7530 万美元购买 2496 个火箭和 68 个发射系统的第二个项目启动。这些附加项目的成本低于原低速率生产时火箭炮和发射系统的成本——尽管仍远高于预估的大规模生产项目的成本。

项目办公室使用低速率生产过程中收集的信息来改进高速率生产发射系统和火箭炮所需的花费。项目预算办公室说火箭炮的花费远远低于原先的想象。1979 年，"预计花费"团队在导弹司令部估算每个高速率生产的火箭炮将花费 4160 美元（1978 财年美元），1983 年，这一估算已经减少到 3282 美元（1978 财年美元），每个火箭炮下降的价格最终会为陆军节省近 3.5 亿美元（1978 财年美元）。另外，生产 SPLL 的花费涨幅很大。1979 年每个 SPLL 的估算是 68.7 万美元，1983 年估算为 119.6 万美元。然而，总计划成本的这些变化带来的净效应是次要的。火箭炮的成本预算节省下来的 3.5 亿美元，不仅为每个 SPLL 的成本也为它的数量增加提供了余地，使得陆军计划从购入 173 个增加到 393 个 SPLL。

1982 年 8 月 21 日，沃特公司为陆军展示了第一个 SPLL，不久之后，又生产了 28 个 SPLL，用来训练在锡尔堡野战炮兵学校中使用多管火箭炮的成员。7 个月后，1983 年 3 月 31 日在堪萨斯州赖利堡市成立了陆军的第一支多管火箭炮分队，装备了 9 个 SPLL。第二支分队是 1983 年 9 月在德国成立的。在这之后，MLRS 部队以每个月成立三支分队的速率推进。

这些操作和指挥多管火箭炮的部队似乎很满意这个武器。在 20 世纪 70 年代末和 80 年代初曾担任军队高级职位的 Donald Keith 将军报告说，如果出现在《野战炮兵》杂志的文章可以作为事实的话，他一度怀疑野战炮兵的将士到了"欣喜若狂"的地步。

6.16　高速率生产

Seggel 关于高速率生产的原有战略曾要求两个相互竞争的企业大量生产火箭炮。然而，在成熟阶段中，导弹司令部的系统分析部进行了一项研究，以此说服 Seggel 和项目经理 Cianciolo 接受让沃特公司五年独家生产的合同，因为这将为政府节省更多资金。据系统分析部门主席 Herman Oswell 所说，

从竞争节省的钱为系统的 15%～20%，但这些钱不足以弥补投资开发和装备
第二家生产厂商的花费。

Seggel 确信，因为沃特公司及其分包商在多管火箭炮系统设施中做出了
巨额投资，政府现在对沃特公司有足够的影响力，能确保可以从 MLRS 学习
曲线所节约的收益中分一杯羹。

> "但是，改变我关于第二家生产商有益的想法是：这样就会花
> 费大约一亿美元投资在设备上。这意味着任何要赢得竞争的人，
> 要么获得这些设备，要么承担这么一大笔费用。因此，在整个交
> 易中引入竞争是可怕的。"

项目办公室因此改变了策略。它试图通过五年的定价合同来"锁定"
沃特公司的价格，而不是依赖于竞争使火箭的成本降下来。希望这种多年
期的合同可以进一步通过允许沃特公司以低折扣获得材料和拥有长期的租
赁利率来降低成本。该合同通过允许提高一些特定部件的价格来保护沃特
公司免受通货膨胀的影响。但是，除了通货膨胀，沃特公司将严格按照合
同中列出的价格售卖。

尽管沃特公司和项目办公室对这个多年期合同都很满意，但并不是每
个人都如此。多年期合同签订还面临最后一关。1982 年 12 月，参议员 J.
Bennett Johnston 试图说服他的同事国会议员拨出 2000 万美元在他的家乡路
易斯安那州建立一个竞争性的生产线。为了解决这个问题，沃特公司推出
10 万美元的广告活动。项目办公室评估得出以下结论：从竞争中节省下来
的钱不能从 2000 万美元的投资中收回。Johnston 参议员的提案没有被拨款
委员会接受。1983 年 3 月，导弹司令部授予价值约 12.36 亿元（当年美元）
的多年期合同给沃特公司。

政府通过多年期合同节省资金的评估结果各不相同。1985 年秋天，在
执行合同的两年半时间里，导弹司令部向政府预算办公室（GAO）报告的
数据是在合同期内节省了 2.091 亿美元。同年，沃特公司向 GAO 报告的数
据是 2.058 亿美元。GAO 在 1985 年 10 月向国会报告的数据是节省了 1.8 亿
美元。①

---

① 沃特公司的 Albert Yee 如此解释数据的差异：GAO 和沃特公司在其报告中使用了不同的标
准。沃特公司并未包含由政府提供设备所产生的成本节约，而 GAO 严格地只包含"入档的及可核
查的成本节约"。

虽然在从低速率到高速率生产的转换过程中遇到了一些技术问题，这也没有足够的理由改变生产计划或者显示出沃特公司在多年期合同中赔钱的可能性。1984 年和 1985 年，政府对 MLRS 火箭炮的支出持续降低。O'Neill 上校一季度向国会提交的报告中提到，这归功于单个厂商生产。

沃特公司建造一个火箭炮或者 SPLL 的成本到底改变多少是未知的。根据公司的固定价格合同条款，沃特公司不需报告它的成本或者利润给政府。但是，在多年期合同的尾期，沃特公司的多管火箭炮系统相关的总销售额达到了 20 亿美元。1986 年沃特公司的 Albert Yee 告诉《航空周刊与空间技术》杂志，他希望后续订单带来又一个 20 亿美元的销量。其中有多少是利润仍然是未知的。但仍然值得一提的是，沃特公司将多管火箭炮称作"公司的救星"，而且将多管火箭发射系统的图片挂在沃特公司办公室的醒目位置。

附录 1　MLRS 词典

ASARC：陆军系统采办审查委员会。这个委员会负责审查采购计划的进展预选决策点，并建议陆军部长决定该计划是否应该推进到下一个阶段。多管火箭炮计划中有三个 ASARC 的单位。ASARC Ⅰ 负责授权概念验证阶段。一个特别 ASARC 通过使用成熟阶段概念加速项目的进度。ASARC Ⅲ 授权项目提前进入成熟期。第四个 ASARC（ASARC Ⅲa）计划决定项目是否进入高速率生产，这个 ASARC 随后被取消，替代它的是不太正式的将官项目评审团（GOPR）。

布雷德利战车（Bradley Fighting Vehicle）：一种轻型装甲履带车辆，和多管火箭炮系统的开发时间差不多。这款车的底盘为多管火箭炮系统自推进式启动加载器（SPLL）提供了平台。

概念定义阶段（Concept Definition Phase）：在纸上和实验室对一个武器系统进行细化设计。

概念验证阶段（Concept Validation Phase）：建造原型系统。

反炮兵武器（Counter Battery）：反炮兵火炮，用来攻击敌人的火炮。

DIVAD：师属防空系统，又名约克防空系统，与 MLRS 同时期开发的一个自行式防空炮。DIVAD 的采购策略是签署合同之后，就让两个承包商建造略有不同的原型系统，而且军队很少参与。所有 DIVAD 主要的子部件（枪、底盘、雷达）为非发展项目。

DSARC：防御系统采购审查委员会。它类似于 ASARC，DSARC 也为国防部长提供建议。每个 DSARC 在 ASARC 汇报后一个月再汇报（如 ASARC Ⅲ 在 1980 年 3 月，DSARC 在 1980 年 4 月）。

野战炮兵（Field Artillery）：属于陆军部门，提供了装备加农炮和多管火箭炮系统（自 1982 年以来）的部队（师和军）和单位。野战炮兵的基地是位于俄克拉荷马州西尔堡市的野战炮兵中心与学校，这是一个隶属于训练与条令司令部的机构。野战炮兵人员一般都是在野战炮兵部队中度过他们整个的职业生涯，他们制服上的徽章是一个交叉的加农炮，以此与其他部队区分。

工程开发阶段（Engineering Development Phase）：多管火箭炮系统原型在验证阶段尾期表现欠佳的情况下，该计划将进入工程开发阶段，其中原型的重大缺陷将被纠正。

全方位开发（Full Scale Development）：更正一个原型的缺陷，直到它符合高速率生产的要求。在多管火箭炮的案例中，全方位开发发生在成熟阶段，同时建造生产设施和低速率生产 SPLL 和火箭炮。

总体支持（General Support）：支持一个师或军作为一个整体，而不是被瓜分以支持下属单位的炮兵就被认为是处于整体支持。总体支持最普遍的任务就是反炮兵射击。

GSRS：总体支持火箭炮系统，是 MLRS 在 1974~1979 年的叫法。"总体支持"是指 GSRS 的战场任务。

榴弹炮（Howitzer）：大炮的射击在相对较高的角度（30~60 度）。在美国库存的所有大炮炮弹几乎都是榴弹炮。

喀秋莎（Katyusha）：1941 年苏联野战 MRLs 的昵称。"喀秋莎"就像英语中的"小凯瑟琳"，它的名字有半官方的地位。

高速率生产（High Rate Production）：使用自动化机械建造火箭炮的过程。在高速率生产中，能通过规模经济使每个火箭炮的成本（进而整个项目的成本）降低。

轻型装甲车辆（Lightly Armored Vehicle）：一种使用薄铝或钢制装甲的防止轻武器射击和炮弹碎片的履带式和轮式车辆。多管火箭炮系统能够摧毁这样的轻型武装车辆。

液体燃料火箭（Liquid Fuel Rocket）：火箭的电机由一个液体燃料和从贮存器泵送的液态氧作为能源。由于液体燃料火箭内液体的运动，液体燃料火箭天生就没有固体燃料火箭准确。因此，大多数液体燃料火箭包含某种形式的制导系统。另外，液体燃料火箭比较容易建造。最早的弹道导弹，以及后来的一些项目，例如战神项目（MARS）和长矛项目（Lance），都使用液体燃料火箭发动机。

低速率生产（Low Rate Production）：建造 SPLL 和火箭炮时没有广泛使用自动化生产设备。低速率生产制造的火箭炮主要用于训练和测试。另外，对于 SPLL 的初始订单的 2/3 是由低速率生产完成的，那时 SPLL 本身的自动化生产技术比火箭炮的要少。

主战坦克（Main Battle Tank）：一种较重的（30 吨~60 吨）履带式装甲车辆，装有厚实的装甲和大口径（90 毫米~125 毫米）高速火炮，通常被认为是战场上最难被摧毁的武器。MARS 被设计为能够击毁主战坦克。MLRS 的目的并不是为了摧毁主战坦克。

多炮火箭系统（MARS）：1964~1970 年导弹司令部计划开发的停留在纸面上的一种多管火箭发射系统（MRL）。

成熟阶段（Maturation Phase）：多管火箭炮系统独特的概念，成熟期包括全面开发、生产设施建设，以及 SPLL 和火箭炮的低速率生产。

导弹司令部（MICOM）：美国陆军导弹指挥部。这个机构负责为陆军采购火箭炮和导弹。它直属于陆军物资司令部。

多管火箭炮发射系统（MRLs）：苏联"喀秋莎"、MARS、GSRS 和 MLRS 的通用称呼。MRLs 可以装上车轮拖拉，也可以被安装在卡车的后面，或者安装在履带式车辆上。

OT I，运行测试 1：系统组成部件的第一个运行试验，其目的是在全面开发之前找出问题所在。

OT II，运行测试 2：原型系统的第一次运行测试，其目的是检验这个系统在战场上的作用和价值。

OTEA：作战试验和评估机构，直属于陆军参谋长的陆军机构。它设在华盛顿，进行陆军武器系统的操作测试。

"行人"弹头（"Pedestrian" Warhead）：David Hardison 为多管火箭炮系统的改进型常规弹药取的名字。它包含 644 个子母弹。这些子母弹能够摧毁一些轻质材料目标（卡车、供应车、木制建筑），击穿轻装甲车辆（装甲厚度比坦克薄一些的车辆），并能够使未受保护的人员伤亡。

推进分区（Propulsion Zoning）：在火箭已行进了一定距离或达到一定的高度或者速度时，通过停止供给电机燃料，来限制液体燃料火箭射程的一种技术。推进分区技术的失败导致了 MARS 的消亡。

臭鼬工厂（Skunk Works, to go）：那种为了安全考虑而禁止监管机构进入采购过程的采购项目被称为"臭鼬工厂"。国防部的很多人都认为，"臭鼬工厂"比普通方案更高效，因为承包商和政府工作紧密结合起来，而不必担心丑闻，并且可以避免一般的官僚主义。这个词是从 1950 年中期 U-2 飞机的设计和建造的保密车间产生的。Lawrence Seggle 用这个词表达 DIVAD 项目的概念验证阶段缺乏政府监管。

固体燃料火箭（Solid Fuel Rocket）：一种火箭，其发动机的燃料主要由可燃混合物的固体块组成，其中包含燃烧所需的燃料和氧气。虽然固体燃料火箭天生就比液体燃料火箭更简单，但是使固体燃料火箭安全有效的化学技术比液体燃料技术发展得慢。MLRS 火箭就是固体燃料火箭。

自推进发射装载机（SPLL）：携带和发射多管火箭炮系统的车辆。布雷德利战车的底盘、乘员舱、发射系统，以及火控系统都包括在 SPLL 中。

TRADOC：陆军训练与条令司令部，负责确定哪些武器在未来有需求。训练与条令司令部也管理陆军学校系统并且编写训练和战术手册。

附录 2　MRLS 里程碑节点

ASARC I （建造原型）	1997 年 12 月
DSARC I	1977 年 1 月
特殊 ASARC （批准采购策略）	1977 年 4 月
验证阶段与合同授予	1977 年 9 月
DT I （发展测试）开始	1977 年 11 月
OT I （操作测试）开始	1979 年 12 月
OT I 与 DT I 测试完成	1980 年 2 月
ASARC III （允许限量拓展研发）	1980 年 3 月
DSARC III	1980 年 4 月
成熟阶段（拓展研发）合同授权	1980 年 5 月
成熟阶段（低速率生产）合同授权	1980 年 5 月
ASARC IIIa （允许高速率生产）	1982 年 8 月
DSARC IIIa	1982 年 11 月

附录3　MLRS 项目成本（1978 年固定美元）

来自于每个财年第四季度发布的 SAR 的成本差异分析如图 6.2、表 6.1 所示。

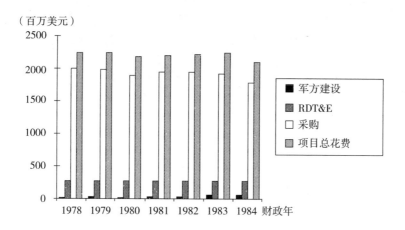

图 6.2

表 6.1

预估值	RDT&E	采购	军方建设	项目花费	采购量（火箭/SPLL）
（FY 78）①	$ 261.3	$ 1971.3	0.0	$ 2232.3	391134/173
（FY 79）②	$ 261.3	$ 1971.3	0.0	$ 2232.3	390480/173
（FY 80）	$ 276.3	$ 1886.2	0.0	$ 2162.5③	390480/276
（FY 81）	$ 261.6④	$ 1929.6⑤	0.0	$ 2190.6⑥	390480/333
（FY 82）	$ 263.1	$ 1929.0	0.0	$ 2192.1	390480/333
（FY 83）	$ 265.7	$ 1908.2⑦	$ 42.1	$ 2216.0	390480/393
（FY 84）	$ 267.7	$ 1765.4	$ 44.7	$ 2077.8	390480/393

注：

①1978 年估计值是基线估计值，也被称为研发或计划的估计值。

②1979 年与随后的估计值被称为"当前估计"。估计值计算得越晚，资金所花比例越大。

③再补给车辆不计算在 MLRS 项目内，因此减去了 8410 万美元，也使得额外 SPLL 项目与其他项目的估计值小幅上涨。

④研发项目花费的增加被欧洲盟友（英国与法国）的赞助所掩盖。

⑤每轮的项目估计值都在降低但是 SPLL 的花费却在上升。

⑥因为 SPLL 的车底盘延期而导致了 1230 万美元的额外花费。

⑦多年生产合同以及备用零件削减所结余的资金掩盖了 SPLL 项目多花的 6000 万美元。

7

国会议员 Aspin 与国防预算削减

1970 年，Les Aspin 当选国会议员。尽管 Aspin 所在的威斯康星州地区没有重要的国防承包商或国防军事设施，但身为民主党，他对国防开支有知情权和影响力。Aspin 是麻省理工学院的经济学博士，曾任国防部秘书 MacNamara 办公室的经济顾问，还曾担任参议员 Proxmire 的行政助理。他坚定地认为国防预算虚高，长期以来浪费且低效。

凭借勇气和不错的运气，Aspin 从强势的众议院军事委员会（HASC）拿下了首期任职。他削减军费开支的著名主张，跟委员会一些成员的最初想法一致，却与委员会内的主流观点明显冲突。Aspin 很快便了解到参照更合理的国防情况安排军事开支有多么困难。尼克松政府和国防部支持扩充军费，而且 HASC 彼时也正进行大规模整顿，便批准了扩张计划。在谋求削减预算的过程中，Aspin 意识到自己在委员会中地位低下，基本没有话语权，在国防开支的国会审查正常程序中起不了多大作用。

Aspin 注意到国防预算不断增加的特殊困难，当前的开支项目也抵制深入的审查。不仅军费支出的倡导者和他们众多国防部的专家都支持这些项目，现有的武器系统也为他们吸纳了不少国防人员支持者和国会代表。国会上有新的武器系统被提出作为研发的项目，这些小规模的初始投入使先前做出的预算承诺变得模棱两可，因为新的武器系统会逐渐积累形成固定的基本开支（此外，新武器系统有诱发新系统产生的倾向）。随着形势的微妙变化，每一部分的国防开支都成了军队建设不可或缺的部分，不受经济原因或经济需求的影响，但不幸的是，国防开支由于通货膨胀而不断增加。总之，国会控制国防开支的能力似乎有限。

问题的根源是军事委员会。委员会每年负责审查约 1/4 政府递交给国会的总国防预算请求，并决定开支限额，其中包括所有武器系统、其他硬件设施以及研发项目。军事委员会还负责授权军队的兵力水平，不过没有与兵力相关的开支数额（在军事委员会设立的限制内，与拨款委员会一起负责审查全部国防预算并拨款给军事支出，拨款委员会只有授权法案经国会批准并由总统签字后才能发表他们的报告）。传统上，众议院军事委员会对其授权一向慷慨大方，甚至超越其在参议员的对手，而且极少有表决结果明显低于国防部要求数额的情况。①原因有很多种。许多众议院军事委员会的成员所代表的地区拥有重要的国防承包商或国防军事设施。至少到目前为止，26 名民主党成员里有 24 人是陆军预备役上校及以上级别。在未来，正如 Aspin 后来在其文章《国防预算和外交政策：国会的角色》中所写的，"亲军立场"在全国许多地区依然是一种"好的政治手段"，这些地方选举出的人更倾向军事委员会。国防部公关人员对那些地区的细心关注必然使他们感到满意。

鉴于成员情况如此，众议院军事委员会不对预算申请进行深入审查的传统也就不足为奇，而且委员会的激励机制鼓励了军费扩充，而不是削减国防开支。委员会听证会的形式对促进向军事专家和他们的需求提出尖锐问题起效甚微。Aspin 这样回忆他的失望之情：

> "讨论的实质性成果几乎为零。我有五分钟时间提一个问题，但这是情况糟糕的五分钟，某些人，比如说国防部长 Mel Laird 就可以打断我五分钟，他脑子里算着时间，但从不回答问题。我连补充的机会都没有。"

众议院军事委员会商议的最终成果是《军事采购法案》，法案背后有委员会推动，所以国会议员个人很难遏制军费开支增长的势头。来自军队官员娴熟又激情的游说极大助长了这种势头。Aspin 在他的文章中指出，"和

---

① 另一方面，拨款委员会通常建议比授权支出更低的开销水平。过去五年，给军方的拨款平均低于授权 16 亿美元，对于 FY 73，委员会更是将国防开支比预算需求少了 52 亿美元。

平组织"和军控专家有能力发起反对特定国防预算请求的运动，"军方自然有更多的资源，所以当其他所有条件相同时，他们通常更具优势"。

在 Aspin 看来，国会很少能够采取一种明显的主导立场。国会议员几乎不可能获得足够信息对问题做出明智判断，尤其是针对他们委员会专业领域以外的问题。经验充分证明对"学院式友好"精神的谨慎和尊重是政治上的保守方法。本着这种精神，与其说信息获取是有用的，倒不如说是令人为难的。而且，这样的话根本没有足够的时间来解决国会面临的所有问题。"我拿到大量农业拨款之类的材料，"Aspin 说，"但我只是把这些材料扔进了垃圾筐，军事问题已经够令我头疼了，没有时间再考虑别的事情。"

由于国防开支这个话题的极端复杂性和技术性，随之而来的是国会反应迟钝的问题，国会议员往往不愿意对军事专家的评判提出问题。Aspin 写道：

> "几乎所有国会议员都认为自己是教育、经济，或其他任一国内领域的专家，但一涉及国防和外交政策，他就没了自信，更倾向于让'专家'来决定。对大多数国会议员来说，国防专家就是一群穿军装的人，而不是在大学搞学术的人，或者'智囊团'。军装与专业技能挂钩：级别越高，专业技能越好。毋庸置疑，身为军人的专家往往建议投入更多的国防支出。此外，当涉及国家安全问题，有一种倾向是'稳扎稳打'，通常就是意味着采购更多军备。"

爱国主义、政治拨款以及对职业军人意见的广泛尊重导致削减国防预算十分困难。这些服务是由狂热的说客为他们钟爱的项目发起的，无论是用怀疑论的观点忽视硫磺岛和阿登反击战的教训，还是以军备充足来轻视复杂的战略计算情报，都是十分困难的。这些有利于军费扩张的言论得到了认可。甚至当一个国会议员深信自己拥有相当数量的选民支持削减军费时，也很难用合理的先后顺序分析复杂而分散的预算，而避免插手国防建设表现起来更加方便。

尽管面临这些关键障碍，Aspin 认为，1974 财年国防预算为削减军费开支提供了一个非常好的机会。1973 年，财政紧缩是一个非常明显的问题，国会投票决定总预算限额为 2671 亿美元，而且许多国内项目有被砍掉的风险。此外，时任美国总统尼克松对国会倾向为国内项目投入超过其政府要求的金额感到懊恼，他开始扣押（即拒绝发放）拨款。与此同时，尽管尼克松总统的威望在越战之后陷入低谷，但是国防部已经提出了增加 56 亿美元军费支出的预算请求，并没有采取预期的"和平红利"。民意调查显示，国内支持削减军费的比率上升（由于近期曝光的浪费和成本超支现象，以及越战的影响）。调查显示，超过 50%的公众认为国防开支能够削减，30%的公众把国防列在限制政府支出的首位。

既有实际困难，又有民意支持，Aspin 和他的几个同事为削减 1974 年国防预算支出想出了几个可选策略：

（1）选定一个武器系统并尝试在委员会内将其推翻。三叉戟导弹系统貌似正是可选目标。该项目提交的预算需求为 20.42 亿美元，包括之前计划的到 1978 年的两年间快速部署潜艇的支出。加快部署潜艇的主要理由：一是担心苏联在导弹潜艇力量和反潜作战上实现突破；二是替换年久失修的北极星潜艇的需要；三是为第二阶段限制战略武器谈判制造谈判筹码。基于第一阶段限制战略武器谈判协议，潜射导弹的数量受到控制，而类型不受控制。每一个三叉戟导弹和潜艇的服役意味着对应的北极星导弹或潜艇的退役。反对加速部署的主要争论点集中在三叉戟潜艇，而不是导弹。北极星潜艇至少还能继续服役到 20 世纪 80 年代中期，而且很可能远远超出这个时间。这段时间这些北极星潜艇经过一定改造，也可以装备射程更远的三叉戟导弹。尽管新型潜艇的静音功能使潜艇更难被侦测到，但还没有听说苏联的反潜作战有所突破，足以对北极星潜艇造成威胁。大量未测试的三叉戟潜艇的预期优势必须与其巨大成本相平衡（12 亿美元/艘，比当时服役造价最高的航母高出 1/3）。按照国防部的计划，几艘这种潜艇的费用将出现在 1974 年财政预算中。更重要的是，该费用的数据是软数据。审计总局指出，13 亿美元的数据只是大概的预算，部署武器的实际费用可能被低估了 50%。

（2）设定低于国防部要求的兵力上限，进而通过降低军费支出减少总预算。大约有 500000 名士兵驻守在国外，在欧洲的每个士兵每年开支为 56667 美元，其他地区的士兵每年开支略低。设定更低的兵力限额的理由有地缘政治因素，也有经济因素。比起缓和政策，维持更大规模的海军数量更符合遏制和对抗政策。如果认真考虑尼克松主义，美国并不需要在全世界维持如此多的驻军人数。如果目前的部署没有直接破坏缓和政策，每年 300 亿美元的海军支出至少不符合美国谈判的成果。没有人计划要完全撤回海外的部队，但是有限的削减符合政治现实，有利于国际收支平衡，有助于剩余部队的高效使用。

但也有几个反对裁军的有力论证。国防部已经在 1973 年的兵力基础上削减了 83000 人。任何大规模的裁军都可能需要削弱北约部队在世界范围内保持的力量均衡。苏联一直威胁着要就欧洲力量的相互均衡而展开裁军谈判，任何单方面的裁军可能会削弱我们在谈判中的地位。

（3）推进反制预算，直接将国防开支的经济性与国内项目的增长挂钩。国防投入多少才算够的问题将在有限的预算资金内从竞争的角度提出。

（4）设定显著低于国防部要求的国防开支限额。支出限额将在一定程度上迫使开支削减。这种方法之前已经尝试过（1968 年、1969 年、1970 年、1971 年），但一定程度上因为一些负责控制国防预算状况和规模的自由主义者而失败。不过，到 1973 年夏天，反对设定限额的一派态度变得缓和。布鲁金斯学会也支持该策略，而且国会自己给财政年度强设了 2671 亿美元的总支出限额。

8

伯莱塔配枪采购： 陆军的困境

8.1 前言

手枪是一个军人最后依靠的武器。和敌人面对面，赤手空拳，没有其他可以采用的战斗工具时，军人将会摸向他身侧佩戴的手枪套。自 1911 年以来，传奇的"科尔特.45"式手枪就已经存在了。然而，在过去的 20 年里，军人的配枪也可能是 a.38、a.22、a.357 或者 a.44 的大口径；之前有一段时间，将军们可以佩戴任何他想佩戴的枪支。

1978 年，众议院拨款委员会认为维持种类繁杂的手枪并为每个类别的手枪购买特定的弹药是一件很低效的事情。所以，委员会呼吁国防部和军队为所有的美国军队配置统一标准的配枪。

但是在接下来的几年里，立法机关却下发了自相矛盾的指导方案：众议院拨款委员会坚持对配枪进行标准化，而与此同时，众议院军事委员会却努力阻止这一进程。

国会和国防部进行着一场"拔河"竞赛，陆军对大量采购一款简单、商业途径可得到的、售价 178 美元手枪的态度，导致对采购事项负责的首席陆军文职官员——陆军次长 James Ambrose 陷入了一个困境。从部长到下级官员，陆军没有一个高层官员想要购买一款新式手枪，然而推进此事项的压力却也不容忽视。

8.2 配枪标准化

自 20 世纪初至"二战"后，"科尔特.45"式手枪一直是军队的标准配枪。"科尔特 .45"式手枪是在世纪之交的菲律宾战争时被选中的，因为当时".38"式手枪没能很好地对付隐藏在藤蔓中挥舞着砍刀的菲律宾人。①从而成就了大口径、威力强的"科尔特"的一段传奇。

耐久性是"科尔特 .45"式手枪的标志：这款手枪有一个"不会磨损"的名声。尽管军队从"二战"后就停止购买这款手枪，但仅是备用配件就维持着成千上万的老化枪支度过了整个 20 世纪 70 年代。与此同时，国防部曾经购买过其余各种式样的手枪，导致拨款委员会 1978 年的一份报告中总结这是一个"无法忍受"的混乱配置。②一份委员会的调查显示，部队在使用超过 25 种不同品牌和型号的手枪，以及超过 100 种类型的弹药，这导致了很多关于囤积的备用配件、对每款手枪的特定规范式保养，枪支维护人员的培训以及库存的管控等问题。

国防拨款附属委员会主席 Joseph Addabbo 众议员（纽约州民主党党员）成为国会中军队配枪单一化的主要支持者。在他的坚持下，拨款委员会要求国防部"尽快"做出决定并准备为所有美国陆军购置一款新型的配枪。

8.3 早期迹象

开始时，被提议的购买方案进展得很顺利。出于政治上和实际中的原因，国防部，尤其是国防部长办公室的官员都全力支持国会的提案。

从政治上看，手枪购置计划出现的时机对国防部长办公室来说恰到好处。自从意大利同意在其本土布设美国巡航导弹之后，国防部长办公室和国务院就一直在寻找一个回报意大利政府的机会。而意大利碰巧是 Fabbrica d'Armi P. Beretta S. p. A.——一个从 1526 年就开始生产枪支的家族企业的祖国。陆军一位高级官员这样说："你感觉得到，他们想让你买伯莱塔的枪，对不对？"根据陆军的 Donald Keith 将军（Donald Keith 将军是陆军中负责研究、发展和采购事项的副参谋长，以及后来陆军器械司令部的部长）提供的信息，国防部最初支持在不允许其他任何公司竞争这份购置合同的前提下直接从伯莱塔公司买枪，③ 甚至选择伯莱塔公司作为众多竞标者中唯一一家的过程，都被看作是对意大利的一种积极姿态。

就公众而言，国防部长办公室描述了用一款更现代的武器替换"科尔

---

① 这款手枪在 1911 年投入使用。

② 《给拨款委员会、军队服务手枪及枪械采购众议院委员、国防部的一份报告》，1978 年 3 月。

③ 基于 1979 年一次非正式（按照军方标准）空军手枪测试的结果。

特.45"和其他一系列混杂手枪的实际益处。老式的"科尔特.45"已难以保养，笨重且不精准，不适合女性和左撇子使用，并且易于腐蚀；很多现役的.38左轮手枪都不可靠，不能造成致命伤害，不适合战场环境并且难以重新装填弹药。而且，两款手枪都难于消音。

国防部长办公室官员也感受到了这次采购的紧迫性，海军陆战队、海岸警卫队和空军都需要补充他们的手枪供给。此外，该部门考虑到新式手枪使用弹药的生产成本更低，只购买一种类型弹药也会产生"规模经济"效益而减少开支。最终，美军手枪使用的是同北约标准不一致的弹药，国防部长办公室期望一款新式手枪能够改变这种情况。

国防部的首选是9mm半自动手枪。①同威力很大却射速慢的"科尔特.45"相比，这种手枪更快且更致命，而且9mm手枪是当时最风靡的枪支。James Bond（著名特工系列电影《007》主角）就总是带着一支9mm手枪。北约成员国也都是用9mm手枪装备他们的军队。9mm半自动武器也成为当时毒贩的选择。美国武装部队中那些迫切想要新型手枪的人大体上也是基于相同的原因："他们想要火力更强大、动作更迅速的枪支，你不再需要重新装填6发子弹，因为它能一次性装填15发子弹，你射击时可以'吧嗒嗒嗒嗒嗒嗒'，"美国国会中一个熟悉枪支的职员这样说道，"它基本上就是一个小型的射击机器，美观、轻巧，真是一款很棒的手枪。"

刚刚过完1978年的圣诞节，国防部要求陆、海、空三军在一个联合作战（Joint-service）的研究中团结协作，这个研究将权衡国会手枪购置方案的优劣，并最终为军队推荐一款特定类型的手枪和弹药。国防部还特别要求研究组指定9mm手枪作为军队的新型标准配枪的可行性。研究组建议购置新型手枪并认为9mm手枪是一个正确的选择。

唯一的异议来自委员会中的陆军高层官员，他们认为"需要50年才能遇上一次战争"。②不顾陆军对此方案不满的早期迹象，1980年国防部批准了购买590000支9mm手枪计划的大纲，随后将此方案的实施细则提交给了陆军。由于陆军是这种小型武器数量最大的使用者，所以为了自己及其他军兵种的使用，陆军有权决定具体购买哪种特定类型的9mm手枪并签订购买合同。此次采购进展顺利，而且大体上是按照预定的时间表开展，但随着

---

① 手枪是根据其子弹的尺寸分类的，或用英寸（口径）表示，或用毫米表示。一发45口径的子弹，其直径约少于1英寸的一半；其米制等量为11.43mm；一发38口径的子弹，其直径为9.6mm。因此，一发9mm的子弹仅比38口径的小一点儿。

② 由调研人员给众议院拨款委员会的一份报告《个人防御武器（PDW）采购项目》，p.3，1982年4月。

决定权向陆军的转交，这个方案稳步发展的步伐开始放慢。

8.4　众议院拨款委员会

　　尽管陆军被赋予了 9mm 手枪的采购权，国防部仍然参与其中并付出努力，主要是鼓励陆军加快采购的进度。国防部始终很积极，因为从某方面来讲，手枪采购计划对于众议员 Addabbo 和拨款委员会很重要，而 Addabbo 又对国防部很重要。随着时间推移，Addabbo 将会对手枪采购计划产生更加浓厚的兴趣。

　　作为有势力的拨款委员会国防附属委员会的主席，Addabbo 对美国的国防预算具有很大的影响力。因此，他为士兵配置新型手枪的渴望引起很大的关注，尽管从来没有让他感到十分满意。这位来自皇后区南部的民主党议员在 1986 年去世，享年 61 岁，直到去世前不久，他还一直在采购手枪这件事上无情地排挤陆军。不管什么时候，只要有国防部的官员出现在他的委员会中，他都会密切地询问方案的进度，此外他还申请委员会的财政许可来和陆军拧着干，以达到令其屈从的目的。

　　富于投机心理是导致 Addabbo 对此事如此上心的原因。有一些人声称他是在展现他的政治势力以吸引那些不确定的选民的兴趣。Addabbo 厚颜无耻地利用他的影响力以把国防合约集中到他的行政区和州郡。然而，据一个同 Addabbo 工作的众议院职员透露，手枪采购上是个例外，他可以直截了当地声明在这个方案中他从没有任何的选举意图在里边。另外一个猜想是，Addabbo 希望能够调配一些国防项目给一个意大利制造商，并且相信，也许伯莱塔能够成为任何新式手枪的首要竞标者，或者伯莱塔公司能够成为唯一的供应方，不需要去竞争合约。根据陆军次长 James Ambrose 的说法：“我相信，国会基层的这个小插曲是源自 Joe Addabbo 明显想要和一个意大利制造商合作一些事情的欲望。”然而，同 Addabbo 一同工作的一位职员却说：“我曾经特别就此事问过他，他却说根本没有这方面的关联。”最终，已经因反对随意的国防开销而名声大噪的 Addabbo，可能只是简单地认为用一款统一的型号替换掉混乱的手枪能够成为好的公共政策。

　　不管他的动机是什么，一旦这位纽约的国会议员开始着手这件事，他就非常执着地坚持，因为他相信陆军并没有遵从国会的意愿。一位职员说道：“由于感觉到国防部内部在这件事的开展上有意拖延，Addabbo 先生在关于此事的听证会上几次三番变得怒气冲天，但是他也因为其他事情感到很愤怒，因为在这些事上委员会的政策方向被完全忽视了。”

　　甚至在陆军接手采购事项之前，Addabbo 就想着加快这个计划的进度。

1980 年 6 月，当时 Addabbo 带领着他的附属委员会在一个听证会上与国防部商洽即将到来的财政年度的弹药预算事宜，那时他就已经很重视手枪标准化的事了。Addabbo 在听证会上抱怨说，从委员会开始"倡导国防部就配枪标准化和手枪弹药问题尽快做出决定，并为达到此标准化拟定一个过渡计划"至今，两年的时间已经过去了。Addabbo 提醒国防部陆战办公室主任 Charles Bernard，说他曾向附属委员会做出承诺：1979 年 6 月 30 日之前武器标准化问题会做出一个决定。Addabbo 对 Bernard 说："但我们没有看到任何进展！"①

Addabbo 知道在陆军内部有人反对他关于配枪标准化的计划，但他不能也不希望在公开场合对某个人说三道四。

他问 Bernard："究竟是谁在阻碍着这个计划？"不管是谁负责这件事，如果他们还没有懂他的意思，他已经准备开始采取行动了。他这样问 Bernard："什么时候陆军和国防部才能意识到我们说到做到呢？难道我们非得成为大幅削减你们预算的坏蛋才能引起你们的重视吗？"他继续质问着："难道我们非得亲自执行这件事而不能把它交给你们完成吗？"

就在同一个听证会上，一位将军告诉 Addabbo 说：签订购置 9mm 手枪合同的最快时间将是 9 个月之后。但是直到 1981 年 3 月，始终还是没有任何音讯。而且，需要事先完成的手枪测验也没有开始，陆军也没就购买枪支的预算要过一毛钱。陆军现在预计签署这份合同需要到 1982 年的 12 月份了。这一而再，再而三的延误让 Addabbo 和国防部都非常不高兴。国防部研究与工程部部长 James Wade 告诉陆军官员说，他们的进展太缓慢了，陆军必须提前 12 个月完成此项采购任务。②

8.5　众议院军事委员会

正当 Addabbo 用尽全力推进 9mm 手枪采购计划时，国会内的一个反对团体却把陆军引向了一个相反的方向。1981 年秋天，陆军发表声明说会很快开始测试 9mm 手枪之后，众议院军事委员会的调研附属委员会召开了一个听证会来决定"是否有必要采购一款新型武器"。附属委员会的 Richard Whithe——一个来自得克萨斯州保守的民主党成员，声称他开展这项调查。

军事委员会努力驳斥拨款委员会关于替换掉国防部库存的大量"科尔

---

① 虽然比预想的慢了一年，联合服务委员会在 6 月 19 日的听证会之前几周，还是建议采用标准 9mm 手枪。

② James P. Wade Jr.，军事部秘书官备忘录，1981 年 4 月 16 日。另请参见陆军部备忘录，1981 年 3 月 24 日。

特".45"式配枪的提案，而且军事委员会还有审计总署的一份报告支持它的观点。[1]首先，在大型军事行动中，手枪被看作是毫无意义的武器。一位纽约的民主党员——众议员 Samuel Stratton 对一位国防部官员说："当你只能使用手枪的时候，说明北约的整个防线都将要被摧毁，因为士兵们使用的是不同型号的手枪，如果真到如此荒谬的地步的话，我会非常震撼"，"我们有太多其他没有完成的工作，没有经费开展必需的任务，无论如何，我不认为手枪采购是十分紧迫的要求。"分委会同样认为国防部在某种意义上已经实现了配枪的标准化：武装部队的财产清单显示，超过 95% 的手枪不是".45"式就是".38"式；分委会认为美国实际上已经实现了两款手枪的标准化。同 1978 年拨款委员会报告中描述的情况相比，现状并不十分严重，而报告中的描述是委员会倡议的基础。

武装部队看到了采取手枪单一标准化的一些优点，但仍坚持认为科尔特型手枪能够通过改造实现接纳 9mm 手枪中使用的更小的子弹，而且这同采购新式手枪相比将会大大地降低开支。分委会的报告特别提到，陆军已经接收到了制造商提出的以 70~107 美元的费用将一把".45"式手枪改造成 9mm 手枪的提案，审计总署预计 10 分钟内就可以完成一把手枪的改造。这种新型 9mm 手枪的单位成本估计为 200 美元，这个项目的总花费（包括备用配件和保养的花费等）大约为每把枪 400 美元。然而委员会承认改造的手枪将不会拥有一把新枪的全部优点，它在报告中质问道，是否这些性能抵得上购买一把新枪的花费。"例如，部队中只有 20% 的人是左撇子，而且武装部队只有 20% 的任务才会要求使用一把配备消音器的手枪。将所有这些性能整合在一起是可以的，但是必须在可以接受的成本范围内实现。"[2]委员会认为，这项采购的花销"貌似没有被国防部充分地考虑"，并建议仅购买有限数量的 9mm 手枪来满足左撇子射手和女兵的需要。

一名同情分委员会立场的官员以下面的方式总结了这个选择：

> "这就像我在我家附近用我的老割草机割我家的草坪。这个老机器已经用了五年了，但是它一直用着都很好。毫无疑问，如果我去商场里购买一台新机器，新机器用着将会更顺手。但问题是：我什么时候丢掉毫无故障的老机器，然后购买一台仅仅好那么一点点的新机器是最恰当的？"

---

[1] "应该重新审视新的 9mm 手枪项目"，PLRD-82-42，1982 年 3 月 8 日。
[2] 《众议院军事委员会调研分委会的报告》，1981 年 9 月 17 日。

8.6 "批准"对"拨款"

1981 财年的 10 月，军事委员会分委会在将 9mm 手枪的采购赋予法律权利的报告中传递出了消极的讯息。①尽管现在叫停陆军预定的手枪评估计划已经太迟了，这也促使了委员会召开听证会，听证会小组希望能够阻止陆军采购任何手枪。1982 财年授权会议的报告是同拨款清单贯穿在一起的，它决定了政府部门的预算金额以及支出方式，报告规定，"没有国会的事先批准，军事委员会不能在 9mm 手枪相关的事项上拨付任何费用。"②

理论上，没有军事委员会授权的开支不能拨款。虽然如此，拨款委员会偶尔也有足够的能力违背这项规定。③ Addabbo 在手枪采购上也是这样认为的，他和拨款委员会的同事说服过会在 1982 财政年度的预算法案上为手枪测试（仅仅是测试，并不涉及购买）争取到 190 万美元的专项拨款，全然不顾授权报告中明确的禁令。④

Ambrose 事后向国会证实道："我们坚持认为手枪需要更多的测试，尽管国会中的一部分成员声明他们不希望我们做这件事，我们还是收到了来自国会的 190 万美元的强制拨款。" Keith 将军说："国会让陆军夹在其中，左右为难。"尽管这些钱将会"毫不延迟"地被使用，法律还是限定只有到 1984 年 9 月才能拿到这笔钱。

8.7 其他反对的声音

这场"手枪采购战"并不仅局限于众议院内部。Barry Goldwater 以其参议院军事委员会主席的名义同样反对这项采购。实际上，这个参议员对此事有着个人兴趣。Ambrose 回忆说："一天他给 FBI（联邦调查局）打电话说'我想去试一下如此让他们麻烦的手枪，我今晚会过，而且我们要射击所有这

---

① 军事委员会限制了花费的数量以及花费的方式，即批准委员会。拨款委员会起草了一份法案，设定了详尽的费用总数并且指明了政府支出的合法方式。
② 参见《公法》，pp. 86–97；《国防授权法》，1982 年。
③ 据 1988 年 7 月 10 日的《华盛顿邮报》报道，1987 年，共有 108 亿美元的军费开支列入拨款但并未批准。
④ 《公法》，pp. 97–114，1987 年 12 月 29 日。参议院拨款委员会本来取消了这一专项拨款，但又在会议中恢复了。那么问题自然出现了：既然测试已经在进行了，为何还要为测试拨款呢？最有可能的解释就是，在测试公布之前，在预算过程中就已经加入了这一专项拨款。这一做法可能是想不漏声色地向军队传递信息：拨款委员会对此项目的支持在弱化。

些枪，看看它们究竟怎么样'。"这次私人测试之后，Goldwater 给部长写了一个私人便笺，写道："Ambrose，如果你不叫停这项采购，我也会的。"

8.8　优柔寡断

国会的职员欣然承认，来自国会的复杂消息很明显是不可调和的。一位职员提供消息说："这可能很能说明问题，但我认为现在并不存在着一个让每个党派都满意的成功出路。"另一位熟悉此事进程的职员说："国会根本没有能够做出一个决定的体制机制。"一位国会内部提供消息的人称："陆军现在陷入了一个进退两难的境地。"他又补充道："这就是我们的体制。"

8.9　新的被任命者

如果说有一个人被国会内的各个委员会夹在中间没法做人，那这个人就是里根政府中被指定负责部队武器采购的最高官员 Ambrose。

对 Ambrose 而言，配枪购置成了一个特别有趣的项目。这位福特航空和通信公司的前副总裁刚搬进他国防部办公室的时候，恰逢陆军正准备开展 9mm 手枪的测试，他开始寻找一个能够使自己沉浸其中的采购项目。通过学习一个单项计划的各个细节，他能够掌握陆军采购的规则。在较早的一段时间里，同 9mm 手枪采购计划相关的资料突然就填满了他的办公桌。"我看到了这款手枪，然后我的想法是……'这件事不会产生什么结果的'，"这位温文尔雅的缅因州本地人说道，"所以我找来了相关文件，没有意识到这是一个长期的、难缠的事情的开始。"

在他获得国防部的权利一周之内，Ambrose 请来了研究、发展和采购委员会的副首席三星将军 James Merryman，他同 Ambrose 职能相当但却没有掌握充足的信息。Merryman 回忆说："我们刚刚碰面，Ambrose 就开门见山地说'Jim，我需要在 9mm 手枪采购这件事上表现得机灵一些'，然后他问我我们是否能够整个周末都待在一起……所以我们整个周日都待在了国防部。"Ambrose 很快为自己赢得了一个事无巨细、细致认真的好名声，接下来的一周里他又在进一步的研究上花了很长时间。

其间，Merryman 开始处理陆军面对的其他更加重要的采购问题，这对他而言意味着除了手枪的一切其他事情。Merryman 和其他大多数的高层官员一致同意参谋长 Edward Meyer's 经常重复的名言，他说 9mm 手枪的采购在陆军的计划里处于最后的位置。若用 1~100 来衡量的话，他说采购计划被放在了"0和1之间的某个位置"。"陆军在那把可恶的手枪上根本没有兴趣，"Merryman说，"我们曾经做过某种形式的调查，调查里任何人都要求射击手枪，我大概记得某一位将军对他的手枪做了一件事……他并没有开枪，而是把它直接扔给了其他人。"

作为唯一一个对这项采购感兴趣的人，只剩下Ambrose去规划陆军手枪的采购政策。

8.10　军方的测试

Ambrose到达华盛顿的时候，陆军恰巧刚刚收到有意向制造商的测试手枪，而且正为能够在秋末在新泽西的迪克斯堡对手枪进行测试做着最后的准备。尽管国会的委员会当时正企图声明他们要求陆军做什么，但从法定的层面来讲，他们的动作太慢了，以至于不能够对迪克斯堡的测试结果造成任何影响。[1] 然而，据一位分析人员讲，由于此项目的高透明度，这次测试将会被谨慎规划并严格按照计划书开展。[2] "鉴于此项目的高透明度以及其他与采购直接相关部门的高度重视，陆军主张除了保证采购'在任何层面都尽善尽美'之外，再无其他道路可行。"[3]

1982年3月，陆军对外公示了测试的详尽结果：所有测试枪支都不合格。这些现成的手枪直接应用于战场环境是不够可靠的，因为在战场上一个士兵在开枪之前可能先要爬过满是污泥的稻田——测试评估员这样认为。用陆军立法机构更官方的话讲，没有一个竞标者能够满足"政府绝对和必需的要求"。一位国会的职员称："陆军'沸腾'了。"[4]

对Ambrose而言，收到这个坏消息时的场景历历在目：

> "那是一个2月漆黑的深夜，一位四星将军、两位三星将军和一位两星将军一起进入了我的办公室，这是一种不常见的情景，他们带来的消息是所有的测试枪支都不合格。他们的建议是从所有不合格手枪中选出最好的，然后假设被选出的手枪能够最终满

---

① 测试资金由1980财年的拨款支出，但据项目办公室透露，这笔拨款并非手枪评估的专项拨款。测试了四家生产商的武器。

② 众议院国防拨款分委会主席备忘录，由拨款委员会调研员提供，1982年4月28日。此备忘录附带着《个人防御武器（PDW）采购项目》报告。

③ 《个人防御武器（PDW）采购项目》，p.4。

④ 尽管没有手枪达标，Smith & Wesson，马萨诸塞州一家历史悠久的手枪生产商，在价格、技术以及其他方面，具有最高评价得分。

足要求而继续开展此项计划。我想，他们更希望不再重新开展整
个过程。"

8.11　Ambrose 的困境

拨款委员会要求陆军采购新型的 9mm 手枪，很快国防部长办公室也同
样希望尽快制订一份采购计划。然而，拨款授权委员会否决了这个要求。
这样，下一个步骤就由 Ambrose 决定了。

1982 年春天，James Ambrose 面临一个困难的抉择。国防拨款分委会主
席 Joseph Addabbo 气愤地抱怨说，分委会要求用新产品替换他们过时且不适
合的手枪已经四年了，军队负责采购的部门还未进行采购；负责协助采办
工作的国防部长办公室，同样希望陆军完成该工作。同时，众议院军事委
员会，国会的另一大权力机构，继续反对此采购工作。当军队选择流程结
束后，仍未找到符合其公布的需求的武器时，宁愿放弃负责手枪事宜的 Am-
brose 不得不从两者中做出选择，要么像那些将军们建议的那样，从落选者
中选择一名供应商，要么一切从头开始。

8.12　Ambrose 的决定

Ambrose 并未传达给聚集在他办公室的将军们他们想要的消息。大家都
知道，他绝不会像他们要求的那样，在落选的供应商中选择一家最好的，
使其胜出。Ambrose 担心的是，那意味着在游戏中途改变游戏规则。他希望
一切从头开始："我告诉他们，必须从头来过。"

8.13　OSD 的反应

测试的失败，以及 Ambrose 对将军们的建议置之不理的决定，破坏了其
部门的信誉，同时也使 Addabbo 倍加恼火。一位国防部长办公室官员在备忘
录中写道："出现了质疑的声音：'国防部连简单的商业手枪都采购不了，
它还怎么能实施国会的指令，去完成复杂并且昂贵的武器系统的采购
呢？'"这位官员把令人沮丧的测试结果归咎于军队有"神秘的外衣"。然
而这次，国防部长办公室，特别是 Isham Linder——国防、检验与评估办公
室主任，决定紧盯陆军的进展，并确保负责研究、发展与采购的副部长

James Wade 和国防部长 Caspar Weinberger 知晓正在发生的一切。

8.14 国会的反应

Ambrose 的决定在众议院军事委员会内部产生了完全不同的反应。在那里，测试的结果得到了认可。一次没有胜出者的失败的测试意味着采购不会很快实现。一位职员回忆道："我们对那一结果很满意，某种程度上感觉我们的结论是正确的。"军队人员同样认为测试结果是唯一阻止军队购买新手枪的因素——这样的话，就可以忽略委员会在 1982 财年的采购限令了。

当然，Addabbo 认为军队在使用其惯用的伎俩——故意使测试标准难以达到，以"避免顺从"国会。

Ambrose 避免利用或者试图解决不同委员会之间的矛盾，他说，因为他不善于和国会玩政治游戏，他更倾向于让竞争因素自行发挥作用。Ambrose 说，他并未"花大量的时间去思考'哦，我得站在这边，因为它比较弱势……'，我不那么做的原因主要是我觉得那毫无助益；还有一个原因是，我觉得自己对优势与劣势了解不足，不知道如何在国会与各项流程之间做出妥协。所以我尽量'走直线'"。

8.15 改写需求

这一"直线"引导 Ambrose 设定了第二次测试——但这一次，得是能让他满意的一次。Ambrose 决心不能重蹈 1981~1982 年测试的覆辙。所以，Ambrose 决定检验测试的标准，如果必要的话，就要调整标准，而非简单地重复之前的测试。Ambrose 说："如果我们要再经历一遍，我不想看到人们跑过来告诉我说测试全部失败了，部分原因是测试标准不合理，也不想看到因测试数据不足而导致最终失败。"

Ambrose 聚焦在需求上，比如打算让枪支适合女性、枪支的重量和精度、在枪支故障之前所使用的弹药数量，以及测试本身统计的有效性。Ambrose 同样不满意测试结果的数据分析，即便如他自己所说，他可能是"唯一一个选择站在两个不同的角度看待这个测试的人"。

要求占比极少数的女性（5%）和占比绝大多数的男性（95%）都能够操作手枪这一需求，让 Ambrose 很是头疼。更糟的是，这一需求与触动扳机所需的压力值需求相互矛盾。

Ambrose 试图让这些需求不那么"愚蠢"，但他还是败下阵来。也许是因为这样的要求在军队中很平常吧。Ambrose 说："试图与他们争辩……如果女性能用得顺手的话，那男性用起来一定不方便。而且单从物理维度来看，那 5% 的女性，手指都无法扣动扳机，我甚至把从步兵学校拍的这些照片都拿出来了。"

副部长在这些方面做得更加成功一些，例如降低了手枪在故障之前可以触发的次数标准（故障率）。他发现这一数量可以降低一半，使用者连发两轮 15 发的子弹，仍然能有 99% 的概率成功。Ambrose 回忆道："但是，要想让这一请求得到海陆空三军、海岸警卫队和国防部长办公室的批准，要经历数月的论证……"其他一些更改则需要长达八个月的时间："这当然不会让 Addabbo 满意……"

8.16 是停滞不前还是进展缓慢？

当 Ambrose 致力于提升手枪的技术参数时，几乎没有迹象表明——至少 Addabbo 所能看到的——采购有任何进展。尽管陆军部长 John Marsh 证实陆军并未刻意阻挠采购，Addabbo 还是断言他们正是那样做的。

其后，政府预算办公室针对 9mm 手枪采购一份全面的报告也显示，陆军是一个很不情愿的参与者。报告提到①："由于替换大量 .45 口径手枪库存的优先级别较低，陆军更倾向于搁置此事。"

Ambrose 自己也坚信这一点。他一向讳言他对于 9mm 手枪项目的看法，仅有一次向国会表明："陆军反对采购手枪的支出……我们只是遵照国会的命令执行。"他承认迫于国会"做点儿什么"的压力，导致"陆军方面的一致反抗"。

8.17 钱包的权力

在 1983 财年的提案中，众议院拨款委员会声称其"很生气，很恼火"，极尽各种苛刻的言辞，在 1982 年末写道，此提案控告陆军在空军和海岸警卫队急需新的枪支之时"不作为"。陆军还由于未花费 1982 年的财政拨款而被指责"一直迟疑不决"并且"背离法律"。委员会同样注意到，陆军在 1984 财年的预算中删除了所有关于购买 9mm 手枪的采购资金预算。

委员会极度不满意，但是它知道，仅凭一些文字是不够的。是时候采取点儿严厉的手段了：

---

① 《枪支采购：陆军采购 9mm 伯莱塔作为国防部标准配枪的声明》，NSIAD-86-122，1986 年 6 月。

拨款委员会觉得必须动用钱包的权力了……因此，委员会建议否决陆军提交的购买枪支弹药的 710 万美元的预算申请。为现有枪支采购部件的 100 万美元左右的年度预算申请同样被驳回。①

Gen. Keith 回忆道："拨款委员会只是说：'陆军，你得不到任何弹药，看我们的嘴型：我们的意思是你们得购买 9mm 手枪。'"

这种施压的手段很常见，也并无不恰当之处。如 Michael Sheehy（拨款委员会职员）所说："如果国会强烈支持某一项目而一个机构不支持，那么，停止拨款有时便是一种策略，鞭策此机构重新审视这一项目。"在 9mm 手枪采购事件上，削减军队的弹药预算是特别适当的策略。

Sheehy 补充道："我认为拨款委员会已经到了这样一种地步：他们认为继续购买过时的，不如新产品（此处指 9mm 手枪）好的枪支很不明智。"

1983 年 3 月，Addabbo 在与国防部副部长 Mac C. Adams 交流时，表达了他对军队的不满：②

Addabbo："如果陆军要继续阻碍国防部长办公室并违抗国会的意愿，阻碍标准化进程，那么就要将这一项目从陆军中收回，交由支持它的机构来做。可以交给海军陆战队，可能他们做得更好。陆军是那么想的吗？"

Adams："我可以审查一下。"

Addabbo："我不需要审查。我已经审查过无数次了。我们做这项工作有五年了。你们已经完成了什么？你们何时开始测试？何时？我要一个准确的时间。"

Addabbo 并未得到答复。委员会被告知（在记录提供的信息中）由于"国会内部不同的支持意见"，陆军将等待国会批准购买武器；国防部官员提醒委员会，1983 财年的授权法案仍然禁止陆军在 9mm 手枪项目上有所支出。

8.18 Ambrose 坚定不移

尽管 Ambrose 说他感觉到"国会施加极大的压力来继续这个项目"，他

---

① 《1983 年国防部拨款法案》，第 102 页。

② 在 1983 年 3 月 22 日。

依然抵制 Addabbo 的请求。Ambrose 觉得 Addabbo 的计划从最初就考虑不周全。他还从陆军内部施压，要求他们对于武器短缺的情况采取措施。"我……争辩道，如果我们不能在一年左右的时间使用这些手枪，就永远不得清净。"Ambrose 说："我只是在坚定自己的立场。"

研究过 9mm 手枪采购之后，Ambrose 得到了与其他熟知此项目的陆军官员同样的结论。尽管 Ambrose 相信标准化在本质上是有价值的，然而在这一案例中，这一"本质"却与现实相去甚远。他后来写道："陆军更倾向于不采购任何手枪。陆军无力承担此开销。"① Ambrose 的一组结论基于两方面考虑：一是标准化内的经济节约全是泡影；二是手枪几乎没有军事价值。

拨款委员会的调查员并未努力去量化武器和弹药品种的多样化所产生的费用。而其后的一项陆军分析显示，在和平时期，采购 9mm 手枪的投资回收期长达 50~75 年。② Ambrose 总结道："没有充足的潜在成本节约以保证投资是在成本效益基础上。"③

Ambrose 论点的第二部分是他观察到"手枪在战争中的作用很小"④。Ambrose 说，战士依赖他的枪——陆军所谓的个人防身武器，仅是在极少数的情况下，比如当他"石头都用完了的时候"。在可想象到的战斗情况中，手枪不起什么作用。如果国会坚持投资轻武器，Ambrose 会更倾向于步枪、手榴弹，以及步兵使用的夜视镜和激光测位仪。

也许最重要的是，陆军、海军、空军、海军陆战队和海岸警卫队一致认同的 9mm 手枪规格并未满足他们所有的个体需求。要想满足这些需求，至少需要三种不同的手枪模型。特别是空军，需要一种轻巧又可隐藏的手枪。Ambrose 写道："因此，看起来需要两种或者三种'标准的'9mm 口径手枪。"⑤

最后一点，Ambrose 深受困扰——能同时满足各方需求的手枪标准并不能产生出明显好于".45"的武器。他认为，9mm 手枪会有同样的重量，相同的尺寸，同样的精度、可靠性，以及和"1911 柯尔特"式自动手枪相同的其他使用特征。总之，其性能不符合预期。

---

① James Ambrose 写给国防部长的备忘录，1983 年 7 月 1 日。

② 1983 年 7 月 1 日备忘录。成本估算显然是针对手枪和弹药的。1980 年，一项建议 9mm 手枪标准化的联合服务研究报告预估，20 年的生命周期要比继续混合使用 .38s. 和 45s. 多花费 8 千万美元。研究报告总结认为，9mm 手枪的优势是值得这一花费的。1982 年的一项军队报告显示，这一差距约为 9000 万美元。

③ 1983 年 7 月 1 日备忘录。

④ 1988 年采访。

⑤ 1983 年 7 月 1 日备忘录。

8.19　国防部支持 Addabbo

Ambrose 的担心还未褪去，国防部和 Addabbo 在 9mm 项目上意见仍然一致。确实，国防部长办公室把自己视为"引领此项目走向成功的推动力"。①陆军试图通过高级别备忘录和签署"大量多余而冗长的保密声明"来隐瞒第二轮测试中由国防部长办公室发布的测试信息，但这一企图最终失败了。国防部长办公室调查显示，陆军再一次准备——在一定条件下，声明没有竞争者达到符合陆军要求的质量标准。在与陆军研发 & 采购助理部长 J. R. Sculley 会面后，国防部长办公室官员确信"逻辑与常识"会"在选择过程中处于主导地位"。

然而，如果任由陆军我行我素，项目将永远无法前进。一位官员给国防部副部长的备忘中如此写道："陆军副部长禁止采购 9mm 手枪。"②确实如此，Linder 彻底被陆军的顽固行为激怒了，他建议 Weinberger 部长将手枪项目移交给空军执行——Ambrose 很乐于支持此提议。③

8.20　形势反转

就已发生的未授权拨款一事，众议院内部军事委员会和拨款委员会的分组表决，给陆军推迟手枪采购粉饰以充足的政治理由。尽管授权法案并未在法律意义上授予其动用资金的权力——一位众议院人士说："只要有授权法案，就可以去银行兑现支票。"——通常来说，如果行政部门未能遵守军事委员会的预算引导，它就要付出显著的政治代价。

但是，正如一位国防部官员在 1982 年末所观察到的，主持陆军行动调查委员会关于 9mm 项目听证会的 White 议员（被认为是"最主要的反对者"），1983 年 1 月份就将结束任期了。④几乎同一时间，Samuel Stratton 议员，委员会的另一位主要反对者，在与 Addabbo 的一项政治协商中，竟然转变了其立场，一位众议院人员解释道："达成了共识，并签署了协议。"

众议院发生的一系列事件使得国防部可以勇往直前，同时又不至激怒

---

① 未经署名的备忘录，写给国防部副部长的，信头是研究发展和工程部副部长。未写明日期，大概在 1982 年 12 月 2 日前后。

② 国防部研究与工程办公室副部长。

③ 未注明日期的备忘录，写于 1983 年 3 月 24 日之后的某一时间。

④ 国防部研究与工程副部长办公室备忘录。竞选结果已确认 White 不会继续下一轮任期。

军事委员会。White 议员即将卸任，Addabbo 又在持续对项目施压，国防部长办公室得出结论："我们最好迅速进行 9mm 手枪采购工作。"[1] 10 月份，国防部长办公室向陆军发出通知，授权委员会的反对不能构成动用国会为 1982 财年手枪测试拨发的 190 万美元拨款的法律阻碍。至此，最后的障碍也被清除了。[2]

8.21　全力以赴

陆军在 1983 年 4 月提交给国防部的一份重新测试计划很可能是陆军按照其自己的时间表实施采购的最后机会了。这一计划要求在授权委员会批准采购预算之前，不得进行测试。

1983 年 4 月 20 日，Weinberger 部长却命令陆军"立即启用"测试和评估手枪的 190 万美元，若不用于此项目，资金将会被退还。实际采购的决定还需等待。

Weinberger 的决定是在 Addabbo 与国防部长办公室的一位陆军准将会晤后做出的。[3] 那一次会议中，Addabbo 做出让步，他表示，手枪测试之后不需要立即进行采购——两件事情可以分开来做——但是，根据一份会议纪要，Addabbo 坚持要求陆军实施另一轮测试。会晤之后，国防部长办公室的准将建议 Weinberger 继续进行测试，这一建议在第二天得到批准。接到 Weinberger 的命令，陆军向国防部长办公室提交了一份新测试的计划。[4]

1983 年末，测试程序重新开启。陆军向全世界的军火生产商征集手枪，并挑选出八家竞争者的武器在次年初进行测试。

8.22　参议院的反对

随着测试工作的进行，越来越明显地看到，国会内针对手枪的争论还未得出定论。参议院似乎重新拾起了众议院军事委员会已经放弃的事情。1983 年 11 月，在 John Tower——参议院军事委员会主席写给陆军研发和采购助理部长 J. R. Sculley 的一封信件中，提到陆军计划继续参与选择过程。

---

① 国防部研究与工程办公室副部长备忘录。

② Wade 写给 Ambrose 的备忘录，1982 年 10 月 7 日。直到 1984 年 9 月，这一 190 万美元的拨款才到账。

③ 国防部研究与工程办副主任的办公室。

④ 9mm 手枪的修改采购计划，1982 年 5 月 26 日。

Tower 注意到，在其委员会提交的 1984 财年国防采购授权法案中，"不支持此时开启这样的一个新项目"。Tower 写道："严重质疑加速选择过程的建议。"次年初，在写给 Weinberger 的信件中，Tower 补充道："很显然，1984 财年国防采购授权法案中，关于采购 9mm 手枪的提议被否决了。"

参议院对陆军最新计划的反对使 Sculley 很担心。在写给 Paul Thayer——国防研究、发展与采购副部长的一份备忘录中，Sculley 说 Tower 的信 "证实了 Ambrose 早期的担心：国会方面对 9mm 手枪采购持反对意见"。在备忘录的底部，是手写的："帮帮忙!"

但是 Sculley 也许是过度担心了。参议院军事委员会不认可 9mm 手枪的采购计划，但是众议院认可。在一次会议中，这一分歧得到了解决。多数人支持众议院的立场，为海军和空军购买首批手枪的经费批准了。①

8.23　测试完成

测试在 1984 年夏末完成。在此期间，有两家公司退出，其中一家是因为技术原因被淘汰；留下来的五家之中，有三家技术不过关。决赛结束之时胜出的两家公司分别是：缅因州的马洛蒙特公司，计划供应由瑞士西格绍尔公司设计的武器；伯莱塔美国公司，计划在马里兰州的一家工厂生产意大利设计的武器。伯莱塔公司报价较低，赢得了合同。

7 年后，陆军才最终准备好签约一家公司以为陆军提供新标准配置的手枪，即 M9。1985 年 4 月，签订了一份令人垂涎的五年期合同，合同总价 7500 万美元，购买 316000 支枪，多数在美国生产。合同签订于 Joseph Addabbo 过世的前一年，是他在 6 年前发起了这一采购计划。

然而，伯莱塔公司最大的收益却并非合同本身，真正的利润将来自向世界各地的警察局和军队出售枪支。显而易见，手枪交易更倾向于经美国军队正式批准的公司。而那些被淘汰的公司则很难打开销路。一位国会人士说："整个竞争的关键在于知名度。"②

至此，9mm 手枪采购事件结束，或者看起来已经结束。

---

① 海军 50 万美元，空军 99.4 万美元。资金已拨付。

② 合同签订一年后，Ambrose 找他的一名助理在一家当地的枪店为他买了一把 9mm 伯莱塔手枪。助理没有枪支购买许可证，因此无法买枪，然而他在此过程中的发现颇有启发。他检查了史密斯威森和伯莱塔 9mm 手枪，对于他来说，它们几乎完全一样，主要的区别就是价格：史密斯威森均价是 450 美元，伯莱塔的均价是 650 美元。一年之前，伯莱塔的价格仅是 375 美元。

9

商业货车与货架采购

> 即使你是多于一票胜出的，你也已经付出了太多。
>
> —— Lyndon Johnson

军事装备成本高的一种解释是许多军事装备的零部件都是专门为军事目的设计，并且生产总是小批量的，导致军队无法像商业界那样通过规模经济来获益。遗憾的是，还有一种选择，即直接购买现成的设备，这对于军队来说并不像其他客户一样，是一件很轻松的事情。军用装备必须用于一种特定的环境，在这种环境下敌人会努力试图摧毁它，因此军用装备必须具备一定的特有军事功能。既能获得这些特有功能，同时还享受到现货购买的经济优势，是美国陆军坦克汽车司令部少校 Lawrence Day 需要面对的一个挑战，因为陆军指派他购买 55000 辆商用卡车。

9.1 Sam 大叔自有打算

Day 发现自己在为这样一个组织采购卡车，在过去的半个世纪里，这个组织的卡车采购政策从一个极端转向另一个极端。在早年的机械化部队时代，卡车是从商业制造商手里购买现货。后来，陆军要求制造商专门为满足军队的需求设计卡车。然而，在卡车采购中，这两种方法都没能完全适应其需求。商业货车（CUCV）①的故事将反映这两种相互矛盾的采购思维。在陆军轻型卡车的采购波折中，经历了从吉普车，到"山羊"再到皮卡，最终才到了 CUCV。

在 20 世纪 20 年代和 30 年代，美国陆军规模很小（有时少于 100000 人），以致它的预算非常有限，它别无选择，只能小批量购买商业卡车。第二次世界大战爆发后，陆军延续了这种做法，购买各种各样的商用车并运往海外。陆军的工厂会对这些车辆进行改造，使其能够执行专门的军事任务（例如，作为枪炮架）。②

直到陆军在海外战场吃了亏，这一政策的代价才得以显现。车辆型号多种多样，加之集中供应系统的影响，导致了车辆维护的噩梦。在两次世界大战中，由于缺少备用配件，大批向海外战场输送的卡车只能闲置。一位官员在 1943 年抱怨说：有些单位 50%~75%的卡车无法工作，因为缺少解决这些车辆问题所需的备用配件。从一辆报废车上拆卸配件来修复另一辆报废车使这一问题得到了一定缓解。然而，陆军库存中拥有超过 330 种轮式车辆和 260000 种备件，即使通过拆卸也无法使陆军正常运作起来。陆军很快形成了坚定的共识，支持建立一支更规范的机动车辆运输队伍。

战争结束后，陆军开始着手这样做。即使是车辆最细微的部件都是按照军标设计的。增加了一些特殊功能，如使用各种燃料的能力，③能够在战场环境中经受高强度压力的部件（如减震器）得到了加强甚至重新设计。各种车型被合理归类为机动车的"家族"，使陆军为实现不同的目的和不同量级的需求只需使用一种类型的车辆。

此政策中的一个关键因素是陆军对于所有军用车辆数据权限的所有权。陆军甚至获得了那些难以同市售的配件加以区分的配件的数据权限。这个政策背后的目的是，陆军并不想被单一制造商牵制。通过拥有整个车辆的设计资料，陆军可以保护自己免受制造商在合同期间不断改变设计的影响。在那个时候，新的设计才开始了一年。通过拥有该组件的设计，陆军可以在备用配件的生产上获得有竞争力的竞标。

---

① 读作"cuck-vee"或者"cut-vee"。

② 1942 年 7 月，自动化产业开始为军队生产数以万计的卡车之后很长一段时间，陆军部长命令，手中合同全部执行完之后，军队只能采购使用八种标准底盘之一的卡车。然而，这一政策仅将 1/4 吨吉普车和 3/4 吨（道奇武器载体）车队标准化。

③ 尽管柴油是首选，但大型（2 1/2 吨以上）军用标准卡车装载的多燃料发动机可以使用各种等级的汽油、乙醇和喷气燃料。

该系统在 20 世纪 50 年代和 60 年代都在部队服役，定制设计的车辆在朝鲜战争和越南战争中表现不俗，因为在这两个战场，路面不平并且地形复杂。标准化使"保障性"显著改善，它既便利又经济实用，车辆可以保持良好的运行秩序。维修师只需学会如何修理，司机只需要学习如何驾驶有限的几种车，因此与在民用领域的同行相比，他们可以更快地掌握其中的复杂性，因为普通民众需要处理过多的品牌和型号。甚至书写、印刷、储存和分发技术手册等相关的成本也减少了。

军用卡车车队的标准化在保障性中最重要的改进在于，陆军必须采购、存储及分发的相关备件种类减少了。种类较少意味着陆军可以以较低的单位成本大批量购买备用零件，种类较少也意味着备件库存周转率更快，并且可以在确保任何特定配件随时待用的前提下，大幅度削减卡车车队的维持费用。

9.2 优良的老道奇卡车

即使在定制设计卡车的鼎盛时期，政府对数据权限政策也有例外。1950 年，陆军引进了如 3/4 吨级①的 M37 轻型卡车，这是一款道奇牵引卡车的改良版。②当购买新的 M37 和备件时，陆军对 M37 的性能和克莱斯勒公司的出价都很满意，没有进行招标。取而代之的是，陆军与克莱斯勒建立起了一种"单一来源"的关系。陆军是 M37③的唯一买家，克莱斯勒是唯一的生产商。在未来 16 年中，陆军从克莱斯勒购买了 105000 辆 M37 轻型卡车以及无数的零部件。

然而在 1964 年，这种关系引起了国会的愤怒。凯撒吉普公司，一个曾经因争取到很多生产军用标准车辆合同而取得巨大成功的公司，向在所属地区有凯撒吉普工厂的国会议员抱怨说，克莱斯勒对于 3/4 吨级车辆的军事垄断对其他汽车制造商是不公平的。因此，陆军取消了与克莱斯勒的合同，并通知国会，"除非在真正的紧急情况下"，陆军不会再购买 3/4 吨级的车辆。④

尽管陆军已经开始考虑采用什么样的车取代 M37，但它仍然制订了一个

---

① 军用卡车是根据其承载的重量分类的。一辆 3/4 吨卡车可承载 1500 磅货物。一辆 5 吨卡车可承载 10000 磅货物。
② 讽刺的是，道奇牵引卡车是克莱斯勒公司在"二战"期间为军队设计的一款"平民化的"武器运输车。
③ 军队采购的许多 M37 后来都被转售给其他国家的陆军、海军、空军以及海军陆战队。
④ 关于此事件的更多信息，请参见 GAO 报告 B-146921，1964 年 8 月 12 日。

延长其现有的 M37 车队使用寿命的计划。陆军要求商业承包商竞标改造高里程 M37 的项目。该合同是以一种与众不同的方式写的。它并不像其他的改造合同那样强制要求更换或翻新特定的组件，而是仅要求改造的车辆达到一定的标准。尽管克莱斯勒公司并不涉及改造业务，但它以最低的价格竞标并最终赢得了此项合同。但克莱斯勒并没有改造它从军队接手的老式 M37，而是选择通过用刚下生产线的新车替换废旧的车辆来达到合同上的要求。这些新的车辆被给予废旧 M37 的序列号，并交付给陆军。

9.3　好景不长

不满足于仅获得一种型号，陆军想用两种具有增强功能的车辆取代 M37。20 世纪 60 年代后期，机动车辆需求研究所（MOVER）建议陆军购买一种极其敏捷的 5/4 吨级的车辆取代前线作战单位的 M37，[1]并用一种非常可靠的 5/4 吨级的卡车取代后方作战单位的 M37。[2]为实现前一个目的，陆军开始开发"加玛山羊"，一个同它的名字一样具有很强爬坡能力的不寻常的六轮式车辆。为实现后一个目的，陆军启动了 XM705 计划。[3]

虽然 XM705 将仅限于在铺设道路和临时的小道上行驶，但陆军仍花了很多费用重新研究日常组件，像电池和火花塞，希望能够尽量减少维护。这是与众不同的"镀金"。[4]陆军不能要求更高的性能——一辆时速能够达到 150 英里的卡车在为时速 70 英里车辆设计的道路上行驶时的用处不大。然而，它要求的是强劲的 RAM-D（可靠性、可用性、可维护性和耐用性）。

像试图突破技术限制的许多其他项目一样，同陆军的原本打算相比，XM705 计划被证明是更加昂贵和费时的。为了缩小理想中的 XM705 与过时的 M37 之间的差距，陆军采购了 M715 作为一款过渡车。考虑到国会对即使仅看起来是单一来源采购的反感，陆军为 M715 制定的规范相当松散。它所想要的只是一款能够在 XM705 投入使用之前的这六七年里使用的廉价的皮卡车。

AM 通用公司（AM General）是同时制造民用和军用吉普车的美国汽车

---

① 其随行的部队经常进行跨国作战。

② 其随行部队是要保障它们在铺设道路上通行。

③ X 代表"实验性的"。产品一旦投产，就去掉"X"这个标志"实验性的"字母，变成 X705。

④ "镀金"是一种趋势：设备设计者建造昂贵的特殊零部件，但在设备的主要任务绩效中只能提供边际改进。

公司部门，把皮卡车车身放到了吉普切诺基的底盘上，以最低的标价参与竞标，并最终销售 30000 辆 M715 给陆军。陆军对 M715 的满意度并不如 M37，但它并没有小题大做。毕竟这就是它想要的，而且 XM705 指日可待。

1971 年，美国国会开始干预陆军的计划，主要是因为成本巨额超支，另外，无论是开发还是生产都以总价合同的方式授予通用汽车公司作为单一来源，总价采购合同在当时已是一种不被认可的做法，因此美国国会取消了 XM705 计划。除非采取有效措施，否则陆军将很快因为没有可使用的 5/4 吨级卡车而陷入困境。

陆军对这场危机的第一反应是采用另一个临时方案。像之前的 M37 一样，XM852 将成为商用车辆的军事化版本。然而，XM852 注定持续不了一年的时间。该计划还没开始，陆军政策就因为"车轮"研究的结果而改变了。

9.4　车轮

M37 并不是军队标准化系列卡车中将退出现役的唯一成员。到 20 世纪 70 年代中期，在 20 世纪 50 年代末和 60 年代初采购的卡车都将达到其使用寿命，陆军将要面临军用标准卡车车队的"集体淘汰"情形。为了应对这个即将到来的危机，陆军部的高级决策人员——陆军参谋长召集了一个称为"车轮研究组"的委员会①用以检测整个车队的状况。反过来，研究组委托博思艾伦咨询公司来研究战术单位使用商业模式的利与弊。

倾向于采纳商业模式的主要论点是早期开发成本低——陆军将受益于一个已经成熟的市场中的商业竞争，并能够用比购买军用卡车少得多的钱购买民用卡车。与此相反的论点则是围绕保障性问题，在 20 世纪 60 年代获得的军用卡车标准化经济效益可能会丧失。商用卡车车型每两三年就变一次，这使备件、说明书及专用工具都变得相当昂贵，并要求对技工进行额外的培训。而且，大规模生产的优点只是可利用的轻型（3/4 吨～5/4 吨）货车类，尺寸介于吉普（1/4 吨）和中型（2 1/2 吨）货车之间。美国三大汽车公司（通用、福特、克莱斯勒）都大规模生产皮卡和相似的轻型车（1971 年，该研究指出，这些车辆的销售量已超过 160 万辆）。较重型的车辆生产数量会更少，因为大量的厂商都倾向于根据客户的要求"定制"他们的产品。

---

① WHEELS，像 SOS 一样，是一个首字母缩略词。

　　博思艾伦公司研究报告的结论是，商用化主要是在轻型和超重型（例如，半挂牵引车）中是有意义的。它建议陆军取消设计一个军用标准的5/4 吨级卡车的计划，并在当下 5/4 吨级军标卡车达到使用寿命的时候采购民用皮卡。

　　陆军把这个意见传达给指挥部，并立即启动了一个名为 XM880 的项目来购买民用卡车。XM880 项目办公室隶属于轻型战术车项目办公室，[①]是负责购买从摩托车到全履带车辆等各种轻型车辆的军队部门。像其他坦克汽车司令部和一些汽车制造工厂一样，轻型战术车项目办公室设在密歇根州底特律郊区的沃伦。[②]

9.5　陆军购买皮卡车

　　购置一辆民用车的第一步是要找出哪些是可买到的。1973 年 7 月，XM880 项目办公室从五个汽车制造商处购买了 12 辆皮卡，并开始对它们进行测试。这些测试的目的并不是在 12 个模型之内进行选择，或者淘汰其中最不能接受的。相反，从测试得出的数据被用于使军队做好发展民用5/4 吨级车队所需的零部件、手册和技工的准备。

　　由于 M37 单一来源采购和 XM705 尝试总价采购被反对，陆军部对于XM880 项目中出现的消除竞争现象相当敏感。为车辆制定规格的 TACOM 小组审查经销商目录，以确保每个在合同中要求的性能使尽可能多的汽车企业满足。TACOM 小组的一些想法是可取的，例如，只有一两个厂家生产重型减震器，由于担心其他厂家达不到这个目标，便没有包括在规范内。

　　出于同样的目的，特殊军事需求被降到最低。当然，在军用车辆上，镀铬部件是不被接受的。保险杠和漆成绿色的挡风玻璃雨刷不需要在装配线上做出任何改变——这些项目是在相应的制造商把汽车运送到组装厂之前完成的。军方希望在所有车辆上实现特殊红外传感器耐油漆处理与涂装设备兼容，然后在商业装配流水线实现，因此它的使用不会为汽车制造商提供额外的麻烦。除了这两个变化，由军方购买的皮卡车不会与普通民众购买的有任何区别。

---

①　这一案例研究涵盖的时间跨度期间，军队机构经常改变名字。为避免混淆，使用了此机构1987 年时的名字。
②　TACOM 的办事处和车间所在的建筑几乎和附近的汽车工厂一模一样。不过，TACOM 的办公场所可以通过主门旁边的主站坦克区分出来。

　　M880 车辆进一步的定制要求将由美国陆军自己完成。舱座椅、帆布覆盖、24 伏交流发电机（用于无线电运载车辆）、极寒环境所需的特殊设备、配合固定支架使"野营"式遮盖物可以安装，[①]以及其他只有军队感兴趣的项目，都将采购第三方供应商的改装套件。需要这些特殊功能的军队单位将从 TACOM 申请改装套件，并由当地承包商或军工厂安装。

　　1974 年 10 月 3 日，TACOM 在其竞标邀请上宣布了投标要求。到 1975 年 2 月 24 日，四大汽车制造商——福特、通用、克莱斯勒和 AM 通用[②]都已经对投标做出了回应。四天后，TACOM 负责人召开的采购评估委员会做出决定，尽管四家厂商提供的皮卡车都满足陆军的需求，但克莱斯勒 D200 和 W200[③]型皮卡是最便宜的。几个月后，克莱斯勒开始对车辆进行绿色喷漆，并于当年将其在沃伦卡车装配厂下线的 200000 辆卡车中的 33759 辆交付给陆军。XM880 成为 M880[④]并于 1976 年初开始交付。

9.6　卡车滥用

　　与此同时，和 M880 一样的全地形车——"加玛山羊"成了一个鸡肋项目。陆军原计划需要 31000 辆来替换那些在铺设道路之外地形工作的各单位的 M37，但由于它的糟糕表现，陆军最终只购买了 11000 辆。M880 是 5/4 吨级中唯一可用的车辆，因为它本是用来填补车辆换装之间空白期的。陆军很快发现，从克莱斯勒采购的其他车辆和皮卡并不适用于恶劣地形，因为它们本身不是为应对这种地形而设计制造的。

　　由于这种额外的压力，在前线单位的 M880 的故障率比预期要高得多。变速器会先漏油，接着坏掉；[⑤]制动器必须每行驶 2000 英里～3000 英里就维修一次；保险杠会掉下来；电气系统部件必须经常更换，并且每隔 600 英里左右就要调校一次。弹簧、车轴，以及减震器的磨损速度远远超过人们的预期。然而，最令人吃惊的是，货厢有可能会从车架上脱落。现在看来，民用车制造采用的焊接技术难以满足军事越野使用的需求。

　　这种不可靠的货厢也限制了使用单位的战略机动性。陆军主要依赖铁

---

　　①　这些遮盖物通常用作通信和其他电子设备。

　　②　AM 通用公司的前身为凯撒吉普公司。

　　③　D200 和 W200 的区别在于一个是四轮驱动，一个是两轮驱动。为了将成本控制到最低，军队决定为距离战场最近的部队采购两轮驱动。

　　④　读作"M-eight-eighty"。

　　⑤　有时候仅 7500 英里之后就发生这种情况。

路运输将战斗单位由大陆的一端运送到另一端。不同于其他任何军用车辆，M880 在被捆绑到平板车厢前必须清空所有货物，否则，即使在火车站比一般情况下更加小心翼翼，货厢也很容易倾斜。

M880 货厢和框架之间的连接问题一直没有得到解决。M880 的其他问题可以通过更频繁的维护得到解决，但这花费了陆军大量的经费并导致 M880 车队的 1/4 都停在车库中。M880 的其他问题也迫使陆军必须对其进行整改。对于曾经最初"定制"的各种 M880，TACOM 从第三方供应商处采购改装套件并让各单位自己通过军用工作站或当地承包商安装。

M880 出现的各种问题使很多前线单位的人期待着高机动多用途轮式车辆（HMMWV）① 尽快投入使用。HMMWV 是 TACOM 本来打算用来替代前线单位"加玛山羊"、M880 和吉普的一种全地形车。不同于 M880 的是，HMMWV 从一开始就是作为军用车辆设计的，其中的一些型号承担的是像携带重机枪和反坦克制导导弹的战斗任务。尽管相当大比重的 HMMWV 组件来源于民用，但车辆整体并不涉足商业化。然而，HMMWV 直到 20 世纪 80 年代才投入战场。在此期间，M880 将继续在埋怨中苟延残喘。

9.7　CUCV——使命

将 HMMWV 作为 M880 系列的替代车辆在后方单位服役显得过于浪费。为此，陆军决定购买另一款商业货运车辆（CUCV）。CUCV 将包含多个类型——指挥车、货运卡车、救护车、通信庇护所载体等。虽然这些车型的车身会有所不同，但他们都具有相同的引擎和传动系统。该方案符合汽车行业以相近的性能同时制造皮卡和实用卡车（例如，福特野马或者雪佛兰开拓者）的惯例。

与 HMMWV 在同一性能上进行比较，CUCV 都显得平庸。它的唯一目的是在低廉的成本下在后方可靠地运送人员和货物，并不需要达到很先进的水平，它被普遍认为是一款现成的车辆就会做得很好的车。不过，CUCV 也被认为必须在一些领域同 M880 有不同表现。

同 M880 相比，CUCV 必须具备更好的越野机动性，因为计划用它来取代大部分的军标吉普车。项目开始后不久，国会就授权用现成的车辆替换 20% 的吉普车。由于购置单独一台现成的吉普车不会使军队供给系统复杂化，而且陆军已决定用 HMMWV 代替剩余部分的军标吉普车，CUCV 就被启

---

① 读作"hum-vee"。

用来达成国会的这项指令。

同时，CUCV 必须在出厂时就具备很多军事性能，而这些性能却是 M880 交付陆军后通过改造才得以实现。为 M880 增加诸如黑内障灯、起重卸扣①和 24 伏电气系统等装置的成本，几乎与车辆本身的成本相同。毋庸置疑，陆军希望通过将来在出厂时就具备这些功能来避免这样的额外支出。

9.8　执行

在不放弃采购现成产品的竞争本质②的前提下就获得这些额外的性能，是 Lawrence Day 作为武器系统主管（WSM）③ 接手 CUCV 项目时面临的主要挑战。Day 以前的任务已经使他非常熟悉 M880 系列④的问题，在阅读了 WSM 的 M880 后续行动报告（一份巩固了他关于 M880 不能在崎岖地形做出良好表现的观念的报告）后，他开始着手在市场上寻找可用的车型。

Day 必须在他办公室周边的众多制造厂提供的零件和模型之间进行挑选。然而，与此同时，他又必须应对位于全国各地军队机构的各种不同需求。

Day 首先研究了经销商目录，以获取可供他选择的范围。他惊喜地发现，自 M880 项目启动的几十年中，民用轻型卡车已经具有了使它们适合替代古老吉普车的功能。曾参与起草 CUCV 需求列表的文职人员 Jim Christensen，把这归功于民用轻型卡车市场对越野能力要求的提高。据文职人员 Christensen 说：

> "休闲车（野营旅游车）市场是推动厂家把更大、更强劲的花纹轮胎用在他们民用卡车上的诱因。休闲车市场也呼吁民用卡车具有更长的悬架行程、锁止式差速器、波动的车轴和悬架，这些所有的功能都增强了越野机动性。"

---

① 这些部件安装在所有军用卡车上，使得这些卡车能够被标准军用拖车牵引。
② 即保证至少有两家生产商参与竞标。
③ 武器系统经理的职能类似于项目经理，主要的区别就是采购的系统规模不同。
④ 到 TACOM 报到之前，Day 在德国的 POMCUS 基地（存满各种设备的综合仓库，一旦战争爆发，将由美国来的士兵们使用）任维修主管一职。他在这个综合仓库的职能之一就是确保他所负责的 M880 所需要的修改全部执行到位。

为了测试这些功能的实用性，Day 购买了 26 辆民用卡车实施他所谓的"可行性/适用性测试"。这些卡车被运到了陆军在马里兰州的阿伯丁试验场，每辆车都在各种路况的崎岖道路上行驶超过 10000 英里，并对各种组件进行了多种多样的能力测试。

在这些测试的过程中 Day 发现，不同制造商生产的 5/4 吨级民用车的差异很大。例如，有些皮卡几乎无法装载 2500 磅货物，而其他厂商的皮卡可以轻松装载比 2500 磅多 10%~20%的货物。

卡车性能上的差异在于一些部件（如弹簧和减震器）的性能。由于这一发现的结果，Day 决定他必须摒弃 M880 项目中使用的采购理念。除了指定整体车辆的性能特点，他还会指定某些关键零部件和子组件的特性标准。

在 TACOM 工作、直接支持着 Day 工作的民用工程师 Roger Gay 同意这种做法。Gay 注意到，许多民用工业热衷的规模效益，可以在分包商以及装配线上得到实现。

军标吉普车上使用的某种类型的螺丝钳单个成本为 60 美分。民用车辆上相似类型的螺丝钳成本却不到 0.5 美分。区别在于，当陆军一年购买 10000 个吉普螺丝钳的时候，汽车制造商却购买数以百万计的民用螺丝钳。

9.9　设定要求

虽然 Day 在制定 CUCV 需求中起着一定的作用，但 CUCV 需要具备何种功能却不是由他一个人决定的。在军队中，为军事装备制定需求的主要是用户群体——真正使用 CUCV 的人员代表。此外，大量的特殊用途机构在 CUCV 需求的制定中也具有一定的发言权。用 Day 自己的话说，他的身份是协调这些机构之间需求的代理人，他所了解的信息对于车辆购置的成功是很有必要的。

这项任务指示的复杂性可以从军队官方装备采购手册的内容中了解到。它列出了针对一款新设备的必要特性，在其终稿的清单发布之前①所必须咨询的机构：

---

① 像 CUCV 这样的项目，这称为"组织和执行计划"。

军队训练条令指挥部的提案支持者将初稿分发至训练条令指挥部总部（ATCD-E）、①陆军装备司令部总部（AMCDE-PA）、训练条令指挥部各整合中心［现购自运中心（ATZL-CAM）、陆军后勤中心（ATLC-M）、士兵支援中心（SSC）（ATSG-DDM）和首都士兵支援中心（SSC NCR）（ATZ-NMM）］，其他有兴趣或受影响的训练条令指挥部中心或院校、支持者或其他感兴趣或受影响的陆军装备司令部移动交换中心（AMC MSC）、陆军各大司令部、军事交通指挥及后勤评估机构（LEA）、主要的测试和评估人员、核与化学品管理局（NCA）、陆军部总部（DAMO-FDR）……这些单位的答复是必需的。

令 Day 高兴的是，反馈给他的需求中几乎不涉及任何实质性的问题。他曾得益于一个被非正式地称为"卡车社区"（由来自参与相关项目的不同机构中常年从事卡车相关项目的军队文职人员组成）的组织的幕后帮助。多年来，这些人已经发展出良好的合作关系，并具备相当程度的制定卡车性能要求的专业知识。因此，Day 发现几乎没有任何一条强加给他的需求是四大汽车制造商中任意一家提供的选择目录不能满足的。

由于高机动多用途轮式车辆项目的存在，这项政策变得更加容易。每当有人提出 CUCV 通过购买民用卡车不能实现的一个性能时，卡车社区便会把问题引向 HMMWV，这是为陆军定制设计的一种非常坚固的作战车辆。例如，在本宁堡的步兵学校，为使 CUCV 通过降落伞测试，一个修改就将涉及整个框架的重新设计，卡车社区提倡所有部队中唯一需要这项性能的整个第 82 空降师完全配备 HMMWV。据 Jim Christensen 称，这样做是很容易的，"来自野战炮兵学校、装甲学校或步兵学校的战地士兵代表，都更倾向于HMMWV"。②

9.10　保留竞争

对 Day 而言，确保 CUCV 组件与汽车制造商提供的选择相互兼容是高度

① 括号中的字母是机构内部的内部代码。
② 在其他的一些情形中，HMMWV 的存在减轻了 Day 的负担，使他不用必须修改 CUCV 规格以满足某个军队机构的需求。因为 HMMWV 的存在，Day 不用要求生产商们为了允许一些军队单元架设高射机枪而在车顶上掏槽孔。

优先的一件事。竞争对手越多，以低价中标的概率也就越大。然而，更重要的是找到一款能够满足战地士兵需求的车辆。例如，柴油发动机的战场优势①远比疏远一个潜在投标人的弊端影响更大。

1981 年，当 Day 正在阿伯丁试验场测试轻型卡车时，四大汽车制造商都宣布他们计划于 1983 年为它们所有的 5/4 吨级车辆提供柴油发动机。然而此后不久，克莱斯勒决定直到 1983 年后才引入柴油发动机。不顾这种市场变化，Day 始终要求 CUCV 合同的所有竞争者都必须为所有版本的车辆提供柴油发动机。

除了不能提供正确类型的引擎，克莱斯勒也不能满足另一军方要求。鉴于他对 M880 的经验，Day 颁布了这样一项要求，任何在 CUCV 项目中竞争的皮卡的货厢都必须用螺栓固定到卡车的框架上。克莱斯勒的竞争车型，是把赢得了 M880 竞争的 D200 和 W200 进行细微升级后的版本，它的货厢与车架的连接方式是同之前相同的，M880 的经验证明这是令人不满意的。

9.11　福特退出

福特公司退出此项合同竞标的决定，使 CUCV 潜在制造商的数目进一步减少。福特曾在 20 世纪 80 年代初期的经济衰退中遭受严重损失，因此决定再次采用令 Henry Ford 成名的制造方法。福特公司打算通过降低可选方案的数目和制造工艺的复杂性，以生产成本较低的车辆。这种做法与陆军从制造商已有的选择中"定制"CUCV 的想法是根本不相容的。

福特具备把一个柴油机放入皮卡和各种版本实用轻型卡车的工程技术。然而，由于这些车辆是分别在不同的生产线上装配的，并且民用市场中的客户希望购买大量柴油皮卡，但想买柴油野马的相对较少，所以福特不愿考虑把柴油发动机放入野马（一款与通用汽车公司和 AM 通用提供作为 CUCV 实用卡车版本候选的卡车）中。这并不是说福特不想与政府做生意，而是因为公司使陆军接受一个只适合于 CUCV 皮卡的版本的尝试没有成功。福特公司也不愿为了满足轻卡市场中这样小份额的需求而改变其谨慎调整的制造工艺。

Melvin Burcz（一名 TACOM 文职行政官，他指导了 Day 在 CUCV 上的大

---

① 截至 2007 年，所有的军队机动车——除了摩托车和淘汰的老旧车辆外，都使用柴油燃料。仅使用柴油的燃油系统降低了系统的费用和复杂度，并且特别不容易被敌人攻击。

量工作）指出，福特甚至不愿意考虑为满足陆军的需求对其选项列表做出细微调整。"福特想卖给我们带镀铬保险杠的车辆。他们的立场是，我们不会为你做出任何改变。"

9.12 喷漆

福特不在 CUCV 项目上投标的决定使 Day 只剩两家潜在的汽车制造商——通用汽车公司和 AM 通用公司。两家公司都非常愿意拓展他们的选择范围，以适应军队的需求。为了能够参与此次竞标，AM 通用甚至从第三方采购柴油发动机。然而，这两家公司都被一个看似无害的要求阻碍住了——为 CUCV 喷涂耐化学试剂化合物（CARC）的油漆。

军方早就要求为其设备涂上不会吸收某种特定有毒气体（这种毒气被认为存在于苏联的兵工厂中）的油漆，而且，这种油漆不会被腐蚀性清洁剂（用来净化暴露在毒气中的设备）洗掉。军队中这一要求的倡导者（军内的说法叫"支持者"）是位于弗吉尼亚州贝尔沃堡的贝尔沃研究发展和工程司令部（BRDEC）①。尽管 BRDEC 的要求被表述为一个性能指标（即"油漆必须在这样或那样的条件下抵制某某剂吸收"），BRDEC 保留了为自身判断某种类型的油漆是否满足这一要求的权利。直到 1981 年末，只有一种漆（聚氨酯漆）被 BRDEC 认为是合格的，所以军队的人们普遍认为会为 CUCV 涂上聚氨酯漆。

然而，在流水线上给一些汽车喷涂聚氨酯漆，成为了通用汽车公司和 AM 通用的一个严重问题：它与用来完成民用车制造的丙烯酸涂料是不相容的。据 TACOM 的 Roger Gay 介绍："在被涂上丙烯酸的车辆上涂一滴微小的聚氨酯漆也将毁掉整个油漆工作。"

尽管 AM 通用公司的市场份额比其他三家制造商小得多，但作为一家有着丰富的与军队打交道经验的承包商，AM 通用表示愿意换用聚氨酯涂料，而通用汽车公司却有不同的想法。通用汽车公司向 Day 建议说已在使用的丙烯酸涂料也可能能够满足 BRDEC 的性能规格。反过来，Day 要求 BRDEC 开展一些由通用汽车公司提供的油漆样品的测试。几天后，仅正式投标过程开始前几个星期，BRDEC 宣布通用汽车公司的丙烯酸涂料的确既能抵制苏联化学药剂的吸收又能防止被腐蚀性清洗剂洗掉。

从军队的角度来看，丙烯酸漆仍然有一些缺点，它在战场进行"点漆"

---

① 读作"bra-deck"。

或喷漆比较困难。然而，一旦基本要求得到满足，Day 愿意为了降低成本和减少竞争而在"锦上添花"的问题上妥协。

9.13　投标

1982 年 1 月，Day 对于 CUCV 的采购正式颁布了两步邀请招标的形式。第一步要求制造商通过证明他们能够满足 Day 的需求（包括柴油发动机、机体在框架的螺栓和 CARC 涂料）来证明自己的资格。通用汽车公司和 AM 通用是回应第一步仅有的两家公司。两家公司都通过检验并合格。

1982 年 6 月，第二步邀请了两个合格的厂商投标。通用汽车提交了最低的出价，并于 1982 年 7 月 13 日赢得了合同，仅以 0.5% 的优势险胜 AM 通用公司。

9.14　测试

使通用汽车公司赢得合同的车辆是该公司供给民用市场的吉米和开拓者的改良型。12 辆这种卡车按照军方的要求生产，并提交给军方进行测试。在阿伯丁试验场，测试车辆被发现了一些小缺陷。例如，驾驶室的车顶下雨的时候会漏。这个缺陷之所以没有在民用车型中发现是因为驾驶室的天花板装饰能够有效地阻挡渗透水，以致平民客户一直不知道这个问题的存在。

当这些问题被报告给通用汽车公司时，通用立即对用以生产所有吉米和开拓者的生产工艺进行了改进，而不仅是对那些为军方生产车辆的流程做出改进。TRADOC 的 Jim Christensen 称赞通用汽车公司"比大多数军标生产厂家"反应更为机敏。随着这一障碍的克服，陆军授予通用汽车开始生产其首批 55000 辆 CUCV 的权限。1983 年 8 月 23 日，CUCV 的第一支大军于组装厂下线。

CUCV 目前正在陆海空三军服役，它同时受到了驾驶者和维护技工群体的欢迎。现在，当前的五年生产合同已经到期，[①]然而，陆军将很难再续与 CUCV 共同谱写的成功。在与日本小型皮卡车进行竞争的努力中，美国四个轻型卡车制造商都缩小了产品尺寸，然而生产出的车辆都太小，不能满足陆军的需求。通用汽车生产 CUCV 的装配厂是美国生产全尺寸轻型卡车的最后一条生产线。

---

① 这一案例写于 1987 年。

附录

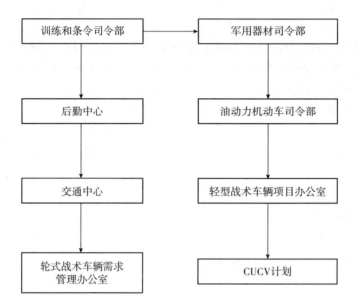

附图 9.1 商业货运车辆 (CUCV) 需求规范流程

10

重组国防后勤局

当海军中将 Edward Straw 在 1992 年接管国防后勤局（DLA）时，他负责的是一个声誉良好并且能很好履行职责的组织。DLA 最初成立于国防部内，是为军队供应"消耗品"而建立的，例如，那些正常消耗的项目（而不是那些需要修复的项目）。DLA 要执行的任务在它建立的 30 年间已经增加了很多，包括广泛的后勤和保障服务：合同管理、燃料供应、储存和剩余财产的处置等。在这段时间里，该机构的规模扩大了三倍之多，并拥有了一组供应中心、服务中心、配送仓库、地区办事处，它们遍布美国的各个地方。纵观迅速扩张的时代，DLA 成功完成了支持美国作战部队的基本使命。它已经通过了近年来最严峻的考验——沙漠风暴行动，并且表现出色。在科威特的冲突结束后，时任参谋长联席会议主席的 Colin Powell 将军和后来成为国防部长的 Richard Cheney 参观了设在弗吉尼亚州亚历山大的 DLA 总部，并且给他们颁发了最有价值服务奖章——一个极少颁发给战斗支援单位的奖项。

但即便在它得到了这些荣誉之后，DLA 依然面临着其他挑战，这是对其迅速适应新的苛刻条件能力的考验。国防预算削减和军队裁员已经在 20 世纪 80 年代后期开始，在 20 世纪 90 年代初迅速加剧，这些变化给后勤机构带来了很大的冲击。在各军种开始削减其部门的同时，DLA 却扩大了——至少在承担新的责任方面来说，这些包括使用诸如主要武器系统合同和分销设施的服务。与此同时，大多数机构发现自己在一个新的财政体系下，DLA 服务的费用并非取自国防部的开放资金，而是需要通过向客户收费来收回所有的运营成本。

DLA 目前的操作模式引起了质疑，在更苛刻的环境中，DLA 面临更多的压力——无论是内部还是外部的机构，都面临如何通过改革以完成它的使命的问题。机构内部，一些 DLA 官员，特别是在野外作业的，他们争辩说，该机构的组织是烦琐且僵化的，它的总部不支持服务第一线的领域。机构外部，DLA 的首席客户——各军种，抱怨 DLA 太慢、太贵了，没有充分切合他们的需要。海军上将 Straw 说，有人认为，DLA 是一只抱着"再给一点儿"态度的"肥猫"。

正是这样的抱怨，导致一些人认为，DLA 需要重组。面对已有的变化和进一步削减预算的不确定性，他们辩称，该机构需要重新调整自身以满足其日趋苛刻的客户的需求，否则将在竞争中输给私营部门。然而，DLA 的其他人争辩说：该机构已履行良好，彻底改革将是不必要的且是破坏性的。Straw 作为国防后勤局的负责人，摆在他面前的最主要问题是 DLA 是否应该重组，如果要重组的话，应该重组 DLA 的哪些部分。

10.1　背景：DLA 的发展之路，1962~1990 年

DLA 在 1962 年作为国防供应局（DSA）而诞生，它是国防部长 Robert McNamara 时期集权浪潮的产物。这个新机构被赋予一些管理的任务，比如购买、储存和分发两大类物资：正在使用的消耗品和需要更换的部件，统称为耗材。①消耗品的范围广泛，涵盖了从导弹部件到修鞋设备、从叉车到螺母和螺栓、从医疗及手术用品到果酱、果冻和腌制品。在对这些物品的集中管理下，国防部官员希望通过大规模采购节约成本，并且通过降低四项服务中的重复劳动提高效率。除了采购、储存和分发工作外，DSA 还负责管理联邦供应产品目录（其中包含数以百万计的整个联邦政府使用的物品的清单以及说明书），以支持国防部处理美国剩余物资的项目，并且保证工厂设备的一般准备金。

在组织上，DSA 是国防部长办公室的一部分。像国防部的其他机构一样，这个新机构是一个军事组织，虽然不是任何军事部门的一部分。但是它是由国防部长指定的高级军事官员轮流领导的。

随着时间的推移，DSA 承担了一批新的重大职责。它承担了食品供应和散装燃料库存的采购和分配责任，以及在国内外出售剩余物资，还有对国家储备的战略物资的管理。但是，最大的一个新职责是：1965 年，美国

---

① 采购初始设备并进行维护的职责仍然在个人服务领域。此外，这些服务还保留了一些特殊消耗品的职责。

国防部将大多数合同管理活动（例如，合同签订之后的合同管理）合并为一个单一的、集中的单位，称为国防合同管理局（DCAS）。它隶属于 DSA，并共享 DSA 的指挥结构和行政服务。后来，在 1990 年初，DCAS 重组为一个新的指挥机构——国防合同管理司令部（DCMC），受一名采购副部长的领导。尽管管理者变更了，合同管理本质上仍属于 DSA，后来它在 1977 年被重新命名为国防后勤局，为了反映这个问题，引用一份出版物的话："它在军事后勤系统中扩大了其作用。"①

到 1990 年，DLA 已经成长为一个庞大的组织，拥有约 130 亿美元的预算和超过 62000 名员工（在其最初几年只有大约 17000 人），企业的合同管理方面大约 20000 人，供应和分配方面有 38000 人，剩下的人散布在一些零散项目中。②他们购买、存储、分发和监控着 320 万种物资的供应（1962 年只有 120 万种）；管理着价值 8000 亿美元的服务合同、美国航空航天局合同以及数个联邦机构的合同；通过其国防物资再利用和销售服务处理了价值 110 亿美元的过剩物资；在费城经营了一家服装厂；并保留了一些专门用于储存、技术和后勤服务的单位。纵观其多年的成长，从结构上来说 DLA 依然存在，基本没有变化。DLA 的法律总顾问 Karl Kabeiseman（DLA 成立之初，Karl 便一直为其服务）说道，除了合同管理部门最终成为了一个独立的机构，"因为不断地变化，剩下的职责只能附加到现有的结构，将不会有重大重组，可能会增加东西，但组织的总部架构会基本保持不变"。

新挑战。在 DLA 诞生的第 40 个年头，DLA 面临一段更加戏剧性的变化和新的挑战。不断紧缩的国防预算不仅使美国军队的规模缩减，而且使军事活动和设施进一步整合。对于 DLA，这种紧缩转化为下降与增长并存的一个周期。随着军队规模的减小，它已经开始感觉到对它提供的货物和服务需求的下降。它的劳动力也会减少，国防部计划在 1997 年之前裁员 12000 人。

但与此同时，该机构发现了一些可以接受的正在被其他服务商放弃的活动和设施。这些变化的主要因素来自国防管理审查——由白宫发起，经国防部经济专家研究出台的数百个"国防管理审查决定"（DMRDs），旨在精简防御作战。一些 DMRDs 集中指出，1962 年 DLA 成立之后，很多机构的一些服务功能便不再需要了，应予取消。结果，一部分军队把自己手中

---

① 国防后勤局："我们是 DLA。"

② DLA 在人事方面主要是民间组织。其雇员不到 1500 人是属于军队的。然而，军事人员在机构中占据多数高级管理岗位特别是在外勤部队。

的供应、分配和合同管理活动，极不情愿地交给了 DLA 。从数量上来讲，这意味着截至 1994 年，管理的消耗品将增加 100 万以上（达到军事总消耗品的 90%）；截至 1992 年，将增加 24 个配送仓库的营运；[①]以及与合同条款相关的 41 个主要制造工厂的监控。

但是，可能影响 DLA 新职责的不是数量而是质量。DLA 政策和计划办公室的领导 Roger Roy 说："我们所有的新工作就是我们一直从事的后勤工作，但在服务对象眼中，这是他们（即其供应和物流组织）正在做的最重要工作。"例如，新的合同管理工作——被 Roy 称为"王冠"的服务——主要武器系统、舰船、坦克等类似项目的合同，仅是合同金额就可以使它们成为军队的头等大事。同样，1990 年由 DLA 开始接管的 24 个新仓库，与已经在 DLA 管理下的另外六个仓库不同，是"零售"业务仓库。Roy 解释说："在诺福克（弗吉尼亚州）的仓库。就是存放船只的地方……这并非把我们的一个内陆仓库以批量的方式给了诺福克，而是诺福克供给了我们的舰队。我们不供给仓库……我们管理那些直接供给维修流水线的仓库，所以一切都是前线。"

新工作所带来的另一可见的结果，是服务对象决定削减自己的后勤人员。此前，Roy 指出："DLA 可以将自己视为批量提供后勤服务的后勤组织，这样就有了一个积极的因素。"但是，随着军队后勤队伍的削减，失去了缓冲，DLA 发现自己更直接地与军方用户或"战士"打交道。因此，他指出："我们日常工作所带来的影响就能立即显现出来了，而不是后勤的第二级梯队，所以军队人员能直接感受到。"

但改变其工作量并不是 DLA 面临的唯一的新挑战。虽然它很好地把控了职责的拓展，但是它仍然需要其他变化，实现给各机构的服务对象带来更多可视化服务的承诺：具有全新资金运作方式的机构。

引入 DBOF。随着其他变化的发展，新的财务系统——国防业务经营基金（DBOF），通常缩写为"Dee-Boff"，是国防管理评审的产物。以前，大多数 DLA 的总部运营都是由美国国防部支持，由其运营和维护（O&M）账户拨款，而采购、储存和运输是由周转基金——国防储备基金支持。在资金充足时期，这一模式在 DLA 运作良好。各军种分别给予充足的资源购买 DLA 的货物，总部在需要的时候向美国国防部申请更多资金也并不困难。Roger Roy 指出："我们几年前的基本经营预算是 30 亿~40 亿美元。（在）3000 亿~4000 亿美元预算（即国防部的总预算）中，我们只是微不足道的

---

① DLA 却期望整合其配送功能，继而关闭一些仓库。

一部分。如果我们真的需要几百万美元，我们就可以得到……我们所要求的仅是国防部四舍五入的尾数。"

经济困难时期，国防管理评审改变了这一切。国防业务经营基金，于1992财年开始生效，除非特殊情况，① DLA 不再通过 O&M 的拨款获得资金。相反，它必须通过销售商品获得其总部运营的费用，以及购买、储存和运输物资的费用。DLA 总顾问 Karl Kabeiseman，将揭示 DLA 服务的"真实成本"给客户。通过 DBOF，他指出："所有资金将拨付给用户。他们必须从货源购买物资，而他们将支付实际的后勤保障成本。"这对于 DLA 的影响将是深远的。"DLA 得不到资助了，" Roy 说，"……我们一觉醒来，我们就再也没有什么钱了……DLA 必须走出去赚钱。我们向军事部门出售新系统赚钱"。"这个新系统，"他说，"让你迅速地专注于你的客户。"正是这种新的重点改变，促使 DLA 能够仔细审查自己的结构，并且反思能否适应这些新挑战。

10.2 DLA 的组织结构：1992 年

DLA 基本上由两个主要组织实体组成：总部，设在亚历山大市一座由仓库改建的庞大建筑内；现场作业部门，分散在整个美国和一些海外办事处。62000 多名员工中的大部分都在分部门。

战地组织。DLA 的战地运作有几种基本类型，包括：供应中心，每个供应中心负责管理和购买不同类型的物资；车厂，负责接收、存储和分发这些物资；合同管理办公室，设置在承包商厂区内或附近，负责监督合同执行；以及服务中心，提供各种后勤和行政支持。

官方要求，每个供应中心是一个指挥部，由一名将级军官（如陆军上将或海军上将）领导。仓库被分到几个分布区域内，每个仓库同样被指定在一个指挥部内，负责人为海军或陆、空军上校。合同管理区域同样如此，被称为行政区划。这些指挥部被统称为"基层领域的活动"。指挥部的选定落实在国防部纸面上是有意义的，至少在理论上表明，战地指挥官有直接责任和义务，同时在其领地上有相当大的自主权。

总部。大约 1600 人曾在 DLA 总部工作，②分配在 18 个不同的单位，他们

① 至少在开始阶段，国家储备中心和国防合同管理司令部（DCMC）都不属于 DBOF，而是持续通过拨款获得资助。但是，人们期望 DCMC 能最终划归 DBOF 系统。

② 只有不到 1000 位雇员实际在亚历山大州的 DLA 总部工作；多数的总部支持活动都在其他地点。

被称为主要工作人员（Primary Staff Elements 或 PSEs，划分为两种类型：办公室工作人员和执行主管）。一方面，12 名办公室员工负责财务，如预算与会计、政策与计划、文职人员以及法律事务等。另一方面，六名执行主管负责指导战地部门的政策。主管——供应业务、承包（即采购物资）、技术和后勤服务、合同管理、质量保证以及项目和技术支持——往往是与特定领域密切相关的。例如，供应业务、承包以及技术和后勤服务主管与供应中心和分销站紧密合作，而合同管理和项目技术支持主管与合同管理部门最密切。①各办事处和主管都被分配了一个字母作为标志，这种做法促使一些人将总部组织结构比作一台打字机键盘或字母表。

管理工作人员办公室和执行主管的是 DLA 主任，由两名副主任协助，其中一名负责采购管理，所有的人都是将级军官。DLA 主任的职位是一个三星将军，即适合陆军中将或海军中将，而副主任为二星将军。通常情况下，主任和至少一个副主任要属于不同的军种。主任和他的副主任，像所有分配给 DLA 的将级军官一样，通常在该机构担任三年的职务。在理论上，他们的任期应当是错开的，在顶层保证管理的连续性，但事实上，老官员和只有几个月任职经历的新官员之间仍经常重叠。

DLA 主任的管辖范围很大：不仅是 18 名工作人员的领导和总部的主任，而且所有基层组织的领导都需要直接向他报告（或通过其副手）——由于各地区办公室配置的人数不同，总共是 42～46 人。DLA 审计官 Dick Connelly 说："大多数主任会进来说：'天哪，看看这张组织机构图……一个人管这么多人。我这辈子都做不到。'"

然而在实际中，执行主管负责管理战地业务，为其对应机构提供指导与指令。例如，在总部供应中心的员工将受供应中心存贮部门主任的领导。空军少将 Lawrence Farrell 担任 DLA 副主任，同时期 Straw 担任主任一职。他说道："各公共部门中的每个人都与下面对应单位的某个功能单元对应，而战地的员工往往从总部对应功能单位的人那儿领取日常任务。"这种事实上的安排，以及 DLA 的冗杂结构，一直是内外部门多年抱怨的对象。但在很多人看来，DLA 迅速扩大的责任，恶化了该机构的组织问题。

---

① DLA 总部充斥着军队和文职的"高级官员"，和战地部队形成鲜明对比。不仅办公室和行政指挥部由将军和联邦高级行政服务（SES）官员担任，甚至某些情况下，其副手也几乎是这一等级的。总之，在总部，共有大约 20 个 SES 和 10 个将军职位。而在战地组织，司令官的直接下属要么是陆军上尉，要么是海军上校，或者只是 SES 级别之下的文职人员。

10.3　板块和饭碗

　　DLA 的批评者认为，该组织是"板块式"，彼此之间的沟通主要是通过麻烦和耗时的文本。总部工作人员往往控制同行在该领域的作用，但并没有对战地单位的成败负责。Farrell 将军说："如果战地部门的工作失败了，我们就会过去，让（战地的）指挥官出面。"

　　战地指挥官常常发现自己受到来自总部的干预，总部的指令不仅不明智而且对战场的形势反应迟钝。1991 年 8 月，作为国防工业品供应中心（DISC）的准将的 Ray McCoy 回忆，总部的很多指令从不考虑"他们的指令会给我们增加多少额外的成本"。他们的理念死板，并且不考虑对管理者产生的约束。例如，DLA 审计长 Dick Connelly 指出，从仓库运送到码头的货物中，总部会列出一系列优先运送清单，并告诉战地人员："你得遵循这些时间节点。实现这个目标，会导致一个战地指挥官或仓库管理员加班工作或者增加作业人员数量……"而且还增加一些烦琐的、衡量效率的指令。DISC 资源管理办公室副主任 Linda Friedrich 说："每个指挥部有自己的衡量标准。例如，供应业务部门关心延期订单的数量，而合同部门想弄清楚手中有多少采购项目。"Friedrich 指出："每个人的关注点都不同。"因此，战地人员向总部表达了自己的不满。政策与计划办公室的 Roger Roy 回忆道："他们说：'你们在总部的人不知道自己在做什么。我整天都在接总部的电话，一个人让我这么做，另一个人又让我那么做。有谁知道发生了什么吗？你们有战略吗？你们有明确的方向吗？'"

　　从战地指挥官的角度来看，同样令人沮丧的是总部指令——一些人标榜的"功能地盘"间严重分歧，各自小心地守护着自己的 DLA 业务。McCoy 说，这些板块自我防护性非常强。这意味着寻求政策改变的战地指挥官们必须谨慎地通过总部，并且在其提议得到 DLA 委员会（包括所有的指挥部领导及各分机构的领导）的正式许可之前，要得到每一个指挥部的支持。McCoy 解释说："这感觉就像我刚刚晋升到总部时，如果我想改变某个政策或者想做点什么事情……以提高支持率并且使我的工作更容易……我最好确保那是一个完整的计划……"那意味着提前做好功课，"试着让指挥官们都参与进来"。否则，他的提议"将无人问津，你永远也做不了什么"。McCoy 继续道："总部的底线就是，别指望得到太多帮助……天哪！别破坏现有的规则。"

　　长期的地盘战更多地导致了总部所谓的"饭碗心态"。其结果是政策主张的僵局。Roger Roy 说："对我来说为了实施一项（政策改变），我必须想办法让 49 个人在上面签字。"①它仅需要一名指挥官向主任"抛块砖"，就能破坏主任眼中的提案，"（他）说：'天啊，我的员工对此有异议，我真的不知道该怎么做。'这整个过程留给他的犹豫不决，使得事情很难向前发展。"Bob Scott，国防合同管理指挥部副主任，观察到了同样的现象。他认为："这个组织根本就没有成功的可能，一切都将失败。任何好的想法都会被官僚主义枪毙。"同时，Roy 认为，这种不作为的管理气氛促使一些人质询"谁在管理这个机构"。

答案似乎是，至少在一定程度上，是 DLA 主任。在出任副主任的前一年，Farrell 将军曾有机会参观 DLA 总部，当时他被指派在国防合同管理司令部。那时，他说："我观察到……这些功能巨头是非常强大的，他们不容忍任何干扰他们的事。他们也不想分享任何东西；他们不想别人参与他们的决策。"他注意到指挥部和战地单位之间的联系非常密切。他说："他们会在自己的领域内设定自己的政策，严格执行这些政策，并且不需要与其他人整合或者合作。"这种严密的控制延伸到每个雄心勃勃的战地人员。Farrell 解释说："战地的升职是通过某种功能性的方式实现的。战地人员依靠与总部的合同管理者密切联系来谋生和升职。采购人员和技术人员也是这样。"在与总部官员密切联系的时候，DLA 主席有时可以被完全绕过。Farrell 回忆说："我看到了由主任做出的决定，被指挥官们推翻。他们只需要通知战地人员说：'别那么做'，或者'你可以等到这个决定失效，他就快下台了。'"

10.4 DLA 的看法

然而，虽然存在这些问题，至少与其他选择比起来，DLA 仍然被认为是一个成功的组织。Straw 指出："我们国防部的老板，认为我们做得不错。②我们已经做了很多工作推销自己，我们有充足的理由进一步推销自己。"例如，DLA 在沙漠盾牌/沙漠风暴中的表现是出色的，它努力给在佛罗里达州的居民和军队在安德鲁飓风过后迅速提供物资，这已经赢得了军队的感激之情。审计官 Dick Connelly 在 DLA 工作了 21 年，他说，虽然军方可能会有所争议，该机构集中了国防部内的一些日常功能，其表现是"一个成功的范例"。事实上，他补充说："（机构）近期的增长，部分原因是

---

① 据 Roy 所说，如果算上特业参谋，向 DLA 长官汇报的人就是 50 个。
② DLA 由国防部生产与后勤副部长管辖，这是国防采购副部长管辖的一部分。

DLA 不只声誉提高了，效率也有所提升。"

但从一些服务对象的反馈来看，DLA 的表现并非表面上那般好评如潮。由政策与计划办公室副主任牵头的一系列焦点小组会议中，军事和民用客户都陈述了 DLA 的缺点。在政策与计划办公室工作的 Marshall Bailey 报告说："总体来看，你的平均表现良好，但也有很多部分是我需要但没有得到的，这就可能导致我（保养）线的关闭……"或者"你提供给我的是基本能用的产品，我可以在自由市场买到更前沿的技术。为什么我在你那里购买产品没有选择权？"服务对象对 DLA 有一个"非常负面的看法"，国防合同管理司令部的 Bob Scott 说道，他们认为该机构"（不）愿意去想未来的事情，特别是关于客户的支持，至少该机构的某些方面是（所看见的）这样的——不是主动的"。

预算紧缩和 DBOF 的引进加剧了顾客的不满。财政紧缩，服务对象们已开始更仔细地审视他们的账单。与此同时，作为 DBOF 的结果，由 DLA 提供的物资和服务的附加费上涨，该机构开始尝试通过向客户收费来收回中间费用。没有多久，投诉就到了 DLA 战地指挥官的办公桌上。国防工业品供应中心 McCoy 将军说："在新制度下，服务对象能够看到（他们从 DISC 订购）产品的成本，所以我们的客户开始陆续返回 DLA 说：'我说，我花了足足五美元，而你多要了 44% 的价格。我本可以去市场买更便宜的，我为什么要来找你？'"

Roger Roy 同意服务对象针对 DLA "远没有它能够做到的那样便宜"的看法。他继续说："我们是职能化的组织，能够做好工作。"他解释说："我们可以深入到第 n 条采购管理规定……我们的采购是否正确？……我们的采购是否高效？这是些值得认真探讨的问题。"正是这些问题导致 Roy 得出结论：该机构需要重组。1991 年，他提出了自己的设计。他称其为 DLA II。

10.5　DLA II

Roy 说道，DLA II 的重组计划基于四个原则：全员问责、跨度控制、制衡机制以及客户导向机制。用 Roy 的话说，从本质上讲，它提出：巩固总部执行指挥官的地位，将它们放在三个指挥管理下——供应、仓库和已经建立的合同管理指挥中心。每个指挥中心的副主任将直接对一个战地单位负责，包括供应中心、配送仓库和合同管理区域办事处。新的指挥部将简化战地的工作。Roy 解释说，例如："我们说 ICP（库存控制中心或供应中心）的目的不是为了执行所有这些个体功能，它为客户提供库存管理流程及采购流程。因此，让我们摆脱所有这些功能链，将每个人都放到一个单一的任务过程中。"根据副主任对于供应管理方向的指示，他继续说："ICP 的指挥官拿到经费，他知道他的目标是什么，而且有 19 种不同的方式实现它。"而且，在三方指挥系统的领导下，"我们指派负责人分别负责我们的三大业务，即 DLA 的业务：确定需求，采购、存储、分发物资，管理合同。并且我们有人负责"。

在 DLA Ⅱ，原始机构配置下的五个职能部门——审计官、总法律顾问、政策与计划管理部、人事部和信息资源管理部——将继续向主任或副主任报告；第六个事务部将是采购服务执行办公室（SAE）。SAE 被设计成 DLA Ⅱ 内部"制衡"的一部分。Roy 说，它将承担监督者的角色，并被赋予"监督一项采购是否正确地执行的权利……"最后，DLA Ⅱ 计划中提出在 DLA 总部建立两个后勤保障实体。战略物资和产业规划部门将合并一些 DLA 功能（例如，储存、工业厂房储备）为一个共同的组织并在其中建立战略资源中心，将在不同的作战场景下考验该机构的准备情况。其他单位将保障技术和后勤数据的活动，包括目录表。总之，Roy 说，DLA Ⅱ 将总部重组为三个主要的商业中心和两个主要的支持中心，所有这些将向该机构的主任报告。

对于 Roy，DLA Ⅱ 所设想的结构是变革的工具。他解释说："我们想将 DLA 变成一个以客户为导向的机构，我们希望成为一个更为灵敏的组织……来服务客户：在和平时期我们是维修线上的扳手……在突发事件和战争时期我们是战士。"DLA Ⅱ 将有助于减少该机构的服务成本，而"更重要的是"，Roy 称，它将创造"一个流线型的、反应灵敏的组织，并且组织里的人都很负责任"。

DLA Ⅱ 的命运。Roy 的重组计划在 1991 年底和 1992 年初之前得到了许多战地指挥官和总部的支持，但一直都仅停留在提案阶段。"DLA Ⅱ 无法前进，"Roy 说，"DLA Ⅱ 需要的一个确切的原因：你无法得到答复。"该计划"同其他机构重组得到的反应是相同的：'我能够实现吗？如果我不能实现，那为什么还这样做？'""我们的执行主任，"Bob Scott 指出，"围坐在会议桌旁，他们掌控着整个氛围，但他们永远感受不到，我们需要做一些改变，以提高组织效率。他们无法看到它，因为他们身在其中。"

不过，虽然至少从目前来看，DLA Ⅱ 被总部束之高阁，但在整个机构内部，改革的呼声还是非常高的，重组的想法从战地逐渐渗透上来。或许最引起注意的来自国防工业品供应中心，那里的高层管理人员正在设计组织结构，用一名 DICS 官员的话来说，就是"计划重新设计我们的业务流程"。

10.6　DISC 计划

作为六个 DLA 供应中心（或"库存控制中心"）之一的国防工业品供应中心（DISC）位于费城，其为其客户提供维修设备及武器用的工业硬件，比如，电缆、螺丝、螺母和螺栓。每年，DISC 掌握着 100 多万种产品，每年收到约 600 万个订单。该中心的职责是双重的：从各分发仓库调拨货物、监控库存并决定何时补货。决定是否购买更多产品——每年都会做出 150000～200000 个这样的决定——并在采购之前由 DISC 员工进行一系列的技术及质量检测。总之，DISC 雇用约 2100 名员工来完成这些任务，他们被部署在与 DLA 总部高度一致的组织中，即职能区划指挥部（比如，供应运营、合同管理、质量保障）。

按照 20 世纪 90 年代初 DISC 的指挥官 Ray McCoy 将军所说，在大多数情况下，DISC 已经运作得相当好了。但也存在延迟——一次采购所需的平均交付时间为 358 天，该中心有 300000 个客户积压订单——但是，一般来说，很少有客户投诉。"供应能力高达 88%，" McCoy 说，"你能做得更好，但顾客对此仍是满意的。" DISC 提供的材料与服务的成本包括采购成本与附加费。"尽管如此，" McCoy 指出，"那时的经济状况还不错……因为服务对象有足够的资金支付需要从我们这儿购买的材料，所以一切都处于平衡中。"

DBOF 的出现促使 DLA 开始出现预算紧缩，并对所提供的物资加收高额附加费，这扰乱了平衡。DISC 的客户不仅抱怨，而且如 McCoy 所说，他们开始寻找其他地方去购买物资。在详尽的国防采购法规管理下，服务对象们到底有多大的在外部市场采购商品的自由度一直是 DLA 内部颇有争议的话题，但大家普遍认同：他们对此有一定的选择空间。据 McCoy 推断，DISC "被多收了 30%"，服务对象愿意花钱购买，"仅是因为我们货架上没有，或者我们知道会用到它，但又没法准确地预测它何时派上用场"。服务对象周边的购物环境也很便利，McCoy 补充道，在军营外"出门就有""手工作业"来满足它的特殊供应需求。McCoy 说，在 DISC 这场"不同的游戏"中，"我们知道，以后一定要抢先解决成本及反应时效的问题。所以我必须采取措施，使 DISC 保持很强的竞争力"。[①]

---

① McCoy 和 DISC 的其他人都很担心 DISC 预算的缩减——到 1997 年大约有 8.33 亿美元——这些费用在当时差不多能管理 200000 项物品。

　　McCoy 和其他 DISC 高管决定要做的就是沿着一个完全不同的方向整顿组织。DISC 的审计官 George Allen 说，按照当前的配置，供应中心是"功能导向而非客户导向的。我们着眼于功能的效率，而非最终结果"。即便各个功能实体可能运作高效，它们的整体功能却可能并非如此。Allen 解释道，每个功能指挥部所做的决定必须"层层传递下去"。举个例子，供应运营部做了"购买"的决定，要把它传递给质量保障部门做规格审查，最后交给合同管理部进行采购。Allen 说："这是一条组装线，而且很像流水线作业……这非常昂贵，因为工作的每一个步骤都是依次完成的。"此外，这个顺序并非始终运行流畅。一份 1992 年的 DISC 计划指出，对于"一份买入/购买请求，各个功能实体之间相互推诿……"并不罕见。Allen 总结道，结果产生的过程真是"乱七八糟"，换一个具体的词，DISC 官员称其为"意大利面图"①。

　　Allen 说 DISC 经理试图建立一个新的组织结构代替"意大利面图"，"注重结果"而非功能。他解释说："我们需要这样一个组织，专注客户需求，与客户对接。"他继续说："我们想要一个扁平的组织……我们想降低成本，并减少处理时间。"为了实现这些目标，DISC 的管理者们想出了一个组织设计，用 Allen 的话说："就是打破原来的组织结构，建立新的跨职能组织。"这些新的实体，被称为"商品经营单位"（CBUs），根据 DISC 概念文件，是"买家、合同管理专家、库存管理人员和技术支持人员的组合功能的团队……"每个CBU 将被分配一组商品"从摇篮到坟墓"的管理，由五组"一体化单元"协助，代表所有业务部门的功能，这将提供人员支持，并确保一致性和符合标准的功能。Allen 说，CBUs 的产品，将"确保我们在正确的地点、在正确的时间范围、以合理的价格获得正确的产品"。

　　应付总部。反映在 DISC 重组的努力上，George Allen 说："我们必须重塑 DISC 流程，因为从军方来看，我们并没有获得来自总部的任何帮助。"但是为了实施其新的计划，DISC 就必须赢得 DLA 总部的批准。McCoy 成功地获得了对 DISC 重组的支持，用他的话说，第一次"向总部大佬们汇报"，继而提交给 DLA 委员会批准。1992 年 7 月得到 DLA 主任的批准，就在海军上将 Straw 接管 DLA 之前。DISC 立即开始工作，以实现其组织方案的计划。然而，与此同时，DISC 资源管理办公室的 Linda Friedrich 说："DLA 总部仍然保持其功能，DISC 也仍然会下达采购政策、供给政策和技术政策。"

　　然而，在 1992 年 7 月，随着 Straw 上将和他的副手 Farrell 将军的到来，

① Allen 指出，意大利面图实际上是由另外一个 DLA 供应单元——国防基础供应中心创作的。Allen 表明，其他的战地作业单元像 DISC 一样，正"经受相同的挫折"。

改革的条件已经成熟。一方面，这么多的高层人员变动是不正常的——Straw 和 Farrell 几乎同时进入他们新的职位。另一方面，来到 DLA 的这两个人都拥有批判的眼光和很强的执行力。Farrell 是 F-16 的前飞行员，他说："当事情需要做时，我习惯了马上就去做。""我的整个（空军）可以在两天内到达世界的任何地方，并随时准备战斗。所以我也很难理解为什么我们不能改变一些程序，以不同的方式做事……我相信你能在短期内把事情做得更好，因为你专注于它。"但是在考虑怎样改变这个机构之前，Straw 和 Farrell 需要处理他们前几个星期在办公室里看到的事情。

10.7 来自高层的观点

Farrell 的观点。对于 Farrell，在他任期最关键的前几周，作为副主任的一部分职责，他需要管理四个"质量管理委员会"（QMBs）中的两个。作为总部持续全面质量管理的努力，这几个 QMBs 定期开会。尽管许多战地单元都在独立开发自己的 TQM 项目——比如 DISC 自 1982 年起便提出了各种TQM 倡议——这一理念对总部来说还很新，很多还只是暂时接受。① TQM 在 1989 年被首次引入 DLA 总部（DoD 的要求），工作人员们只是随便搞了几个项目，并没有一个真正成功的（一位 TQM 工作人员说，是由于缺少指导和培训）。Farrell 到 DLA 上任之时，TQM 已经发展到四个 QMBs 中，各自覆盖了总部运营的各领域——合同管理、供应、分发、企业支持，并分别由高级官员领导。Farrell 说，因为员工管理系统运作不良，QMBs 被要求"沿着业务线和流程线找出管理机构的方法"。

在学习有关 QMBs 并准备参与其中的过程中，Farrell 得出结论，他说，为使机构履行其使命，"重组是必要的"。他在与 Straw 第一次见面时就是这么说的，那时候 Straw 刚接手 DLA。审查了 QMBs 后，Farrell 回忆道，Straw 对他说："如果我们组织得当，我们就不需要一整套 QMBs 了。我同意重组。"

Straw 的观点。作为一名军队职业后勤保障人员，Straw 提道，他"做了30 多年 DLA 的客户"。他成为 DLA 主任的第一周，便确认了他以前对此机构的诸多印象，有积极的，也有消极的。他认为，积极的一面是，"这是当今世界上最大、最好的后勤组织"。它"拥有得天独厚的、令人难以置信的天赋和实力。它有所有卓越的工具"。其中最主要的，它有"一批优秀的专

---

① 起初，TQM 办公室总部极不协调地设在了质量保障管理局（它是负责监督合同商工厂生产线的）。后来，在 1990 年，成立了一个单独的全面质量管理处，直接向 DLA 长官汇报。

业后勤人才"。Straw 还认为，该机构"多年来资金坚实，即便在国防部门收紧时期也保持了健康的水平"。消极的一面是，他发现这个机构被它的"板块心态"弄得"无能为力"。Straw 喜欢引用一位 DLA 高级经理曾经的一句话，"我们对一个问题的反应是小心翼翼并互相推诿"。该机构缺乏"支持客户的意识"。Straw 继续说，DLA"似乎过于关注自己的工作板块，所做出的决策都不着眼于客户需求或者作为一个机构的整体利益"。同样严重的是，Farrell 说："新的领导人发现主任的控制范围是失控的。"Straw 担心，按照当前的设置，DLA"挺不过势在必行的机构精简……"

但是，Straw 预料，任何试图创造一个更加灵活的组织的努力都会受到来自总部的一些员工的抵触。他报告说："我看到的主要障碍是集团的阻力。反对派可能是巨大的。有很多非常强大和聪明的人，他们（在）总部运行着一些非常坚挺的组织。"在重组的过程中，成本和收益是相当的。"你从重组中体会到的痛苦，"Roger Roy 指出，"有时还不值得。"DLA 就像它的结构一样笨重，尽管它的工作量不断增加，但还是有效运行了 30 年，有些人认为，其贡献之一，就是总部工作人员的专业性和团队精神。"该机构做得和以前一样，"审计官 Dick Connelly 反映，"（因为）管理者之间有协作的意识。看一下（组织）图，你会说：'上帝，我在管理学初级课程上所学的一切都证明这样的组织是行不通的。'但如果有共事的经理，他们愿意一起工作，那么这种组织也是可以工作的，就像这里一样。"任何重大重组都可能破坏这种平衡，也许还包括员工的生活。"有些人不能承受变化，"Connelly 提道，"……也许正是这些人阻碍了政府改革。"

在这样的环境下，如何重组可能和重组的内容一样重要。Straw 指出："不能随心所欲地聘用和解雇人员，但很重要的是，我能让机构内的权力掮客们买我的账。"为了获得这一优势，他将不得不在新机构谨慎行事，同时也要避免行事过于谨慎的危险。Roger Roy 说："时间也是一个很重要的因素。"这是 Farrell 也同意的观点。"大家都知道，如果你想改变什么，"他认为，"你必须在头六个月更改。因为半年后，你在这个职位已经待得很舒适了……你就会被同化。"除了权衡重组 DLA 的需求并尽快采取行动，Straw 和 Farrell 还广泛采纳对于重组的各种建议。Straw 总结："我知道我需要一个更灵活、反应迅速、客户导向的、业绩导向的、弱官僚化的组织，但我脑子里没有特定的模式。"为了达到他的目的，Straw 有多种选择：他可以选择保留 DLA 的基本结构，为了应付新挑战而进行微调；他可以尝试现有的重组提案，如 DLA Ⅱ；或者他可以选择设计出一个全新的计划以实施重组。

11

披露坏消息：Divad

11.1　介绍

1977~1985 年，军方投资了近 20 亿美元的师属防空系统，其有一个更被熟知的名字——Divad。军方认为用先进的计算机、雷达和其他高技术装备对坦克进行升级迫在眉睫，以保护前线的部队和装备免受日趋成熟的苏联空军的威胁。虽然国防部分析师表示 Divad 项目不能胜任这项工作，但到了 1983 年，武器已经源源不断走下生产线，组织实施这个计划的愿望完全落空。

两年后，国防部长 Caspar Weinberger——最以增加武器库存而出名的一个人，取消了这个计划。这是近 25 年来第一次取消正在生产武器的计划。

是什么变故使 Weinberger 取消了两年前被认为势不可当的项目？至少可以在武器被贴上失败标签的言语争论中找到部分答案。

第一枪——有些人会说是一支毒箭——是在 1982 年 10 月射出的。那个月，《大西洋月刊》刊登了严厉的批评文章，该文章重复、放大和增加了国防部内部对 Divad 项目的攻击。作为第一个公开披露 Divad 项目缺点的媒体，该文章一马当先，随后的是国会和媒体大量的批评文章。

本章记述了 Gregg Easterbrook，这位 29 岁的《大西洋月刊》记者（第一个披露 Divad 项目困境消息的人）如何得到了他的信息，他为什么选择写 Divad 项目，以及他的选择如何引发一连串的事件，最终导致武器生产的失败。

11.2　背景

防空要求。1970 年初期，陆军越来越担心先进的、低空飞行的苏联攻击机对美军的军事威胁。苏联人正在建设打击部队及装备的远程攻击能力，用于打击低空飞机的近距离高射炮甚至远程导弹几乎对其毫无作用。如果不迅速采取行动缩小美国防空武器与苏联之间的技术差距，苏联的低空飞行机，特别是其直升机，将占据上风；士兵将被大规模屠杀，坦克被摧毁，美国将败下阵来。

Divad 就是解决方案。被熟知的约克中士①，价值 680 万美元②的改装坦克，装载着两架 40 毫米的加农炮，采用 F-16 战斗机的雷达用以扫描目标，用激光测距仪绘制距离，采用电脑控制的目标识别系统来分清敌友并将结果显示在屏幕上。Divad 的任务是跟踪和摧毁苏联直升机和低空飞行的飞机，作业范围达 4 千米，目标一旦出现，几秒钟内电子系统就能发现空中威胁。加农炮还可以射击地面目标。炮手只需在电脑发出"现在开火"的指令时，按下正确的按钮即可。Divad 将保护军队其他先进昂贵的前线硬件：M-1 坦克、布雷德利步兵战车、多管火箭发射系统，当然还有士兵。军队计划购买的 618 套 Divad 将代替射程半径只有 2 千米，只能直线打击威胁物的过时装备。

1977 年，陆军批准了一项计划，使一向缓慢的开发流程呈现跨越式进步。国会和军队承认，在苏联威胁下的过去 17 年的时间里，多数关键武器到达战地的时间都耗时太长。翌年，福特航空航天和通用动力公司拿到了建造武器模型的合同，并于 1980 年交付。1981 年 5 月，随着竞争系统的测试，福特赢得 15 亿美元的生产合同，建造 276 个 Divad。

Divad 的麻烦。签订了合同，但军方对产品并不怎么满意。虽然福特在与通用动力公司的决赛中取得了胜利，但军方发现了其产品性能的 29 个"不足"和 12 个"缺陷"。首先，在关键的反应时间上——从发现目标，到射击目标需要多长时间——福特模型反应太慢了；其次，电脑和雷达在识别打击目标时，误判也较多；最后，枪口经常瞄不准。

福特模型的表现可能比军方承认的更差。很多观察者认为，决赛中通

---

①　以"一战"英雄的名字 Sgt. Alvin C. York 命名。

②　1983 年估算的这一价格，包括研制、备件、训练设备以及训练用的弹药。项目的整体估算约为 42 亿美元。

用动力的模型实际上超过了福特模型。在 1980 年长达一个月的测试中，被击中的 28 架飞机，有两倍以上是通用动力一方击中的。通用动力公司的模型能击中较远距离的遥控飞机和打击更多的地面目标。尽管通用动力公司的模型击中率比较高，军方的计算结果仍显示福特模型得分较高。双方击中的目标，有一些都是来自近距离引爆，即在离目标足够近的地方引爆以摧毁它，而非直接击中目标。军方并未将通用动力公司在近距离击中的目标算入总分内，公司的辩护者声称，目标在近距离引爆中所采用的一种部件被认为"不适用于量产"。①

在 1981 年的后续测试中，军方把 Divad 的精度夸大了三倍，反应时间夸大了四倍——至少国防部一位反对 Divad 的分析师是这么说的。②

坏消息在国防部内蔓延开来。而在此期间，外界对此一无所知，其中的一部分原因可能是 Divad 开发早期的那层神秘外衣。承包商们建造模型时几乎没有军队的参与和干涉，他们使用了一些隐藏 U-2 间谍飞机发展的"臭鼬工厂"技术。对于 Divad，军方要求承包商按照一份 12 大特征的清单去设计。甚至军方负责新武器的高级长官，也无权了解系统的更多知识。时任准将 James Maloney 将军，研发与采购办公室作战支持系统的主任，被禁止到加利福尼亚去评估此项目。Maloney 说："这简直就是放任自流。某种意义上来说，真的是在秘密进行，甚至在军队内部都不公开透明。"

Gregg Easterbrook。在福特公司加速加利福尼亚工厂生产 Divad 工作的同时，Gregg Easterbrook 正准备他的第二次考察。当时公开进行军队采购的政治气候已经成熟。Easterbrook 亲自为反传统的《华盛顿月刊》撰写了两篇斥责武器采购的文章。实际上，1981 年之前，已经有"强烈反对的人说道：'看哪，不可能所有的东西都像那些评论家说的那样昂贵和不切实际。有一些还是能用的'"，Easterbrook 回忆说："所以我说'大概是这样的'。"这一想法引发了《大西洋月刊》次年发表的关于此的文章。并非旨在讲述另一个军队惨败的故事，它将着眼于一个表现良好的武器。

Divad 似乎成为担当此重任的理想候选对象。Easterbrook 说，这款高射炮提议一路通过国会决议，发展顺利，也许最重要的是，并未引起媒体的批评性关注。Easterbrook 说："这一切都在说：一定行得通。"

滑稽的逻辑。无论 Divad 如何成功，Easterbrook 都不予表扬一下军队

---

① 本段的信息来自一项未出版的哈佛大学案例研究——F. Freeman Marvin，《约克中士 Divad 手枪》，以及为副主编 John A. Adam 的《光谱》准备的一篇文章草稿。

② 《新闻周刊》，p. 17，1983 年 5 月 23 日。

所做的努力。他起初了解到的仅有的信息就是 Divad 的价格——680 万美元——他从一开始就深信，这钱花得不值。

Divad 是一种浪费。至少这就是 Easterbrook 之前写的关于军队直升机文章留下的印象。他在着手 Divad 写作工作前不久，在《华盛顿月刊》刊登的文章 *All Aboard Air Oblivion*，是对军队依赖直升机的严厉攻击。他写道，在越南战争的高峰期间，军队每年损失 1/3 的直升机部队，士兵只能配备步枪。"军方说：'我们需要大约 700 万美元电脑控制的自动系统（Divad）来完成你用机关枪就能完成的任务。'你知道，真是让人摸不着头脑，"Easterbrook 说，"我很确定，（Divad）只是一个滑稽的逻辑。"

它的构想是这样的：展示 Divad 达到了它所设计的功能，然后解释它的基本概念如何被误导了；即便军方能获得一个复杂的系统来正常运行，它还是购买了错误的武器，是在浪费纳税者的钱。

坟墓。Easterbrook 首先向官员们寻求信息。军队公共关系办公室将他抛给了 Maloney 将军，他是 Divad 支持者中最博学的一位。采访却得到了一个最意想不到的结局。

Maloney 当时在研发与采购办公室工作，他很反感此次采访。这位将军认为 Easterbrook 之前的文章是恶意中伤，而其作者"更像是……一些桃色记者，专门污蔑诽谤"。不过，Maloney 觉得，如果他能向 Easterbrook 讲述 Divad 的详细背景，那么他的文章"很有可能就不会那么负面了"。Maloney 说，他同样相信，Easterbrook"思想开明，能写出一篇客观公正的评论"。

与 Maloney 在国防部长办公室两个小时的采访中，Easterbrook 发现 Maloney 将军有所准备，但异常紧张。更为重要的是，在采访中，有好几次，"Maloney 对我说：'不管你做什么，请不要曲解那些测试的结果（指福特—通用电力的决赛）。测试结果特别容易被曲解。'" Easterbrook 回忆并补充道：

> "起初几次他那样说的时候，我没当回事，并继续问其他的问题。而当他第三次提道时，就像'别自掘坟墓'。你知道，我突然反应过来他所说的事情。我就问：'你的意思是什么？什么测试结果？测试结果怎么了？'他并不回答。他只说：'请不要曲解它们。在测试中的某些程度上表现良好，并不意味着量产中能达到同样的效果。要评估所有的因素。'采访结束后，我问他：'我能看看这些测试结果么？''当然不可以'，他没好脸色地回了我一句：

'那是机密!' 那时起，我便知道，这事儿和我想象的肯定不一样。"①

不仅仅是不一样，它简直就是本质上的不同。起初只想写一篇 "报道和评论" 板块的简短报道，现在要升级到主版面了。

进一步地了解信息证实了他的印象，他回忆道："每次我问到 Divad 的问题，他们都含糊其辞，说：'天哪，不是那样的。'" Easterbrook 后来写道，在国防部内部，Divad 的表现简直是 "声名狼藉"。

11.3 由内而外

前景。这彻底刺激了 Easterbrook 的胃口。现在，他要了解一切关于 Divad 的信息。那就意味着，他要获得 Maloney 提到的 "决赛" 的一些信息。Easterbrook 确信那场测试能证实他对于 Divad 的猜测。他需要了解一切关于 Divad 的信息。

测试结果不是那么容易能得到的。它们不仅是机密的，而且异常复杂，需要专家解读，他还需要努力向《大西洋》杂志的事实调查员证实事件的真实性。还有一个潜在的问题，就是能解释测试的负面结果的关键信息可能并未记录在数据中。因此，他计划花费 "大量的时间来确认我确实是在为一篇真实的文章而努力，并且合理地诠释它……我可不想成为 '不得志的、退休的/失势的官员们利用记者背后诽谤那些打倒了他们的官僚们' 的工具，" Easterbrook 说。

然而，一些有价值的信息必须经过刨根问底才能获得。Easterbrook 说，通常情况下，"除非遭遇某些不愉快的经历，人们是不会主动找记者的，这一点从他们和你谈话时泛红的脸蛋就可以看出来"。他会牢记这一点。"某些人的愤怒并不意味着他们错了。"

即便是本来就愿意讲述事实的一些人，也是在工作中屡屡受挫，实在难以忍受了，才这样去做的。他们可能在指挥系统内部已经尝试过争取更好的武器，但失败了。还有一些可能在导弹支持者与大炮支持者（哪一种是更好的空防武器）之间无休止的斗争中，发动着又一场斗争。Easterbrook 说："导弹支持者，在某种程度上，在 Divad 这轮斗争中失败了。他们要诋毁它，那样的话，大炮看起来就不是正确的选择，而他们，就可以使用导

---

① Maloney 反对 Easterbrook 对其会面的一些回忆信息。

弹了。"

一旦被发现，他们的职业生涯就结束了。向媒体提供信息使他们成为军队眼中的"卑劣的人"。Charles Bussey 少将（1982 年时是准将，当时任军队公共事务部副部长）说："每一位官员，在入职成为新人的第一天，就被教育说，如果有意见，在决策过程进行时就提出来。但是当大老板说'我们要这么做'，而他提出的方法和你的想法相背离，那么你就有两种选择：第一，签署它并完全支持它；第二，做一个文职人员，尽情地抵抗它。"一旦被发现，即使是国防部的文职人员也有可能面临严厉的处罚。

潜在的信息提供者与 Easterbrook 谈话会特别不安。Easterbrook 说，他们中的大多数"在他们的体系中，在整个职业生涯过程中，是被严令禁止和我这样的人谈话的"。

> "他们最不想做的事就是遇到我这样的人——不但是一个记者，还是一个我行我素的记者。一个能在《大西洋月刊》上发表15000 字文章的家伙，不是他们之中的任何一员，他们找不到任何与我相关的人来控制我的行为；一个撰写评论文章并发表看法的家伙，能发表任何合理的评论。除非有什么事激怒了他们，使他们无法控制自己，不然我是这个世界上他们绝对不会找的人，而这，确实发生了。"

当官员们和文职人员无法"控制"他们的担心时，诉诸媒体便是一个良好的、有效的，有时有可能是唯一的交流这些想法的途径。Easterbrook 说："媒体，就是国防部的背后通道。"

> "一位在测试与评估办公室（OTE）工作的文职分析员或者一位布利斯堡军事基地的中校确信某种做法不合理，如果他想让，比如，Maloney 将军知道的话，有一种方式，就是……将此信息传递给我或者《纽约时报》，让他们将事件刊登在报纸上，那么这篇报道就会出现在他的桌子上，Weinberger 就会问：'该死的！到底发生了什么事？'他会回答：'我也不知道，不知道。让我看看这篇文章，并查个清楚。'"

军队常见的指挥系统是为战场设计的，Easterbrook 说："特别重要的一点是，人们听从指挥，而不是说：'等等，我不明白，为何不坐下来给我详细讲讲呢。'" Easterbrook 补充道，同样的结构没有奏效，"你能找到背后通道，私下传递这种信息，人们到处谈论它，事实真相就能从冷静的、漂亮的华盛顿浮出水面……"

Easterbrook 决定利用这一弱点来取得线索。他得搭建四条网络。首先，是一个松散的组织，他们热衷于改革，并乐于向记者们透漏野蛮的、铺张的军队采购行为。其次，这些人会依次将他介绍给军队和国防部的其他资源。再次，他也会用记者的一些惯常的小把戏从中层军官那里诈取一些信息，这些军官有防空技术的亲身实践经历。最后，他还能从失败的承包商那里获取一些信息。

国防改革者。Easterbrook 的第一类联系人中，有一些是与国防改革运动有关联的顾问或者前军队官员。这一团体的非正式成员同样包括国会成员、学者、政府官员、国防顾问以及记者。20 世纪 70 年代末开始的改革运动，支持国家军队服务的广泛变革。据一篇评论文章说："他们的目的，不亚于对美国军队自上而下的全面改革。"①改革辩论中的一个主要观点，质询复杂的、高科技的、昂贵的武器，是否和简单的、便宜的武器效果是相同的。

Easterbrook 说："这些人代表了一类堵塞的渠道。"在 1981 年《大西洋月刊》的一篇文章中引用匿名的国防顾问以及国防部分析师等的说法："在向媒体传递信息方面，他们仍然举步维艰。"他们给文章提供了防空方面的基本信息，并支持 Easterbrook 关于"Divad 概念是错误的"这一论点。Easterbrook 说，他们还能"帮你在国防部内找到东西"。

惯常的小把戏。Easterbrook 也有一些领导资源，能够提供更多的信息。但让他们开口，真是另一番考验了。他之前提到的国防部和军队的资源，以及他自己找到的一些资源，一般都没有跟记者打交道的经历。他们也不愿意破这个例。

Easterbrook 说，尽管他小心谨慎地对自己的任务保密，并且不被识破他记者的身份，第一次接到电话时，他们典型的反应是"说'不'并挂断"。Easterbrook 说："我有可能装作他们的裁缝。"在第一次被拒绝之后，他一般会在几天之后再打电话跟进，或者寄信到他们家里，以便让潜在的联系人确信他们之间的联系是绝对保密的。

不管是在家里，还是在办公室里接近这些联系人，Easterbrook 都使用"记者的小把戏，就是告诉他们：'不管你跟不跟我聊，我都要写这篇文章；

---

① Asa A. Clark IV 等：《国防改革辩论：问题和分析》，p. 45，约翰霍普金斯大学出版社，1984 年。

如果你告诉我的话，文章就会更准确一些，看你喽．'多数人都会回应，因为这一把戏相当合乎逻辑"。他还会使用军种竞赛的借口撬开他们的嘴："我会对陆军的人说：'空军说他们的近程武器特别棒，能把这些坦克全都炸毁，你的防御再好也没半点儿用．'陆军的人早就气得头发直竖了，他会噌地站起来说：'他们是那么说的，嗯?'之后，我会对空军的人说：'陆军说他们能把你们的飞机击落……'"

并没有什么激烈的会议之类的，一个记者的日常工作就是在办公室，或者打电话。因为《大西洋月刊》在华盛顿没有办公室，Easterbrook 便在国会山的公寓一点点地收集信息，并且弄明白其中的意思。不过，去了趟得克萨斯州——专门去了布利斯堡军事基地，在厄尔巴索市附近，Divad 的很多测试都是在那儿做的。在那里，他与使用过 Divad 的官员、上校、中校交谈。Easterbrook 说："我也在靶场周围转悠……和培训学员的士兵谈话，也和军士长级别类的人谈话。你知道，就跟他们类似于闲扯他们的工作啊，他们具体是做什么的啊，顺便问问 Divad 的测试进行得怎么样。"

看到陪同他的人级别不高，多数人都畅所欲言。Easterbrook 说："当一名上校经过的时候，所有人都僵在那里，不敢开口说话，并且开始美化他所讲的事情。"Easterbrook 的陪同是一名中士。

在布利斯堡军事基地，Easterbrook 感受到了他在《大西洋月刊》的工作带给他的优势。一名在导弹射击场的上尉起初拒绝他的采访，他说："我真受不了媒体。"但是当上尉得知 Easterbrook 在《大西洋月刊》工作时，他说："《大西洋月刊》? 太棒了，我喜欢那些文章。当然，我愿意和你聊聊。"Easterbrook 说："他认为记者都是像 Mike Wallace 那样，是为了寻求煽情的效果……但当他意识到我要撰写一篇有思想性的文章时，他愿意和我聊聊。""我想，多数和我谈话的人更多地把我看作拼凑起事件来龙去脉的历史学家。他们认为，这篇文章出版的时候，已经无力改变（采购计划）了。"

分析师。尽管 Easterbrook 拒绝透露他完成整篇文章所接触到的五六个关键受访者，但众所周知的是，在 OSD 内部，有一大批极力反对 Divad 的分析师。据 Maloney 将军所说，在 Divad 项目的最开始，军队就必须克服这一群体（项目分析与评估——PA&E）的反对。Maloney 说，军队"强制PA&E 通过决议，开启 Divad 项目。PA&E 一直对此耿耿于怀……一旦找到任何反击 Divad 项目的机会，他们都将采取行动"。[1] Easterbrook 承认，

① 采访 Jessie Stiller, pp. 9-10, 1986 年。

PA&E 内部对 Divad 的反对，"是我的文章得以完成的主要因素之一"。

Bruce Pirnie 少校（一名军队历史学家，曾写过一篇关于 Divad 武器采购的机密报告）说，Easterbrook 的资源是 "OSD 中一部分年轻的政客"。Pirnie[1] 将 "年轻的政客" 描述为 "在 OSD 频繁流动的分析师、职员、助手和各类无足轻重的角色。他们来自国会、高校、研究所，有时候也有来自专业领域的人。" Pirnie 补充道，也有来自军队分析师的反对，"没有分析师支持这个系统"。

据一名 PA&E 分析师 Franklin Spinney（就职于国防部，是其他系统的批评家）所说，负责项目评估与测试，以及评估成本的人员很可能泄露了信息。退休的 Llyle Barker 准将（《大西洋月刊》发表这篇 Divad 文章时，他负责军队公共事务所）说国防部是 "世界上最大的信息传播器。你只要走进快餐店，就能知道那里发生的所有事情"。

John Renzulli。失败的承包商和转包商可以成为记者的金矿。尽管承包商们也担心与媒体合作会影响未来的销售，但是这一担心会被刚刚承受的挫败一扫而光。Easterbrook 说："于是我开始暗中寻找失败的承包商，通用动力公司便成为了我的目标。"

同时，就职于通用动力在瑞典 Oerlikon Buerhle 的分公司（通用动力公司选此作为建造火炮的场地）的 John Renzulli[2] 在寻求别人的同情。Renzulli 声称军队在竞争公司的选择上违反了军队的承诺及其法律义务——制造匹配北约军队在欧洲战场所使用的火炮。他声称，军队选择的 40mm 火炮仅适用于美国和丹麦，而其公司生产的 35mm 火炮却可以适用于许多国家。

为了扭转其公司遭遇的所谓不公正待遇，Renzulli 在 1981 年末向 OSD 官员们展开了书信提议活动，声称军队违反了其自身的法律和政策。他的做法却毫无进展。Renzulli 回忆道："他们……只是对我说：'哇，你这真是一场战役啊，太吸引人了。有最终结果的时候，通知我们一声。'"

Renzulli 颇受打击，无所适从。他说："如果能在我所声明的观点上得到赞同，我将付出任何代价。" 随后他便遇到了国防改革运动 "狂热的支持者"，把他介绍给 Easterbrook。Renzulli 说："真是太巧了。" 虽然他 "几乎未考虑过媒体"，因为他们 "太刨根问底了"。他见了 Easterbrook 两次，提供了很重要的信息。他很可能还把 Easterbrook 介绍给了熟悉 Divad 的通用动力职员以及能提供人脉资源的退伍军人。

---

[1]　现在兰德公司工作。

[2]　化名。

Renzulli 坚称，经济收益并不是他的目的。"对我来说，这是一件道德意义上的事情……是行政和司法的滥用。"但作为其后盾的 Oerlikon Buerhle 分公司，动机却不尽相同。Renzulli 说："此次反对 Divad 决定的倡议活动并非我的个人意愿。本次业务带给瑞士公司的损失引起了那里极大的震动。"早在军队决定将合同授予哪家公司之前，Oerlikon Buerhle 就开始批量生产。当合同授予福特公司时，留给他们的是几亿美元的库存。另外，Oerlikon Buerhle 官员们认为 Renzulli 的倡议活动会危及公司与美国军方未来的合作。也许最大的顾虑就是与瑞士博福斯军械设备公司的竞争——福特公司生产 Divad 的分包商。据 Renzulli 所说，早在 1930 年初，两家公司就是竞争对手，并且都是全世界防空设备的主要来源。他说："他们会不计一切去削减博福斯公司的订单。知道这一情况，你便能理解他们的动机了。他们不能让一个主要的国家系统项目落入博福斯公司手中。"

11.4 结果

《Divad》。从最初就更像是间谍小说而非军事采购的评论文章，*Divad* 就是 Easterbrook 文章的标题，它从 Divad 还是某个将军眼中灵光一现的想法时，讲到保护这一脆弱技术的最新计划，使军队"回到了最初的起点——战场上的战士们得不到空中防护"。

引用武器设计者、退役上校、防务分析家、F-4 战机飞行员、A-10 攻击机飞行员、竞争系统的设计者、行业人士、采购体系之外的军队官员、国防部分析家、国防部的军事团体消息人士以及知识渊博的消息人士的信息——全部匿名——Easterbrook 描述了被他视为发展恐惧的展示，这包含：军方放弃在恶劣天气或者夜间击落敌机的计划，这些会导致 Divad 复杂的设计；本该由一架 600 美元的步枪就能在白天和晴天完成的任务，由一个新的武器来替代；增加了一个应对夸大的、不实际的威胁的花架子；本该用人工能更简便、高效地追踪盘旋的、低速飞行直升机，由电脑来完成；只能击中慢速、静态的飞机，不能击中机动目标；战争中 Divad 的雷达和计算机很可能要关掉；福特的产品"击中的目标还不如通用动力公司的一半"的决赛；倾向于福特样机的"神秘的"测试"解释"；白宫干预，支持福特公司；证实 Divad "全速偏离目标，并冲向检阅台"；国防部门召开会议讨论是否将 Divad 投入量产，主席——福特公司以前的副总裁——不允许对此系统有任何批评；"会马上暴露 Divad 位置，招致敌方攻击"的雷达，充当了"雷达制导武器的信号"；价格比其防卫的坦克高出三倍之多。Easterbrook

说："一个项目能犯的所有错误，Divad 都有。"

文章"披露了诸多细节，这在以前，是小说家才做的事"，①对于军队来说，这简直是大不敬和极大的嘲讽。文章最后概括了其基调：一半穿着制服，一半穿着小丑服装的战士。Easterbrook 说他"讨厌"这一说法——"有点过头了"。但他对此也并非全盘否定，"在 Divad 事件中，那些家伙是十足的小丑；一些卷入 Divad 事件的家伙是十足的小丑，但并非所有人都是。文章想要表达的是，Divad 是一个系统的产物，而非某个个体的产物"。

Divad，像 Easterbrook 所有其他的军事文章一样，是"完全否定的"。他说："很遗憾，我确信那是可以窥见军事采购行为的一面滤镜。"

11.5 影响

> 整个军队都看报纸，就像你和我每天做的一样。
>
> ——*Maloney* 将军

印刷品畅销书。Easterbrook 在 1982 年 7 月完成了 *Divad* 的写作，三个月后，大获成功。对于他来说，这篇文章是一篇历史专题的文章，无法影响已经投入量产的武器制造："多数国防部的官员也是这个态度，除非奥林匹斯山被雷劈了，什么也改变不了这个项目。"

结果却截然不同。Maloney 将军说，*Divad* 打响了接下来 34 个月针对这一武器的公众战争的第一枪。它成为其后一系列 Maloney 视为"针对约克中士系统的媒体运动"文章的跳板。Renzulli 说，它是"将这一事件公之于众的初始杠杆"。

《大西洋月刊》杂志，一份主要关注文学和社会分析的月刊，只是小量发行，却有着舆论制造者的强大影响力。不久之后，华盛顿的印刷机器开始大量炮制这篇 11 页的文章。文章在办公室之间传阅，到了国防部最高层那里，在国防部内部产生了反响。在国会山，文章被列入国会议事录，成为了国会内部的辩论议题。Easterbrook 说，同时，军事采购项目，试图"拿出我的文章复印件，说'伙计们，出大事了'"来引起媒体的兴趣。军事采购项目组给记者提供各种信息和资源，基本都是批评国防系统的。据军

---

① Charles Peters（Easterbrook 在《华盛顿月刊》的编辑），《波士顿环球报》，p.97，1988 年 3 月 13 日。

事采购项目的主任 Dina Rasor 说："改革者们到哪都拿着这篇文章。"

军队的反应。Bussey 将军说，在军队内部，*Divad* "拥有貌似恒久的魅力……因为在未来的数月内，各种各样的人都会提到它，不管是媒体还是国会山的人。他们会说 'Easterbrook 说了这个，说了那个'。"他补充道，在国防部内部，大家也经常提起 *Divad*。Weinberger 部长也留意了这篇文章，要么是亲自写，要么就是批准了一封给《大西洋月刊》的信。据 Weinberger 所说，Easterbrook 所做的恰恰是 Maloney 警告他不要做的事：他曲解了测试结果。国防部长在其回复中声明："很有必要找到一份国家出版物综合地，而非极度曲解地来叙述这些重大事件的复杂性，并将其公之于众。看了你关于 Divad 的文章，我，像 Diogenes（希腊哲学家）一样，还在寻找这样的媒介。"

据 Easterbrook 所说，军队驳斥这篇文章的企图失败了。Maloney 将军否认这篇文章的观点，他说，文章里有"大量的错误"，并称 Easterbrook 是"诽谤，……下毒者"。五角大楼的军方人员准备了一份针对 Divad 的逐条的回应，共列出 24 点。然而，Maloney 感觉到军队无力扭转局势，他说："事实上，一旦文章发表，就没有挽回的余地了。后续可能会给编辑写信，但影响甚微，所以真的很令人沮丧。而且没有办法补救……我准备了一份情况简报，准备拜访参议员和众议员……但它永远无法追上肆意散播并快速增长的错误信息。"

Divad 广泛的媒体报道带给军队重创。Maloney 说："你住在华盛顿的话，早上起床吃早餐，就看到《华盛顿邮报》。你会被那华丽却恼人的报纸影响。"他补充道：

> "即便你是高级官员，读到《华盛顿邮报》里的内容时，你也会相信它。直到你看到你的下属晚些时候给你准备的材料，讲述了完全不同的事实。但如果这样的事情不断发生——就像约克中士事件一样，或者你走进国防部，大家都在看报纸，还有其他许多针对约克事件的文章，语言曼妙，挖掘了几年前测试时的事实信息，是，文章里信息是真实的，但不是完整的，因此就不再正确，然而这都无关紧要——你肯定会被那些信息强烈地影响，而这种情况确实发生了。"

国会。在国会，来自佛罗里达州的民主党人 Larry Smith 议员，将文章转给他的同事看，1983 年 6 月，Smith 提出修正提案，削减 Divad 资金。其后在国会大厅的辩论中，代表们读取《大西洋月刊》的这篇文章——文章本身也是作为所谓 Divad 错误的讨论的一部分。纽约的 Samuel Stratton 议员反对这一修正，他说："我们这些在国会的人因为某些人在某个杂志上看到了一篇文章导致（武器）……被攻击的时候，应该持有怀疑态度。"他还补充道："我并不认为《大西洋月刊》任何人有这方面的专业知识。"马里兰州的 Marjorie Holt 议员告诉她的同事说，她不相信许多人"认为杂志里讲的是谣言"，他们也就不会反对 Smith 的修正提案。①

国会内部进行辩论时，《大西洋月刊》的这篇文章已经不是关键信息的主要来源了。Smith 提出修正案时，他还引用国会预算办公室和审计总局的批评性报告，以及《新闻周刊》的一篇简讯。②

第二年，另一名国会议员 Denny Smith，俄勒冈州的共和党人，挑起了反对 Divad 的大旗。他攻击这一项目，并给国防部官员写大量的信件，Maloney 说他是"小不点儿"；其他支持 Divad 的人当然也没给 Smith 什么礼貌的称谓。Easterbrook 的文章"再次激起"了国会议员对 Divad 由来已久的兴趣。据 John Heubusch（Smith 的团队成员，与国会议员紧密合作）说："因为那时它是公开的，许多人都在谈论它。"Denny Smith 在那一年成为两党国会军事改革联合小组的组长，他有在飞机上阅读报纸的习惯。Heubusch 说："我还能记起 Denny 把《大西洋月刊》递给我，说'你得看看这个'，它是……我们看过的描述一个从最开始就错误百出的项目的巨幅概要。"

Heubusch 的一部分工作就是鼓动媒体写这方面的文章，他说："我们得激发媒体的兴趣，这样我们才能把它放在媒体的议题中，并进一步放在国会的议程中。"国会的一些人"开始关注"这一事件，那么媒体就感兴趣了，之后"许多国会议员都拿起报纸并阅读有关它的文章并产生兴趣，他们便互相交流"。据 Easterbrook 说，Heubusch"特别积极地和媒体交流，……还特别与电视媒体交流，请他们报道这一事件"。Heubusch 和 Smith"成为接收人们透露信息的联络员"。

媒体的反应。《大西洋月刊》的文章吸引了国会的注意力时，媒体还没有立刻响应。Easterbrook 后来写道，实际上，"网络和大型报纸都不会触碰

---

① Easterbrook 在一片后续文章中写道，除了一位议员，其他所有反对此修改的议员都代表着参与到 Divad 项目中的行政区。

② 《新闻周刊》，p. 17，1983 年 5 月 23 日。

这个话题"。① David Wood，在 Easterbrook 的文章发表后，负责在《洛杉矶时报》中报道国防部的内容，他回忆道，报纸的编辑并不要求他的记者们和 *Divad* 观点一致。《洛杉矶时报》，像其他主流报纸一样，"必须客观，并且呈现事件的两面"。Wood 说，他很难将 Divad 文章拼凑在一起，他说："主管说'这是一个有争议的武器系统，这是它存在争议的原因，你们自己看着办吧'。"他还补充道："根本没有什么可挖掘的空间，公众对此也毫无耐性。"相反，他的反应是"扯下那些文章，放到我的未来工作夹中，说：'嗯，就按这个来。'" Easterbrook 的反 Divad 指控未被迅速接纳的另一个原因也许是作者的声誉问题。在一些新闻圈子，他为了自己的反军事议题，常常不择手段。一名记者说："他是一个空想家，不是记者。"

虽然《华盛顿月刊》主编 Charles Peters 声称 Easterbrook 的文章"观点较片面"导致了 Divad 的撤销。② 1984 年，四家主流报纸共有 19 篇关于 Divad 的文章，而在此之前，除了 1983 年的一篇文章，媒体几乎没有提到过 Divad。③到那时为止，独立事件驱动了新闻报道：军队指责福特公司 Divad 的表现"完全不能接受"；军队要求在继续购买更多的武器之前，提供实际测试；参议员冻结了量产资金；Weinberger 要求再做一些测试，军队发现测试结果不确定；检察长公布审计结果，称军队付给福特公司的钱太多了；在新的结果出来之前，国会进一步禁止组装新的 Divad。

主流的日报首次报道 Divad 项目的评论性文章是在 1983 年 9 月 1 日，《洛杉矶时报》商业版中题为《备受争议的武器系统首次露面》。④报道这篇文章的 Kathleen Day，几个月前到达洛杉矶，她说："很显然，这里大有文章。从商业的角度来说，牵扯到大量资金。因为福特航空公司是奥兰治县主要的雇主，这是一个重要的武器合同，必定大有文章。"Day 不记得她是否在首次读到 Easterbrook 文章的时候就着手这方面的工作，还是从《大西洋月刊》获得文章的最初构想。⑤不管怎样，她把 Easterbrook 的文章"作为出发点"。

电视媒体。电视媒体几乎在同一时间报道"命运多舛的 Divad"。Easterbrook 回忆道："你会看见 Caspar Weinberger 国防预算的文章。他们会说：

---

① 《华盛顿月刊》，p. 19，1984 年 11 月。

② 《波士顿环球报》，p. 97，1988 年 3 月 13 日。

③ 由《全国报刊索引》编辑。四家报纸分别为：《华盛顿时报》《洛杉矶时报》《华尔街日报》和《纽约时报》。

④ 《全国报刊索引》提到这篇文章。此前提及 Divad 的文章都是顺带提到的。

⑤ 她说她丈夫在 1982 年末是《大西洋月刊》的订阅者。

'今年的国防预算将会出现五年内的首次削减。而那会直接导致问题项目的取消，比如 Divad。'哇！那可是电视上首次提到它。"电视的观众可比印刷媒体要广泛得多，它在取消 Divad 项目上所起到的作用要大得多。Easterbrook 说："真正能取消这一项目的只能是电视报道。Divad 上了晚间新闻，那才是终结了这一怪物的法宝。"

Maloney 将军说，如果《大西洋月刊》是报道 Divad 事件的最佳支撑论据，那么美国广播公司（ABC）的电视节目便完成了这一使命。1984 年 12 月 13 日，一档新闻专访节目《20/20》播放了 Divad 的片段。节目制片人在布利斯堡基地录制的一段视频，显示 Divad 有两次发射都远远偏离目标。Bruce Pirnie 回忆道，第三次发射击中目标时，"Maloney 盲目乐观地开心地说一切都很顺利"。Maloney 对着摄像头说："啊，真是旗开得胜啊。"Pirnie 说，然而，对于电视机前几百万观众来说，"Maloney 就像全世界最愚蠢的人"。随着 Maloney 的画像定格在 Barbara Walters 旁边的电视屏幕上，Barbara Walters 转向报道此事件的 Geraldo Rivera："Maloney 部长让我想起了一个古老的故事，结尾是这么说的：'你会相信谁？你的眼睛还是我？'"意识到电视节目将会对 Divad 产生的影响，Maloney 在节目播出的那晚无法入睡。Maloney 说《20/20》节目是"使军队和约克中士项目的公共关系崩溃"的罪魁祸首。

另一档电视节目次年播放了军队拍摄的 Divad 测试的连续画面，军队本来要展示 Divad 如何成功地击中目标。评论家们指控测试有作弊嫌疑。Easterbrook 解释道："所有的网络都说'这是军队声称飞机被击落的一部电影。事实上，它装满了炸药，是从地面引爆的'。Divad 是视觉化的、戏剧化的，可以用一句话来解释，那就是当它逝去的时候。"①

各种力量的联合。媒体、公众以及国会对此事件的兴趣不断上涨，这激起了权威力量对于 Divad 的批评。国防部长办公室的中校 Tom Carter 是直接受益人。在平时，人们可能不予理会他对最终 Divad 测试的毁灭性评估，而是采用更加谄媚的评估；但在 1985 年的夏天，对于 Divad 可不再是这样了。

实际上，高级官员设法让 Carter 参与进来。Carter 的报告刚刚在最高政策制定者中传播不久，就颁发了一道命令召回此报告的所有拷贝。9 篇已经流出，13 篇被追回。很明显，还有很多拷贝件在没有人知道的地方流通。

其间，Denny Smith 议员让 Weinberger 知道，他有最新的 Divad 测试的

① 尽管片中有旁白解说飞机是在地面被引爆的，但无论怎么说，这一视频资料是在空军试图证明测试是成功的这一努力失败之后才播出的。

全套资料，明显是在暗示他有 Carter 的报告，如果不取消 Divad，他就将其公之于众。不言而喻，Smith 如果举行 Divad 新闻发布会，场面将很浩大。

结局。1985 年 8 月 27 日，周四，Weinberger 终止了这一项目，声称 Divad 的表现不值得追加投入。

是媒体扼杀了 Divad 吗？Heubusch 说不是。他说，扼杀了这个系统的，是系统本身。但是媒体，从《大西洋月刊》的文章到最后的电视新闻广播，将 Divad 暴露在镁光灯之下，掀起了反对的呼声，使 Divad 难以维系下去。James Maloney 说："外媒有一个对约克事件的嘲讽……你要是来一轮投票，整个国家都会说'宰了那笨蛋'。"

12
"挑战者号" 航天飞机

　　1986 年 1 月 28 日，航天飞机已经成功飞行了 24 次，在这一天即将进行第 25 次飞行。在外界看来，在近十年的努力后，美国航空航天局（NASA）似乎成功建造了一部"空间运载器"。在多次近乎完美的飞行后，大家对这次飞行都不怎么感兴趣了。没有网站打算现场直播这次飞行，尽管此次飞行将标志着普通平民首次登入太空。

　　上午 11：30，发射进入最后的倒计时阶段。这是一个天气晴朗的日子。对于来到卡纳维拉尔角观看的人来说，今天似乎是发射的好天气。在场的人很多，但人群中最显眼的要数宇航员的家属们，他们被包围在摄影师和 NASA 陪同人员中间。宇航员的家属们很兴奋，同时也很紧张。他们知道，尽管航天飞机之前成功飞行了很多次，但仍然存在危险。毕竟，这次发射已经被推迟三次了。大人们很紧张，而小孩子们却充满了热情。他们得到了特殊的待遇，他们知道，会有一件非常特别的事情发生。①

　　在美国犹他州的布里格姆，在瓦扎茨山笼罩下，设计了"挑战者号"火箭助推器（SRB）的 Morton Thiokol 公司的工程师们聚集在监控器前观看发射场面。Bob Ebeling，工程师之一，坐在椅子上，这时，Roger Boisjoly 走了过来。Boisjoly 是 Morton Thiokol 公司（MTI）在 SRB 项目上最资深的工程师。Ebeling 叫 Boisjoly 过来一起看，但 Boisjoly 早前已经决定他不会观看这次发射。在过去的两天里，卡纳维拉尔角的气温异常低。寒冷的天气使

---

　　① Malcolm McConnell：《"挑战者号"：一次重大事故》pp. 207－249，纽约：双日出版社，1987 年。

Boisjoly 和另一位 MTI 工程师 Arnie Thompson 很警觉。他们感觉到，在这么冷的天气下，O 型环可能会失去密封作用。

O 型环是用来防止压力、热和火焰从火箭助推器（SRB）连接处泄漏出去的（SRB 有两个，提供火箭升空的动力）。点火后，SRB 内部的压力迫使内壁膨胀，产生"连接处旋转"，O 型环填充的缝隙会变大。只有很短的时间来让 O 型环填充膨胀到很大的缝隙。点火后，O 型环必须马上封闭（在前 3/5 秒）。否则，如果 O 型环未能封闭，就会导致火箭爆炸或坠毁。

因为 O 型环是橡胶制的，低温/寒冷使他们弹力下降，降低其移动至接口并填充缝隙的能力。1985 年 3 月，在 MTI 公司已经进行了一次温度测试，检查低温/寒冷对 O 型环的影响。Boisjoly 执行了这一测试，用金属板压缩 O 型环，再轻轻地将金属板移走，测试 O 型环在不同温度下弹力受到的影响。在 100 华氏度，O 型环没有任何问题；75 华氏度，有 2.4 秒钟接触不良；50 华氏度，密封完全无法实施。在 50 华氏度下的 10 分钟内，O 型环都无法恢复到原始形状。对于 Boisjoly 来说，这是 O 型环在低温条件下不可靠的重要证据。[①]

发射之前的晚上，Boisjoly 和 Thompson 激烈地反对次日的发射。他们确信，在卡纳维拉尔角那么寒冷的天气中发射火箭，太冒险了。但是，他们既没能说服 NASA，也没能说服 MTI 公司的管理者们。又气又担心，Boisjoly 并不想观看这次发射。但 Ebeling 一再坚持，Boisjoly 最终让步了。

Ebeling 回到了座位上。Boisjoly 在 Ebeling 的前面找了一个地方。屏幕上是耀眼的"挑战者号"航天飞机，整装待发。Boisjoly 希望发射成功。他希望 O 型环能正常封闭，但他又希望 NASA 在恢复 SRB 的时候，发现两个密封圈中的一个失灵了，这种事情以前经常发生。[②]他还希望第二个密封圈能显示更多的腐蚀。那样的话，也许权威部门就会有人在 O 型环问题解决之前，停止此次发射。[③]

最后的几秒钟过去了。引擎发动，保持火箭直立的机械手移开，火箭强劲升空了。从底部扬起的浓烟和灰尘卷起了巨大的卷轴云。火箭直冲云霄。O 型环已经渡过了危险期。工程师们如释重负地舒了一口气。Ebeling 向 Boisjoly 说，在升空期间，他一直祈祷一切能顺利进行。一分钟过去了，

---

① Roger Boisjoly，"公司忠诚度与汽笛声：航天飞机灾难与道德抉择"（录影带），1987 年 1 月 7 日。

② 每个接点都有一个主密封和一个次密封。

③ Boisjoly 采访，1987 年。

一切都很正常。Boisjoly 目不转睛地盯着屏幕。突然，一股浓烟吞噬了"挑战者号"。火箭四分五裂。没有人，甚至 NASA 官员们也不知道发生了什么。在卡纳维拉尔角，人群一阵骚动，家属们聚集在一起，孩子们大哭起来。七位宇航员已经没有生还的可能了。

Boisjoly 一言不发地独自回到办公室。在当天的余下时间内，他脑子一片空白。其间，有两位工程师进来看他状态怎么样。Boisjoly 说不出话来，他只是点头示意他很好。很长的一段沉默过后，他们离开了。Boisjoly，知道是哪里出了问题——他的 O 型环。[①]

"挑战者号"灾难的前一天，一股冷空气席卷了东部海岸。气温盘旋在31 华氏度左右。经过测试，NASA 得出结论，31 华氏度以下，航天飞机将无法运转。[②]发射计划在第二天早上，在这之前，必须及时做出决定，以便开启 12 小时倒计时。寒冷的天气因素并未造成之前的发射延迟，但是气温持续下降，引起了大家的担心，特别是在犹他州的 MTI 公司的工程师们。当天晚上，气温将下降到冰点，工程师们估算，第二天上午晚些时候，连接点（放置 O 型环的地方）的温度在 27~30 华氏度。空气温度也许能达到31 华氏度，可以通过 NASA 标准，但对 MTI 公司的工程师们来说，却是一条警戒线。发射曾经经历的最低气温是 53 华氏度，在 1985 年 1 月。在那次发射中，41-C 飞行——SRB 连接点之一，经历了航天飞机短暂的历史中最严重的漏气情况（O 型环封闭之前，将 SRB 滚烫的气体漏气吹起，点燃 O型环外层包裹的润滑脂，这时便产生漏气）。在 1985 年的另一次飞行中（41-B 飞行）同样使 MTI 公司的工程师们进行了反思。在那天的发射中，气温在 50 度以上，但是在一处喷嘴接缝的主要 O 型环却未封闭。幸运的是，备用的密封圈起了作用。然而，MTI 公司的工程师们越来越怀疑寒冷的天气削弱了 O 型环的封闭功能。

这一系列在寒冷天气中漏气事件的发生，促使 MTI 公司进行测试，确定寒冷天气是否真的能影响 O 型环的作用。O 型环被 SRB 内部高温气体的初始压强"激活"（即被推进连接点的缝隙中）。气体力量作用在 O 型环上时，O 型环立即被压扁了。它何时才能恢复原状取决于其弹力以及其反弹回初始形状的能力。反过来，O 型环的弹性又取决于温度。测试显示，由硬橡胶（氟橡胶）制成的 O 型环在低温环境下弹性降低。穿越 O 型环的高温气体有充足的时间燃烧 O 型环，使它失去完全密封的能力。

---

① Boisjoly 影像和 Boisjoly 采访。

② McConnell，165。

经验和测试都表明，低温肯定减弱了 O 型环密封的速度。实际的发射经验只是显示 O 型环在 53 华氏度下工作，即便是在这一温度下，也能产生大量的漏气。没人知道，多少度的低温能够导致 O 型环完全丧失其密封功能。1985 年，MTI 公司开始对连接处的设计进行测试，但进展缓慢。除了发射经验，没有数据证明低温影响 O 型环的功能。仅有一项温度测试显示，低温减弱了密封速度。

即便基本数据有限，那也是能帮助决策的唯一证据。MTI 公司工程师们认为飞行危险系数很高。1986 年 1 月 27 日，他们在马歇尔航天飞行中心向 NASA 官员提出了他们的顾虑。马歇尔中心是 NASA 负责 SRB 进展的中心。MTI 公司要与 NASA 交流，只能通过马歇尔中心进行。他们安排了一次远程会议，时间在 27 日当天下午 5：45。在这第一次远程会议中，MTI 公司工程师们告诉马歇尔中心航天飞机项目办公室经理 Stanley Reinartz 和他的副手 Judson Lovingood，他们建议在 28 日中午或者下午的晚些时候再进行发射。为了使 MTI 公司能够向马歇尔中心和卡纳维拉尔角的官员们"传真"数据，同时也为了使其他相关的官员参与进来，他们同意安排第二场远程会议，时间在晚上 8：45。

27 日晚上 8：45，第二场远程会议开始了。与会的高级官员和主要参与者包括，犹他州的 MTI 公司：①Jerald Mason，运营中心，高级副总裁；②Calvin Wiggins，航天部门，总经理兼副总裁；③Joe Kilminster，航天运载火箭项目，副总裁；④Bob Lund，工程部，副总裁；⑤Roger Boisjoly，密封工作特别小组，组员；⑥Arnie Thompson，火箭发动机部门，督导。在肯尼迪中心，有 SRB 项目经理 Stanley Reinartz 和 Lawrence Mulloy（两人都是马歇尔中心的官员）；Allan McDonald，负责 MTI 公司固体火箭发动机的项目总监。在马歇尔中心，有科学与工程部副总监 George Hardy 和 Judson Lovingood。

最重要的是，参加远程会议的还有三个团队：NASA，MTI 公司管理团队和 MTI 公司工程师团队。Reinartz 是本次远程会议的高级 NASA 官员，在本次会议中有最终决定权。他在马歇尔中心的上级是总监 William Lucas 博士。但是 NASA 规则中不需要 Lucas 博士出席此级别的会议。MTI 公司的高级代表是 Mason。

远程会议开场，MTI 公司工程师们解释为何他们认为第二天进行发射是很危险的。他们的论点围绕在低温天气对 O 型环的影响这一证据上。"挑战者号"准备工作进行过程中，曾发生过数次漏气事件，但在 67 华氏度及以上，没有发生过任何漏气事件。Boisjoly 和其同事 Arnie Thompson 展示了这一数据，并且建议在室温达到至少 53 华氏度之前，不进行发射活动。

但是，NASA 官员质疑 MTI 公司工程师以及他们所谓的 O 型环与低温天气之间的联系。一位 NASA 官员（不知道是哪一位）提到了 61-A 飞行。那一次飞行中，主 O 型环产生漏气，而这次发射时，温度在 75 华氏度。NASA 认为 MTI 公司所提供的证据与此不符。这毕竟是在温暖的天气中 O 型环也出现过问题的实证。

Boisjoly 解释说，61-A 发生的漏气远没有在寒冷天气中严重。而且，即使 61-A 看似是异常现象，比起航天飞机的整个飞行历史，它符合一定的模式。在 66 华氏度以上的温度下进行的 20 次飞行中，仅有三次 O 型环故障。相反，在 66 华氏度以下的温度进行的四次飞行，全部有 O 型环故障的迹象。

尽管如此，NASA 马歇尔中心的官员们仍然不赞同 MTI 公司工程师们得出的结论。Stan Reinartz 问 George Hardy 对 MTI 公司工程师们的建议怎么看，George 说他很 "震惊"，但如果那是他们的建议，他无法推翻这一建议。Mulloy，NASA 在马歇尔中心的 SRB 专家则指出 MTI 公司的数据 "无法使人信服"，他反对 MTI 公司工程师推迟发射直到气温达到 53 华氏度的建议。他尖锐地问到："天哪，MTI 公司，你希望我们何时发射？明年 4 月份吗？"MTI 公司迫于压力要重新考虑工程师们的建议，是出于 NASA 起飞前检查流程的要求——第一步就是供应商认可航天飞机已准备就绪。

在成立的第一天，NASA 就视安全为优先等级，而这次冒着丧失生命的危险进行发射使参加远程会议的很多人感到惊讶。直到 1986 年 1 月 27 日之前，NASA 一直在要求航天飞机可以安全飞行的证明，那之后，NASA 官员便要求提供飞机无法发射的绝对证明。NASA 态度的转变震惊了 Boisjoly。MTI 公司的工程副总裁 Bob Lund 也有同感——他负责向总统委员会提交航天飞机事故的报告，他说："我从来没听说过马歇尔中心的人会做这样的事（即迫于压力而进行发射）。"[1]甚至一些 NASA 官员都被这前所未有的松懈的安全标准所震惊。Wilbur Riehl，参加此次远程会议的一名退休 NASA 工程师，给同事写了一张纸条："你想象过在 MTI 公司反对的情况下，MSFC（马歇尔航空飞行中心）还要求进行发射的情况么？"[2]

在 Boisjoly 和 Thompson 发表其观点之后，Hardy 和 Mulloy 也做出了回应，Joe Kilminster，参加会议的四位 MTI 经理之一，请求给予 MTI 五分钟的

---

① 《航天飞机 "挑战者号" 灾难的总统委员会报告》，Vol. I, p. 94，1986 年 6 月 6 日。

② McConnell, 198。

"决策会议"时间，以便其内部做进一步讨论。全员都批准后，MTI 公司的人下线了。高级副总裁 Mason 至此一言未发，他现在负责 MTI 公司这简短的线下讨论。在其他人开口之前，他小声说（意图只让经理们听到）："我们需要做出管理决策。"①

Boisjoly 很恼火。他和 Thompson 还有经理们一起坐在桌旁，听见了 Mason 的话。他们知道 Mason 的用意所在。所谓的"管理决策"，就是否决工程师们的意见。Boisjoly 和 Thompson 很担心，他们站起来，再次重申，MTI 公司必须坚持建议 NASA 暂停发射活动。当他们再次提出论据及数据时，气氛异常紧张。所有人都知道 NASA 想听到的是：MTI 公司建议发射继续进行。两位工程师仍在努力说服经理们，Mason 威胁性地看着他们。②没过多久，Boisjoly 和 Thompson 便意识到，其他经理们对他们的的呼吁已然无动于衷。他们坐下了。Mason 再次小声说道："我们得做出管理决策。"然后他转向 Lund。在场的四位经理中，Lund 最了解 O 型环的问题，因为他在设计和研发 SRB 过程中，和工程师们工作的联系最密切。那天下午，当工程师们得知次日发射时天气比较寒冷时，他们便找到 Lund，并向他解释为什么他们认为实施飞行比较冒险。最后，他们说服了他，而他也在与 NASA 的远程会议中支持了他们的观点。也许他比工程师们承受的压力更大。现在，Mason 转向他，说了一段后来在 Rogers 委员会听证会上很有名的一段话："是时候摘掉你工程师的帽子，戴上经理的帽子了。"③

在经理们讨论之后，Lund 改变了想法。他支持经理们的想法：发射的条件虽然不算良好，但是可以接受。④

MTI 公司重新回到 NASA 的远程会议中来，他们向 NASA 官员传达了他们最终的决定。根据要求，Mulloy 请 Kilminster 将 MTI 公司同意发射的建议写下来，签字，并传真给 NASA。

20 世纪 70 年代初，航天飞机项目被引荐给总统和国会，迫使他们接受了这个项目，并导致了日后的航天飞机灾难。1986 年 1 月 27 日，仅有几个人，特别是 NASA 的 Mulloy 和 MTI 公司的 Mason 对这一鲁莽的决定负责。但是，不应该将责任全部归咎于他们。NASA 的一份简要回顾透露，尼克松的太空计划以及 NASA 长官 James Fletcher 博士，在资金不足的情况下仍然

---

① Boisjoly 采访，以及 McConnell，199。

② Boisjoly 采访。

③ 《总统委员会报告》，Vol. I. 94。

④ 《总统委员会报告》，Vol. I. 97，以及 McConnell，200。

开发航天飞机项目。应把 NASA 放进这一灾难性的罪魁祸首之中。

在肯尼迪总统的政策下，NASA 得到政治和财政的支持，在安全的步伐中前进，从来不会被迫拿着宇航员的生命去冒险。他要求副总统 Johnson 去判定美国如何在太空竞赛中打败苏联。在其报告中，Johnson 把握了肯尼迪政府对太空开发的态度。他写道："在冷战世界中至关重要的一件事是，在全世界眼中，谁首先占领太空谁就是这一时代的领导者；第二个占领太空的，在任何领域都是第二。"①

预感到这有可能会是其政府最重要的任务，肯尼迪在航天开发上投入了大量的人力和财力支持。没有投机取巧的捷径，必须正确地去执行。最重要的是，即便面临短期内输给苏联的代价，安全也被视为重中之重。比如，1961 年，James Webb，肯尼迪政府的 NASA 长官，面临着将人类首次送入亚轨道飞行的极大压力。苏联即将完成这一壮举，而美国也蓄势待发。但是 Webb 深知，安全是第一要务。为了确保航天员的安全，还有一系列必要的测试要做。不仅因为 NASA 官员深度关心航天员的安全，他们还意识到，NASA 的长远利益要由一个安全的太空项目来支撑。如果败给苏联，NASA 还可以继续存在，但如果使宇航员丧生，NASA 将可能不复存在。于是，NASA 继续实施了那些必要的测试，而苏联率先将人类送入太空，即 1961 年 4 月 12 日俄罗斯宇航员加加林的太空飞行。13 天后，美国也将 Alan Shepard 送入太空。

苏联又成功地进行了几次载人航天发射，但 NASA 官员只在准备充分之时才继续前进。1961 年 8 月，苏联成功地完成了载人环绕地球任务。1962 年 2 月，John Glenn 成为第一个在太空环绕地球的美国人。在肯尼迪政府的全力支持下，NASA 着手准备载人登月计划。

登月计划谨慎地开展着，把测试和对合同商的监督工作放在首位。1969 年 7 月 20 日，周日，美国成功地将阿波罗 11 号送入月球，至此，登月竞赛结束，同时肯尼迪在十年内使人类登月的承诺也得以兑现。尽管阿波罗项目主要是由约翰逊而非肯尼迪负责，并且登月实际发生在尼克松总统时期，所有人都知道，NASA 属于肯尼迪。正是由于肯尼迪的领导和支持，人们才开始做登月尝试。

尼克松比其他任何人都清楚，NASA 仍然是肯尼迪的机构。意识到通过太空项目能获得的政治得分十分有限，而且登月实现之后，公众对太空的

① Joseph J. Trento：《灾难观察》p. 36，纽约：皇冠出版社，1987 年。

兴趣至少暂时得到了满足，尼克松没为宇航局做什么。①

针对美国太空的未来，尼克松政府得到了三种方案。方案 A 由 NASA 的一支科学家团队（也许是登月成功最大的贡献者）提供。他们要开发经济型的航天飞机，负责把人在火星的空间站之间来回运载。方案 A 每年大概花费 100 亿美元。向火星的载人飞行这一想法吸引了很多人，Spiro Agnew 预测尼克松会倾向这一方案。方案 B 呼吁，到 1974 年就停止载人飞行计划，只需要投入 30 亿美元进行未来载人和非载人项目的研究。方案 C，由 NASA 长官 Thomas Paine 提出，重复利用之前所使用的系统，这一方案需要投入 100 亿~200 亿美元。最后，尼克松选择了方案 B。这是他在消耗最少的情况下，而又不至于扼杀载人航天计划的最佳政治策略。意识到不会从尼克松那里得到 NASA 所需要的财政支持，Paine 辞职了。②

为了响应这一预算约束，George Low（在新任命的领导到任之前，兼任 NASA 长官）提交了一份成本更低的计划。Low 强烈地希望保留载人航天项目，所以他坚持不懈地向尼克松政府推荐航天飞机。尽管 Paine 的团队预估，最便宜的航天飞机也要 100 亿~150 亿美元，Low 说可以做到 80 亿美元。③

James Fletcher 博士 1971 年就任 NASA 长官。野心勃勃的 Fletcher，希望 NASA 进行一项如阿波罗项目一样的巨大工程，他便可以由此扬名了。方案 B 并未提供给 Fletcher 开发载人飞机所必要的资金，但他仍然决心要开发航天飞机。前任 NASA 长官要求的都是最好的，而 Fletcher 要用他所能得到的来继续项目。他持续压缩预算，将预算缩减到了安全边界。④

由于便宜，NASA 同意使用固体火箭发动机。NASA 之前并不使用固体火箭发动机，因为一旦点燃，便无法关闭，那么，在紧急情况下，宇航员将处于孤立无援的境地。另一个成本上的让步是，去掉了宇航员的逃生系统。

最后，Fletcher 将航天飞机的成本由 80 亿美元降至 55 亿美元，外加 10 亿美元的应急费用。George Schultz 领导的预算与管理办公室（OMB）咄咄逼人，要求 Fletcher 将成本降低到 55 亿美元。

但是前任和现任的 NASA 官员立即察觉到，以 Fletcher 的预算标准，要

① Trento，84-87。
② Trento，93-94。
③ Trento，102-103。
④ Fletcher 对安全的温和的立场是 Trento 在《灾难观察》中讲到的。

造出一架航天飞机是不可能的。John Naugle，之前在 NASA 的 Webb 手底下工作，当时在 Fletcher 手底下，他知道，永远不可能像 Fletcher 预想的那样，通过自筹资金来建造航天飞机。他觉得 Fletcher 在欺骗公众，而且他相信，Fletcher 应该已经告诉尼克松，航天飞机仅是一项公众的研发项目，并需要大量资金，不然美国就会被排除在载人航天竞争之外。[①] Seamans 博士（肯尼迪执政时期 NASA 的三位最高长官之一，在尼克松执政时期就任空军部长），知道如果要开发航天飞机，NASA 需要的资金比 Fletcher 的计划多得多。他感觉到 Fletcher 在扭曲这一数字，因为航天飞机事业与他有着个人利害关系，他想打造自己的航天项目。[②]

Fletcher 向国会推荐航天飞机，他认为这是"可操作的"，它可以通过为军队和其他机构向太空运送卫星来覆盖其成本。他在 20 世纪 70 年代初所做的承诺太不切实际了，航天飞机从未达到他所说的"可操作"状态。Fletcher 多数的推销说辞来源于 Mathematica 公司（被 NASA 委托研究航天飞机的成本效益）的一项研究。Fletcher 借这一研究辩称，如果航天飞机一年最少飞行 30 次，那么这一收入就能养活它自己了。[③] Fletcher 预测，以那样的发射频率，1 磅的荷载只需花费 100 美元，很有商业竞争力。不过，成本超支极其严重。根据国会预算办公室的数据，1 磅荷载的成本，如果包含所有的开发成本，按通胀调节价格计算，已经达到 5264 美元。如果只考虑当前每次飞行的操作费用，那么 1 磅的价格将是 2849 美元。[④]

据政府预算办公室所说，Fletcher 博士提供了"误导的"和"过度乐观"的账目。他预测每次发射的费用是 1045 万美元。剔除所有的建造成本，现在的费用（按通胀调节价格计算）是 1.51 亿美元（包含建造成本的话，是 2.79 亿美元）。[⑤] 发射操作比最初预计的几乎高出 15 倍。

NASA 持续不断地要求加速发射频率。NASA 官员们清楚，只有提高发射频率，才能让国会和国防部停止对他们的批评，也只有提高发射频率，航天飞机才能与非载人机"阿丽亚娜号"（法国生产，能以低廉的费用将商业卫星送入太空的火箭）匹敌。1985 年 3 月，NASA 长官 James Beggs 说："接下来的 18 个月对于航天飞机来说至关重要。如果我们要证明自己的能

① Trento，118-121。
② Trento，112-113。
③ McConnell，41。
④⑤ Stuart Diamond：《NASA 浪费的十几亿，联邦审计披露》，《纽约时报》，1987 年 4 月 12 日。

力和才干，必须得达到那么多飞行次数。"⑥ 1986 年的目标即便不算疯狂的话，也算惊人了——24 次飞行。

Fletcher 在 20 世纪 70 年代所做的难以兑现的承诺彻底影响了 NASA 及其航天飞机项目。NASA 同意将费用作为衡量其成功的标准。只有它建造出经济划算的航天飞机，国会山的批评家们才会安静。载人登月或者建造可重复使用的 "太空卡车" 的技术成就已经不足以满足公众和政治家们了。

为了获得成功，航天飞机的成本必须控制在预算内，这意味着削减更多的经费。节省金钱意味着牺牲安全。NASA 削减了航天飞机的设计费用。在签订的合同中，成本被放在首位，而非质量。比如，在选择 SRB 的设计提案时，NASA 源评估委员会放弃了被评定为最安全的喷气发动机设计。集成 SRB 避免了在接口处压力和高温空气的泄露问题，但太昂贵了。

此外，在测试和对合同的监督上也有所削减。1974~1977 年，至少有五项研究发现 NASA 未对建造中的航天飞机进行测试。由 35 名航空航天专家完成的一项研究显示，测试被 "严重压缩" ——由 16 个月减少到三个月，他们要求增加测试。⑦但是 NASA 回应说，增加测试没有 "成本效率"。在航天飞机的开发过程中，削减了 10 亿多美元的测试费用。此外，负责检查承包商工作的 NASA 官员数量也大幅削减。实际上，NASA 对承包商的监督工作完全停止了。在阿波罗时代，约翰逊太空飞行中心有 28 个承包商监督人员，而在 1980 年只有两个。② 危险的残次品未被察觉。有一次，JetAir 公司（Rockwell 公司的分包商）使用医用 X 光检测轨道飞行器内的裂痕和有缺陷的焊缝被发现了。③许多公司和人员参与到建造航天飞机的工作中，NASA 已经失去了对他们及其工作质量的控制。

鉴于资金短缺，NASA 除了牺牲安全指标，还有其他选择么？当然，NASA 可以完全退出载人航天领域，或者至少不致力于一个像航天飞机那样完完全全的载人航天计划。除了载人航天的公众宣传和 NASA 得到的财务支持，很明显，人类在太空什么也做不了，而非载人飞机都可以承担这些任务了。实际上，当航天飞机还停留在绘图板上的时候，NASA 之外的一些重要团体已经提出这一论点。Dr. Seamans，当时的空军部长，并不支持载人航天飞机。他认为，人类坐上航天飞机，带上所有必备的生命保障系统，只为了把卫星送入轨道，这完全没有必要。④甚至火星和更深层的太空也不需

---

⑥　McConnell，62。

⑦②③　McConnell，62。

④　Trento，112。

要人类亲自上去开发。事实上，现如今，一部非载人太空工具——"航行者号"，在重要的发现中已经远超航天飞机。

但 NASA 官员，特别是 Fletcher 和 Low，想要载人飞行。同时也有迹象表明，公众也想看到载人飞行。尼克松批准了航天飞行的计划，主要是因为他不想成为扼杀载人航天的总统而留在人们的记忆中。因此，是政治障碍和 NASA 长官们的野心促成了载人航天飞机的决定。

费用超支、发射推迟，要达到 James Beggs 所谓的"证明"的压力日益强烈。正是这一存在于每一个 NASA 经理脑海中的压力致使他们铤而走险。随着 1986 年设定的飞行目标达到 24 次，这一压力到了空前的高度。即使没有人谈论它，每个人也都深深地感受着它。承包商们，比如 MTI 公司，知道 NASA 不想听到推迟发射的建议，尤其是推迟原因不明，因为只可能是 O 型环有问题。[1] 而且 NASA 官员也知道他们的上司同样不想听取类似的建议。在这种"盲人摸象"的情况下，生命的逝去就不可避免了。

由于 Fletcher 接受了不充足的预算，他应该承担后来冒险行动的多数责任。不过他不是唯一罪人。有一些外界的观察者意识到了潜在的危险，但他们选择沉默。政府预算办公室，国会的监督机构，公开警告 NASA 在安全上的妥协行为。但出于阿波罗项目的成功，国会和媒体都没有在意。[2]还有 NASA 内部人员接触到披露航天飞机机械缺陷的报告。NASA 和 MTI 公司的工程师们一次又一次地警告说，O 型环设计存在缺陷。过去数年中，马歇尔中心的 NASA 工程师表达了他们对 O 型环设计的担忧。1978 年，John Q. Miller，马歇尔中心 SRB 项目的负责人，写信给 George Hardy 说，O 型环设计可能引起气体泄漏，进而引发"灾难性的失败"。但 Hardy 并未对此做出反应。他既没质疑其他工程师或者 Miller 的担忧，也没迫使 MTI 公司纠正设计问题。[3]到 1981 年，尽管没有进行任何设计更改，但是 NASA 的工程师们也不再提出对 O 型环的担心了。

在 MTI 公司 41-C 飞行中，由于主 O 型环的漏气，工程师们开始强烈反馈他们对 O 型环设计的担心。在"挑战者号"灾难发生的前一年，工程师们的担心与日俱增。MTI 公司组织了一个特别小组改进 O 型环设计。直到 1985 年夏天，MTI 公司的一些工程师依然深感忧虑。管理团队在重新设计

① 《总统委员会报告》，Vol. I，104。"委员会得出结论，MTI 公司改变立场，在马歇尔中心的催促下，不顾工程师们的反对，建议按时发射"挑战者号"51-L，是为了迎合其最主要的客户。"

② McConnell，第六章。

③ 《总统委员会报告》，Vol. I，123–124。

的工作上拖拖拉拉，也不再派遣特别小组所需要的人员，工程师开始直言不讳地指出这个问题。在给管理层的一份备忘录中，Bob Ebeling，特别小组的工程师之一，迫切指出把特别小组的工作放在 MTI 工作的首位。他写道："请帮忙！特别小组的工作被以各种借口拖延。我们曾希望可以通过口头请求得到支持（他们多次找过 Joe Kilminster 经理），但都无济于事。这是一个危险信号。"①

Roger Boisjoly 也写了一份备忘录："写这封信，是想从工程师的角度，让管理层充分意识到在 SRM 接口处现有的 O 型环存在的腐蚀问题。针对接口问题，之前存在一种错误的立场，即不要担心失败，并进行一系列设计评估，总会找出解决方案，至少能极大地减少腐蚀问题。在 41-B 飞行中，SRM 16A 喷嘴接口腐蚀，导致主 O 型环未封闭，而次 O 型环也被腐蚀。41-B 飞行事件之后，这一立场应该被改变了。如果同一问题发生在主体接口上，它就会成为接口成功或失败的关键，因为次 O 型环无法响应 U 型钩的开孔率，并且可能承受不了压力。后果将是最高级别的灾难——生命的逝去。"②

尽管工程师们强烈呼吁，重新设计工作仍然被无视。灾难发生后，重新设计工作终于成为 MTI 公司的首要任务。他们日夜兼程，终于在两个半月的时间内找出了解决方案。灾难发生前，2000 名员工中只有八名员工被派去参加 SRB 重新设计特别小组。就这么几个人，得花上两年半的时间才能找到这两个半月研究找到的解决方案。③

人们知道会有危险存在，但发射航天飞机的压力巨大，以致马歇尔中心官员和 MTI 公司管理层仍建议按时发射。所有人都知道会危及宇航员和他们家人的生活，但权威人士持续推进发射工作，宁愿去冒险。最终的结果是悲惨的，而这，本应可以避免。

官方的总统委员会报告谴责 NASA 在航天飞机失事事件中的沟通机制有问题。此报告总结道，飞机失事之前对于 O 型环的问题有足够的信息，还因此提出了无限期延迟发射的请求。④委员会发现，由于 NASA 的中层管理者们自行决策，认为按原计划发射不会危及宇航员的生命，才会产生了继续发射的决定。尽管 Thiokol 工程师们提出了严峻的问题，但这些管理者们

① McConnell，180。
② 《总统委员会报告》，Vol. I，148。
③ Boisjoly 采访。
④ 《航天飞机"挑战者号"灾难的总统委员会报告》，Vol. I，148。

（比如 Mulloy 和 Reinartz）从未向其上级汇报过工程师们对此的担心。委员会"感到困惑，为何马歇尔中心的管理者们倾向于遏制这一严重的问题并试图内部解决，而不是将这一问题向上反映呢？"①委员会同时得出结论，NASA 明确指出，他们不希望出现延迟，因此向合同商施压，无视内部分歧，并批准发射工作继续进行。②

然而，根据两位 Thiokol 工程师 Boisjoly 和 Allan McDonald 的说法——至少是非官方的，某些个人应受到谴责。Mulloy 尤其应该负责任，特别是他对于 Thiokol 工程师不予发射的建议表现出极度不满。他似乎还给 Thiokol 施压，使其改变延迟发射的建议。尽管 NASA 保留了其职位，他最终提前退休了。③在 Thiokol，公司 CEO 谴责 Mason "拿公司冒险"。④ Mason 同样提前退休了。Kilminster 被调离所有的航天项目，但仍然在 Thiokol 工作。Boisjoly 和 McDonald 因公然抨击公司在发射前的决定而被降职。Boisjoly 在委员会发表证词，一位 Thiokol 高级经理指责他将公司内的丑闻公之于众。经理对他说，是需要讲述真实情况，但也得考虑公司的利益。⑤公司保留了 Boisjoly 的工作，但不让其负责重新设计 SRB 的任何工作。

委员会主席 William Rogers 强烈抗议对 Boisjoly 和 McDonald 的降职行为，Thiokol 公司快速做出了回应并提拔 McDonald 主持重新设计 SRB 的工作。而 Boisjoly 为宇航员的丧生深感自责，无法返回工作岗位，只能休假一段时间。失事事件发生后的几个月内，他都无法入睡，并开始服用药物。最终，失事事件过了一年，他才能够公开谈论他的经历。他表示，出于个人原因，他将永远无法再从事航天飞机工作了。

七位宇航员中，有四位宇航员的家属与政府达成了非正式的协议，赔偿金为 75 万美元。另外有两家起诉 NASA，要求 1500 万美元的赔偿。还有一家起诉 Thiokol 公司。直至 1987 年 8 月，以上起诉还未得到解决。

① 《航天飞机"挑战者号"灾难的总统委员会报告》，104。
② 《航天飞机"挑战者号"灾难的总统委员会报告》，Vol. I。
③ 《前航天飞机首长离任航天局》，美联社，1986 年 7 月 17 日。
④ Boisjoly 采访。
⑤ Boisjoly 影像资料。

13

旋转弹体导弹（RAM）
国际合作采购项目

13.1 引言

5 英寸口径旋转弹体导弹系统是一个国际合作开发和生产的项目。该系统是由美国雷神公司和德国 RAM 系统有限公司（以下简称 RAMSYS）开发的。丹麦也参加了该系统的最初研发，不过后来撤出了。

RAM 系统由一个专用的 21 轮发射系统和一个轻量级、快速反应的超音速反舰导弹组成。最初的版本（Block0）设计目标是帮助海军舰船防御具有主动探测引导能力的反舰巡航导弹。该 Block0 系统目前已经生产并且部署在美国和德国海军。第一个系统于 1992 年 11 月在海军贝里琉号（LHA-5）两栖攻击舰部署服役。

一种正在研发的型号（被命名为 Block1）提高了导弹的弹头引导特性以及系统针对海中穿梭目标的应对能力，同时提高了应对紧急威胁的能力。

推动这个项目的商业因素之一是德国和美国起初就希望能够分摊研发和生产成本。两个国家都生产了发射装置和导弹以满足本国需求。此外，德国发达的工业使其最初就被美国承包商视为第二大导弹产品采购源。紧接着有很多连锁反应，特别是最终库存需求的减少，导致合作方需分担单一生产线的成本。这个均摊的共同成本承担方式已经被非正式地运用在工业成本分担机制当中。

本案例研究概述了这个系统发展的历史，把重点放在管理活动并围绕合作开发与生产以及那些支持美国采购改革的运动。许多 RAM 开发的技术和合同细节因与其国际合作特性无直接联系，在这里就被省略了。

13.2　背景

　　1960 年，美国海军认为海军军舰需要一套弹基反导防御系统，而且这套系统需要能够较好地适配多种不同型号和性能的舰船。标准导弹系统和海麻雀导弹系统的最初版本就是在这一时间段开发的。1969 年，海军还发起了方阵近程武器系统（CIWS）的研究，以加强弹基防御系统。

　　1970 年初，海军对研发另一套弹基防御系统产生了很大的兴趣。新的系统成本比现在的标准导弹系统或海麻雀导弹系统低。这种导弹的目的是填补远程标准导弹和近程反导武器系统，或中程海麻雀和 CIWS 之间的缺口。在较小级别的舰艇上，这种导弹将成为主要的反导弹防御系统。1973 年的一个任务需求说明书明确了这个需求。1974 年，在 RAM 成为联合采购项目之前，该方案是美国海军内部发起的采购目录（ACAT）Ⅱ项目。当时，应用物理实验室（APL）被任命为主要承包商，同时通用动力、波莫纳（由于后续的企业合并行为，以下简称"雷神"）被任命为分包商。最初的测试重点放在了 1972 年开始的 2.75 英寸双模式红眼程序。概念定义测试是 1977 年春到 1978 年中期在加州中国湖进行的。初步测试表明，2.75 英寸的弹头不足以摧毁来袭的超音速反舰导弹。用专门配置的车辆进行的额外测试表明，为 5 英寸响尾蛇导弹设计的弹头能够满足需求。

　　1976 年，在高级开发阶段开始时，美国和德国订立了一项协议以分担高级研发阶段的成本。丹麦在大规模工程研发阶段开始加入。三国商定了一项成本分摊安排，丹麦承担 2% 的费用，美国和德国平摊剩余部分。在项目的初始阶段，美国的库存需求是 7000 枚导弹，德国的库存需求是 1700 枚。在这一研发阶段中，丹麦仍然是一个完全参与者。但由于其相对较小的船舶平台和发射系统尺寸之间的不匹配问题，丹麦在 1985 年 5 月停止了参与行为和财政支持，随后丹麦成为了一个对项目余下部分感兴趣的旁观者。

　　由于合作关系以及双方政府分担投资，每个国家都对项目中的数据享有同等的使用权，雷神和 RAMSYS 都有能力生产、安装和支持整个系统。

　　德国方面是 RAMSYS 下辖管理的工业财团，该财团是为了参与 RAM 联合体而创立的。RAMSYS 总部在德国慕尼黑附近。由于该期间德国也在进行类似于美国航天工业所推行的工业整合，参与其中的工业企业在项目完成后，都换了名称。这些公司目前的名称是博登湖机械技术有限公司（BGT）、戴姆勒—克莱斯勒宇航公司（DASA），以及迪尔公司（Diehl）。美国总承包商一直是雷神公司（或其前身）。

当德国成为该计划的合作方时，为反映该项目的国际性质，项目办公室进行了重组。项目副经理的位置被分配给德国的高级代表，目的是体现德国提供了 50%研发成本的事实，项目办公室的德国高级代表权力几乎等于该项目经理，拥有某些项目事项的否决权。当然，一名美国代表是必需的，但是，代表只负责执行美国国防预算、人事编制、以美国的立场进行谈判等。其余部分的工作人员转换为德国和美国的混合成员。在三个关键岗位，即那些业务经理、技术总监和舰队联络工作人员，既有德国成员也有美国成员。附录 A 包含了一张描绘于 1999 年 11 月的项目办公室结构。和一般的国际合作项目一样，谅解备忘录为指导委员会（SC）提供了管理和监督的要求，这个委员会由来自各国政府的一个标志级别的代表组成。这并不能取代作为一个国内项目所需要的国家监督，而是要求该项目办公室同时要向国家管理链条和监督委员会汇报。

附录 B 包含从海军国际项目办公室（办公室由海军研究、发展和采购副部长领导）发送到项目执行主任作为远程交战备忘录的传真。该备忘录将项目监督委员会中的项目执行主任看作是美国国防部的代表，项目执行主任负责监督 RAM 工程与协议项目中的活动的执行情况（项目各个阶段的每份谅解备忘录都会有相应的信件下发）。此外，备忘录界定其职责和权限的范围，并根据法律和管理规定限制其权力。项目主任的权限仅限于谅解备忘录规定的范围。因此，当出现该协议范围之外或违背该协议的问题时，政府的其他机构必须参与到相应问题中，与海军国际项目办公室一起牵头做出相关决定。

附录 C 描述了美国海军由指定到批准国际谅解备忘录（MOU）的过程，详细说明了参与的几个政府机构。从国际合作方发起合作的讨论到签署谅解备忘录，所需要的时间可能长达两年，很少会小于一年。

一般来说，谅解备忘录的修改或修订也需要几乎相同的周期。此外，允许所有的合作方对谅解备忘录提出合理的修订意见，可能会产生意外或不如意的结果。因此，从一开始，将发展计划中所有的利益方全部吸纳进来，尽量提出一个兼容并包的协议，能够尽可能减少修订现有的谅解备忘录的次数。

美国和德国之间的谅解备忘录是 1987 年签署的，内容涵盖系统初始部件的生产，它要求建立两条导弹生产线，一条德国的和一条美国的，还要求在单一生产线上一起合作建造发射系统。根据谅解备忘录条款，两个产品将向全美、德国企业开放竞争，同时发射系统将开始生产。谅解备忘录中一个关键条款详细说明了 RAM 专用导弹组件的竞标情况，出价最低的投标方将获得组合订单的 60%。然而，真实情况与这些协议条款有所不同。随着国防预算减少，双方的库存需求直线下降。美国的导弹需求数量从 7000 枚降至 2000 枚，而德国的需求则从 1700 枚下降到 1150 枚。随着需求缩减，投产初期所计划的每年生产 720 枚导弹的计划降至每年 100 枚。生产需求降低的结果是各方都同意由每个承包商制造一些特定的组件来支持整个导弹的制造。

附录 D 包含了在最初谅解备忘录计划的两条产品线明显地不再适用的情况下，由工业合作方在 1982 年达成的合作原则文件。每个国家在没有竞争的情况下进行低速率初始生产（LRIP）。初始的低速率生产于 1989 年在美国和德国同时开始。生产的第一枚导弹交给了德国，RAMSYS 负责最后的组装而雷神公司则成为子承包商。

为促进发射系统的联合生产，项目成立了一个国际合资公司——Translant 股份有限公司，很多相似的小公司参与成立该公司。Translant 是在深入论证后成立的，论证表明采用主承包商/分包商式的关系比采用传统的组织方法节省超过 25% 的成本。Translant 的一半股份由通用动力公司（现雷神公司）拥有，另一半平分给了德国企业，随后全部由 RAMSYS 拥有。根据谅解备忘录的相关条款，Translant 的运营仅限于合作生产发射系统。Translant 联合公司总部设在德国慕尼黑附近。1989 年 10 月，Translant 在美国加州的办公室获得了一个订单，分别为德国生产 39 套，为美国生产 12 套，总计 51 套发射系统。在该合资公司中，德方承担约 70% 的工作量，具体包括总装以及对前 39 套为德国生产的系统的检验，雷神公司承担剩余工作量。1994 年，Translant 顺利完成了计划建造的发射系统，RAM 项目办公室指出这次合作是 RAM 项目成功的开始。然而，当德国的库存得到满足后，似乎再没有理由维持这种国际合作关系了，雷神公司成为总装和检测的主要承包商。目前，Translant 已经被终止了，同时一种主承包商、分包商关系在随后的发射系统的生产中被确立起来。Translant 仍然是一个切实可行的企业实体，并可能在合资中发挥作用，但它目前还没有这样的计划。

1992 年，德国导弹的全速率生产正式开始，随后在 1994 年，美国导弹也开始全速率生产。到 1999 年，合资合作生产达到了 2525 枚导弹和 107 套发射系统的水平。当时的 RAM 发射系统生产比原计划提前两个月完成，通过对发射系统的可靠性检验，发现其性能远远超过了研究开发办公室（ORD）的要求。在对导弹产品的检验中，受检的 146 枚中有 141 枚通过了检验。

13.3　系统描述

在最初的 Block 0 导弹系统研发中，非发展性的物资紧缺。整个系统的组成部分包括导弹、发射筒、控制和发射系统，有时还包括与舰船作战系统相连的发射系统控制接口，比如战术数据系统（TDS）或武器指挥系统（WDS）的发射系统控制接口。

RIM－116A（Block 0）RAM 导弹在所有发射系统版本中属于 MK－8 Mod 0 发射筒。导弹和发射筒一起组成了 MK－44（战术）或 MK－47（遥测）制导导弹循环包（GMRP）。该 GMRP 被设计为十年内不需要维护。该发射系统是由方阵武器系统 MK－31 的弹药挂载和高程/瞄准组件改造而来的，被命名为 Mk－49，它能挂载 21 枚导弹，能 360 度旋转，仰角 80 度到俯角 25 度。

在没有德国政府参与的情况下，美国海军正在研制一种更轻、更小的 11 导弹发射系统，该系统适用于较小的舰船或者一些需把空间和重量作为考虑因素的舰船，而火力则可以通过其他系统来增强。德国政府最近开始表示出参与该项目的兴趣，但到目前为止还没有向这个项目投入资源。在利益驱使下，工业合作方自主研发了一个十枚导弹版本的发射系统，被称为 RAM 备用发射系统（RALS），但 RALS 从未生产或部署。它主要是为丹麦开发的，而此前丹麦中途退出了 RAM 研发计划。

Block 0 RAM 是自动制导导弹。在正常条件下导弹从被动射频制导切换到红外末端制导。然而，在恶劣天气条件下的导弹能够使用被动射频制导目标拦截。Block 0 导弹的主要组件有：①改进的 AIM－9 响尾蛇导弹的火箭发动机和弹头；②由响尾蛇导弹改进的用以低空海面作战的引信；③由 FIM－92 毒刺红外（IR）导弹改进的弹头；④一种与导弹旋转机身相结合的新型自动驾驶系统，主要用于为目标拦截提供超过 20G 的可操作性。

滚动机身方面只需要两个电动控制舵面，而传统导弹需要四个，因此滚动机身可以降低一半的系统复杂性。

该导弹的一个增强版本——RIM－116B（Block I）RAM，具有完整的发展历史（1994~1999 年）。具有里程碑意义的 Block I 预计在 1999 年 12 月开始生产。Block I 导弹是 RAM 制导思想下的重大改良设计，包括红外导引头和信号处理器，以及改进的近炸引信。该导弹的升级版将增强被动反舰和超低空目标的打击能力。设计的改进将带来更宽广的红外视图域以及对相关防御措施和杂波抑制更敏感的红外探测器，同时允许红外线对非射频发射目标进行全程引导。

为美国和德国战略储备而生产的新型导弹和发射系统将转换为 Block 1 配置。此外，还将制造改装套件以更新现有舰船。

13.4 年表

1972	设计构思。
1973	研究启动。红眼可行性测试表明被动射频/红外导引头双模式有效，但关于弹头有效性不足。美国海军批准研究开发办公室（ORD）的计划。西德研究了近战武器系统的需求，但其提供的三点建议被证明是无法满足的。
1974	海军资助 RDT&E 项目。在中国湖 NWC 基地的试验证明了 12.7 厘米（5 英寸）弹头对反舰导弹的有效性。项目由美国总统轮船公司牵头，雷神作为分包商谨慎推进。
1975	高级研发阶段开始。
1976	德国与美国签署了谅解备忘录，与美国分担高级地空导弹系统的开发费用。2 月与雷神公司签订高级开发合同。应用物理实验室不再是主承包商。
1977~1978	专门配置测试车进行的飞行试验取得成功表明项目已经可以进入全面工程研发（FSED）阶段。
1979	美国、德国和丹麦签订了 RAM 全面工程开发谅解备忘录。成本分摊比是 49/49/2。雷神公司获得一份为期 50 个月的工程和制造研究的合同。雷神相应地将制造发射导轨、托架结构以及发射伺服柜装配的合同交给 RAMSYS。
1980~1982	开展原型机飞行试验。
1982~1983	原型 Block 0 导弹的小批量试生产，用 EMD 谅解备忘录下属的 R&D 基金支付研发经费。
1982~1987	进行全面的飞行试验。
1982~1988	由于项目事故，Block 0 FSED 计划结束，但项目没有准备好全速率生产。海军在 1985 年后期提出的 CG-47 级军舰部署的计划终止又重新开始（实际上 LHA-5 将在 1992 年首先部署贝里琉岛）。
1985	由于一系列程序的延迟，早期研发测试暂停。这些延误主要是低估了系统复杂性以及在开发过程中的测试可靠性失

效，同时也低估了工程变更所需的时间以及失去美国国会的支持，这也意味着资金受限。15 次的试射中只有八次成功，因而 1986 年的采购基金没有获批。随着系统成本的不断增加，丹麦撤回其资金支持，并成为观察员国。

1986　　国会中的委员会企图终止该项目，但所有参与者和州政府都积极游说，同时在 1~6 月 RAM 的三次试射全部取得成功使得计划得以延续。在批准 1987 财年的资金用于采购和实现 RAM 系统的产品化的同时，国会规定了 RDT&E 和单位生产成本的限制，并要求实现所有性能阈值。此外，第二个采购工作是由美国发起的，但因其引起了德国的关注，因此，新的联合方案着重讨论即将到来的产量。

1987 年初　　成功的初步作战测试（IOT）（13 次点火 11 次成功发射）说明 RAM 运行有效且稳定，因而海军做出小规模试产的决定。国会的性能要求也得到了满足。美国和德国就发射系统和导弹的配置开展了讨论，此外还讨论了谁将会制造导弹，双源供应的影响。指导委员会（SC）的美国代表向德国财团建议 RAMSYS 采用双源（引导）候选机制。同年 8 月，美国和德国签署 RAM 生产谅解备忘录，以 RAMSYS 作为第二生产源。协议规定，前 500 枚用于美国库存的导弹将在雷神公司生产线生产，前 350 枚用于德国库存的导弹将于 RAMSYS 生产线生产。

1987 年末　　美国里程碑Ⅲa 决定（小规模试量产）成功通过。

1988　　这是限制生产基金的第一年，一共制造了 240 枚导弹。关于成立 Translant 股份有限公司的方案开始谈判，合资公司包括组成 RAMSYS 和雷神的相同公司，其目的是生产 MK 49 发射系统。

1989　　第二年的小批量试生产资金一共制造了 260 枚导弹。雷神公司获得一份 500 枚导弹的小规模试量产计划。RAMSYS 收到另一份筹备双源的前期制作工作的合同。Translant 收到了 51 台 RAM MK 49 发射系统的合同。RAM 项目是由审计总局和 BRH（相当于德国的审计总局）事先进行全速生产决策审计的。RAM 项目目前同时在 Block 0 系统的小批量试生产和 Block 1 导弹的早期研究中。审计报告指出，项目还没有准备好 Block 0 的全速率生产主要有以下原因：压痕 ASM 的威胁（即超音速，非发射导弹），RAM 性能还没有进行完全测试，目前的生产计划已经超过了已知的最低需求，此外双源的竞争不会降低总体成本。尽管美国国防部和德国国防部进行反驳，大规模生产决定依然将被延迟，并且海军的采购资金将被归零。

1991　海军重启项目以使现有的 RAM 导弹和发射系统合同完成。德国通过继续资助美国和德国承包商使项目继续存活了将近 18 个月，项目生产的导弹用于保障德国的库存需求。

1992　计划重组并继续。RAMSYS 接收 400 个 MK 44 导弹循环包（GMRPs）的合约以及 315 个额外导弹循环包的选择权。休斯成为 RAMSYS 的一个合作分包商，从而维持美国的生产能力。第一 RAM 系统在 LHA – 5 上安装服务。

1993　里程碑Ⅲ（b）批准了 Block 0 导弹的全速率导弹生产。

1994　与 1987 年出台的谅解备忘录规定的指定两条生产线相反，行业合作伙伴，雷神和 RAMSYS，积极主动地提出了一个协议来划分合作生产线的工作任务，其目的是减少数量。指导委员会"被感知"这一变化（各方要避免修改谅解备忘录的烦琐过程）。所有行业和政府合作方的合作努力证明了校准方案的可行性，减少了美国总库存需求的同时也降低了生产率。

雷神公司获得一份美国的 180 枚 Blcok 0 导弹的合同和一份 13 套美国发射器的合同。里程碑Ⅳ/Ⅲ随着 Block Ⅰ 工程设计制造进行升级的设计被批准，雷神公司获得了关于这个项目的一个增量资助合同。

1995　雷神公司获得一份生产 RAM 发射系统的合同，其中九套为美国生产，另外四套为德国生产，此外还有另一个生产 240 枚导弹的合同。这项工作的份额分别被美国和德国以 45% 和 55% 分担。

1996　Block Ⅰ 工程设计制造谅解备忘录签署，雷神公司获得一份生产 200 个 RAM 制导弹头循环包的合同。

1997　雷神公司获得一份生产八套发射系统和相关配套设备的合同以及另一个生产 135 个 RAM 制导弹头循环包的合同。这些合同将以 50：50 的比例由雷神和 RAMSYS 完成。Block Ⅰ 的小规模试生产被授予雷神公司。Block Ⅰ 研发的第一次飞跃就此发生。

1998   Block Ⅰ 工程设计制造修订谅解备忘录，修订纳入 Helo /
          Air /Surface （ HAS ） 模式研发的相关规定。

1999   Block Ⅰ 完成了作战评估。里程碑Ⅲ计划在 2000 年 1 月
          开始。

13.5   对项目国际化问题的评论

在德国政府内部，RAM 项目一度预示着一个军事和工业样板。在此之前的计划，德国国防部曾认为方阵系统可以在反舰导弹防御上替代 RAM 系统。然而，一旦做出决定参加 RAM 项目，方阵系统以及其他替代项目就被搁置，无论成功或暂时失败，德国一直全力参与 RAM 项目。这一承诺加深了合作方之间的紧密合作的精神。在这种合作精神中，工作分配的问题对德国来说是至关重要的，德国政府和德国的代表切实在为 RAMSYS 分内的工作磋商。与此同时，尽管磋商的一些细节与谅解备忘录的协议不同，德国在项目中仍有很强的合作积极性。例如，当军用标准下降或者由商业标准所替代时，RAMSYS 根据这些变动开展合作并且在获得 ISO 9000 认证的过程中表现得很出色。

来自大西洋两岸的政府和工业合作方之间的密切合作成为 RAM 项目的重要组成部分。在导弹的研发中，德国是一个出色的贡献者。虽然位于加利福尼亚中国湖的海军武器中心是 Block 0 导弹的设计代理，雷神是 Block Ⅰ 导弹的设计代理，但德国工业界在 Block 0 和 Block Ⅰ 的导弹导引头研发中发挥了重要的作用。

值得注意的是，在项目中，德国参与者虽然英语口音各异，但都能掌握英语。然而参与谈判的美国专家和工作人员却鲜能流畅地用德语表达。事实证明，在项目期间，当德国人主持讨论并在谈判桌上用德语交流时，很多美国代表团的成员根本就听不明白，这成为了谈判期间的一个障碍。项目办公室表示这个例子只是众多尴尬的情形之一，并且历任 RAM 项目经理中，不止一个人感受到因为没有项目成员能够说一口流利的德语导致他们的工作效率下降。（今天，国防部更加重视国际合作项目，项目组织内的语言能力培训应该得到更多的重视。）

合作的一个关键时期是在 20 世纪 90 年代初美国出现财政资金困境后。在审查和转发海军年度预算 （1989 年和 1990 年） 过程中，海军审计办公室（NAVCOMPT） 大幅削减了 RAM 项目的资金。在这样做时，NAVCOMPT 也

许已经预料到国会会撤销这个削减，否则的话联合项目可能已在萎缩的预算环境中失去了它的相对优先级。不管是什么原因，国会确实恢复了这些削减计划。然而，当 NAVCOMPT 在 1991 年的提交中也做了同样的动作时，国会采取了相反的做法，将项目在 1991 财年的资金归零，也撤销所有 1990 财年底剩余的未动用资金。其理由包含在 1991 财年国防部财政预算案中：

当局请求 70383000 美元的预算来制造 405 套旋转弹体导弹（RAMs）。RAM 项目，是美国和德国的合作项目，开始于 1976 年，预计最高耗资将达到 25 亿美元。

美国审计总局和德国联邦审计法院最近的一项联合报告确定的 RAM 还没有准备好全速率生产，原因如下：①RAM 系统很难满足 20 世纪末我们将面临的威胁。②RAM 的性能还没有进行完整测试。③关于两个制造商——一个德国的，一个美国的——的这个决定，增加了 2.5 亿美元的成本。④计划的库存需求量不是必要的。

此外，委员会特别提到以下几点：第一，在 1990 财年项目执行已经减缓。1990 年拨款的 96% 以上仍然未使用，最早在 11 月以前，1990 年项目无法达成协议。第二，海军对该计划的支持正在减弱。自 1991 财年以来，海军就不再为该项目申请资金了。第三，美国海军库存需求的目标可能从 5000 枚降至约 1500 枚。第四，海军目前预计只会在十艘军舰上安装 RAM 系统。

根据上述所有原因，并考虑到目前预算的紧张，委员会认为，RAM 项目是一个低优先级的项目。因此，建议终止项目，从而没有提供 1991 财年的资金，1990 年度的剩余款项也被撤销。

尽管美国国防部以及德国国防部（MOD）提出诸多反驳，美国国务院和使馆官员等依然尽力游说：全面生产决策被推迟，1991 财年海军给 RAM 项目的资金确实归零了。

在这一点上，拥有德国这样的国际合作方的好处就体现出来了。德国的资金是整个生产阶段坚实的基础，这主要是由于德国政府的标准资助政策，也就是说，一旦生产谅解备忘录被德国国防部批准了，那么关联的头几年资金需求也就列入计划。在行业方面，来自大西洋两岸工业伙伴之间的密切合作是项目成功的关键。雷神公司和 RAMSYS 感觉到需要改变 1987 年生产阶段协议中的生产条件。他们主动提出用单生产线替代协议规定的双生产线，并着手进行谈判以商讨双方满意并且成本有效的分工方式。由此产生的雷神—RAMSYS 协议交由 RAM 项目指导委员会审理。该委员会批准了协议，这足以说明放弃漫长的政府审批程序的必要性（其他项目经历了长达两年的时间来获得美国正式批准一项新的谅解备忘录或者对已有谅

解备忘录的修订）。指导委员会批准了政府计划的改动，同意在 1992 年
（如果需要，还将包括随后的几个月）德国政府对项目的资助。相对于早期
谅解备忘录中的内容，这些改变是由两个方面的因素促成的：①德国为发
展反舰导弹防御而对 RAM 项目承担的决心；②美国海军分析表明，反对取
消合同和取消项目资助而履行现有的合同义务，可以减少一些成本。

　　紧密合作发挥作用的另一领域是协调合作方达到显著减少总库存的目标。
随着项目的进展，两国的国防预算呈现下降的趋势。两国重新审视了作战需
求。德国将导弹库存需求（总数）从 1700 枚减少到 1165 枚，同时美国的库存
需求从 7000 枚下降到 2000 枚。随着 Block I 导弹投入生产，目前看来大部分
新生产的 Block I 导弹将用于美国库存，因此，美国将是主要的资金来源。德
国计划将他们所有的 Block 0 导弹更新到 Block I，因此他们将仅生产改进所需
的工具包。然而，双方都无心也没有能力协商工作分工的细节，特别是在接
下来更低速率生产的情况下。最初的时候，生产速度为每年 720 枚导弹，在
2002 财年增加计划产量后，目前产量却仅有每年 100 枚。

　　总库存需求减少导致了一个仍在磋商的问题。德国的总库存需求基本
上在 Block 0 生产的最后阶段就已经满足了。因此，整个 Block I 的生产，
或者说将近所有，将用于满足美国库存需求和潜在的第三方销售。在他们
关于 Block I 生产的工作分配以及未来第三方销售的谈判中，德国希望继续
以 50：50 的比例来安排 Block 0。而美国的立场是，雷神的工作量超过 RA-
MSYS，因此所有或几乎所有 Block I 导弹应该供应美国。另外，德国在
Block I 升级项目中的投入还不到美国的一半。如果十年前也就是 1987 年谅
解备忘录中的要求得到落实，那么应当建立两条生产线，一条在美国，另
一条在德国。每条生产线的产量应当与该国库存需求加上第三方销售的总
量相匹配。实际的情况是，双生产线的计划被废止，取而代之的是一个合
作生产的模式。因此，每个国家在这个问题上都要为他们的权益声辩：德
国希望保持现状，而美国希望回到原来的协议。基于之前双方成功的合作
经历，他们一定会找到一个双方都满意的妥协方式。

　　由 RAM 项目的国际性质和单生产线合作工作模式带来的一个复杂问题
就是零部件往返两国之间运输。保密材料的管理成为一个非常尖锐的问题。
在导弹生产中就有一个例子。制导/导引头组件部分是由雷神公司制造的，
然后运到德国组装完成。接下来的制导/导引头被运回雷神进行导弹总装。
制导/导引头的组装是保密的，按照美国法律，它必须通过美国和德国之间
经过认证的可以进行保密材料运输的直达国际航班运输，不能在第三国经
停。这些要求严重限制了可用运营商数量。因此，军事和政府外交专机在

很多场合被使用，而这种安排必然需要 RAM 项目办公室的监督。在项目生产早期，运输目标是比较均匀地在两个国家分配，有时偏重于德方。不过后来，美国库存需求大的优势导致目的地偏向美国，德国就只愿意让他们的外交航班运输那些机密的导弹组件或最终将用于德国导弹的组件。因此，RAM 项目办事处被迫寻找其他有资质的运输单位来专门运送美国导弹机密部件。迄今为止，还没有建立系统的运输模式，导致目前的临时解决方案需要对每个运输事件进行特殊监管。

另一个问题是货币波动和与其相关的风险。由于自由市场决定的浮动性货币估值，在合同谈判初期拟定的价格将受到货币浮动的影响。该谅解备忘录规定，每个承包商使用各自领域的货币进行支付，即向 RAMSYS 支付德国马克而向雷神公司支付美元。承包商不得不增加报价来防止独自承担风险，或者通过政府对风险进行控制和监管。分析表明，通过内部管理货币浮动可以带来预期的成本节约。因此，RAM 项目做出在政府内部管理风险的决定。然而，由于 1994 财年和 1995 财年马克的极端波动，美国政府蒙受了大量货币浮动成本。因此在 1998 财年两国签订合同，将风险转移到工业界。随着 1999 财年欧洲经济联盟和欧元作为法定货币的到来，货币波动的问题将再次被重新审视。

资助国际项目带来了一些有趣的管理挑战。在 RAM 项目中，德国人发现，将资金提供给美国财政部使得资金支付给雷神公司，延误长达两年。此外，德国人对美国财政部财务统计报告并不满意，包括延迟期间的汇率波动问题。支持国际合作项目不在财政部的日常事务之中，他们确实缺乏处理类似事务的有效程序。因此，德国人找了一个备选程序，并商定一个方案，希望把他们的基金存储在一个由美国和德国特许的计息账户。一旦雷神公司开出票据并表明是德国在 RAM 项目中的义务，那么付款将及时从德国的美元账户进行扣除。这种谈判结果被证明是令所有参与方满意的。为反映这一协议，谅解备忘录要求各国政府将其在项目基金中的份额用本国货币结算（这被称为"市场篮子办法"）。该国已完成的任务或者做出的贡献，只需足够的时间就能够得到相应费用。

对于美国来说，支付德国马克发票是非常烦琐的。美元到马克的兑换由多个政府办公室办理。虽然承包商最终获得了款项，但是在美国交易账单系统中总是出现错误。RAM 项目办公室花费了大量的时间来监督他们更正这些账单错误。

德国和美国在将 RAM 系统销售到其他国家的早期阶段是在营销 RAM 系统"第三方"销售。由于政策（也可能是德国法律）的问题，德国只会将导弹出口到北约国家。有很多国家表现出了浓厚的兴趣：日本、韩国、埃及、希腊、西班牙和英国，最后三个是北约成员。也许除了埃及，这些前瞻性买家都渴望直接商业销售（DCS），而不是政府到政府的对外军售（FMS）。过去两年来困扰项目的就是在这个问题上存在的分歧。德国没有相应的对外军售（FMS）系统并且强烈倾向于直接商业销售方式，反对美国对外军售（FMS）的官僚作风和管理开销，而美国海军（国际计划办公室）对于特定武器（包括 RAM 系统在内）的出售有着相关政策，即其出售必须遵守对外军售指导。直到最近，发射系统才能既可以通过对外军售（FMS）销售，也可以由承包商直接销售，不过导弹只能通过对外军售（FMS）的程序来出售。受此影响，任何导弹的销售，即使是德国市场发起的也需要遵守美国的对外军售（FMS）规定。德国强烈反对这一点，这个问题被提升到了国家军备主任（在美国是负责采购和技术的国防部副部长）的层次。直到最近，来自德国的强大压力迫使美国海军同意改变它的导弹出售政策，以便对某些国家进行直接商业销售。

合作双方在系统销售价格的组成上还存在分歧。德国希望设置一个能够提供系统研发成本和客观的一次性补偿的销售价格。而美国希望能够在单个成本基础上增加适当的对外军售（FMS）附加成本，通过大规模生产来降低单位生产成本，从而谋求利益。这些差异的存在必然会牵扯到项目之外的双方政府和军方机构。

1987 年生产谅解备忘录包含一项防止直接商业销售的条款。这是在原来谈判中没有出现的，这一条款限制德国将武器销售给第三方，理由是德国没有像对外军售（FMS）类似的政府间的防务项目转让的机制。德国希望解除这个限制，美国海军以禁止通过直接商业销售出售弹药的长期政策为由给予拒绝。随着美国海军政策的变化，限制最终被解除，双方就各自在直接商业销售中的地位进行了澄清。在 RAM Block I 生产协议的谈判中，双方在谅解备忘录草案中就如何解决第三方销售的机制没有达成一致。德国希望能够明确指出哪些国家可以出售，如果出售需要通过什么样的机制，是对外军售（FSM）还是直接商业销售（DCS）。而美国则首选通用的、模棱两可的语言，以免将文档与已经发布的政策绑定，从而在此基础上导致国际关系的改变。德国人坚持详细的语言描述反映了他们对美国政策变化的强烈关切以及他们希望确保他们的工业获得竞争力。最后措辞反映了修改后的海军政策概要。

附录 E 列出了关于对外军售和直接商业销售的一些考虑以及比较。附录 F 列出了对外军售和商业武器销售的常见误解。

附录 A

（略）

附录 B　项目执行办公室远程武器备忘录

下面几段是 1998 年 9 月 24 日由海军国际项目办公室发给远程武器办公室官员的备忘录全文。

主题：任命旋转弹体导弹项目监督委员会美国国防部代表

正如你所知道的，美国国防部和联邦德国达成的关于为 MK-31 制导导弹武器系统合作研发 RAM Block I 升级版的协议将于 1996 年 3 月 27 日生效。这个备忘录的主要目的就是任命你为美国国防部在 RAM 工程和研发（E&MD）项目监督委员会中的成员。要求并建议你在接下来肩负起监督和监管的责任，在 RAM E&MD 协议中，你就代表了海军部（DON）、国防部或美国政府。

这个任命案是依照海军部长（SECNAVINST）5430.103 系列训令的规定制定的，而且可能不会再次委派。作为美国国防部监督委员会的成员，你有责任遵守协议规定的国防部代表的相关责任义务。你应当行使你已有的战区防空计划执行官的权力和责任，并参照协议的相关条目，在 RAM 项目中负责以下协议相关的事务：

（1）目标；

（2）工作范围；

（3）管理；

（4）财政；

（5）合同（包括根据合同的债权）；

（6）项目装备；

（7）披露并利用项目信息；

（8）工作分配（仅限于协议中明确规定的义务）；

（9）访问与安全；

（10）关税。

请注意，本协议的存在不是也不能作为减少对国防部和海军部已有的制度和过程遵守的依据。因此，所有需要更高权限审批的采购项目都应当按照相关的海军部或者国防部政策或者流程指导进行。对于协议执行过程中出现的重大问题，请及时通知办公室。

除了上述提及的和协议执行直接相关的纲领性问题，协议包含的涉及国际合作问题的条款需要海军部、国防部以及美国政府进行进一步的协调。在这样的国际项目事务中，海军部 RAM 项目监督委员会成员的权力必定会受到相关规定和制度的限制。在下列领域采取措施或做出决定前，监督委员会成员一定要与海军国际项目办公室进行沟通协调：

（1）向合作方国或承包商披露或转让不在海军国际项目办公室关于 RAM 授权和公开信规定范围内的美国关于 RAM 产品的信息。国防部 5230.11 指导意见及海军部长 5530.3 系列训令对海军国际项目办公室当局就披露 DDL 中没有授权的相关信息进行了明确规定和要求。海军国际项目办公室还受到海军部、国防部及部门间的一些约束。

（2）建立新的工作份额分配协议或者修改已有的份额协议。美国国会 2767（c）号法案以及国防部 5530.3 号指导意见对达成工作份额分配做出了严格的限制。此外，1990 年 4 月 16 日的关于抵消贸易（虽然与工作份额分配不同但是也有联系）和 1988 年 11 月关于工作份额分配以及其他工业和商业补偿的下议院国防办公室备忘录中，也要求海军部在相关问题上与国防部长办公室以及其他分支机构协作。

（3）对协议中描述的第三方包括评定或放弃税收来补偿美国一次性研发或者生产成本的第三方做出任何披露、销售或者其他任何信息或者产品研发的承诺。国会 22 号法案 2753（a）号、国防部 5530.3 指导意见以及海军部长 5710.25 系列训令禁止国防部在条件不成熟的情况下做出任何第三方销售的承诺，国防部长办公室以及其他分支机构也同样不允许。国会 22 号法案 2761 号以及国防部防御指示 2140.2 号就评估和承认一次性研发或生产成本提供了指导意见。

（4）解决在协议中引发的索赔以及债务问题，不包括合同纠纷。美国和德国之间现有的注释和协议、国外事务手册第二卷第 700 章以及联邦政府通告 175 号要求海军部在这类问题上与国防部长办公室以及联邦政府协作。

（5）讨论更多国家的参与问题，包括未签字国家以观察员国的形式参与进来。国会 22 号法案 2767 条、国防部指导意见 5530.3 号和 5530.11 号以及海军部长 5510.34 系列和 5710.25A 系列训令要求海军部在开始这类讨论前和国防部长办公室及其他执行分支组织进行合作。

（6）各党派通过讨论达成关于海军国际项目办公室不能做出哪些解释以及不能做出什么决定的一致意见。国防部指导意见 5530.3 号以及海军部长 5710.25A 号训令要求讨论没有达成一致的事务由海军部长和海军部国际项目办公室处理。

（7）谈判的修订、撤销，修正制的持续或者协议的终止，包括其延伸以及任何已有协议的附加条款。谈判包括任何由于其他参与国接受美国立场而形成的协议，即使还需要美国的认证和正式提交，或者讨论由其他参与国草拟的文档（无论是否冠名以"协议"）。国防部指导意见5530.3号以及海军部长5710.25A号训令要求在这类事务前，需要获得主管采购和技术的国防部副部长的许可。你也许会参与到一些探索性的讨论或者日常会议，在这些会议中，在与海军国际项目办公室讨论相关事项之前不做出任何草案，也不能拟定和提交任何决定。会议中交流的视角并不代表美国的承诺。你还有权在成本上限协议范围内修改附录A以及修改附录B。

海军国际项目办公室支持并协助你完成RAM协议，也包括上文提到的国际项目决议中可能在过程中引发的部分。我的RAM项目事务顾问是海军国际项目办公室03B的Kenlon先生。

（签名）

R. Sutton

主任

附录 C 谅解备忘录的制订和审批流程描述

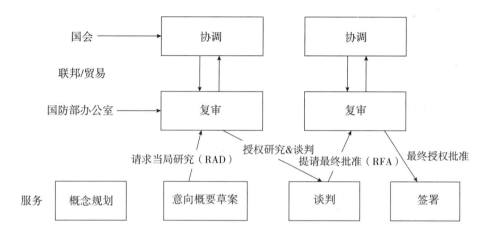

附图 13.1　谅解备忘录的制定和审批流程描述

附录 D　工业合作原则

定义：当事人——雷神或 RAMSYS

政府——美国或德国

导弹——整体制导导弹循环包

德国首次购买——德国首次购买的 400 枚 RAM 导弹和可选的 315 枚导弹

（1）当事人同意在舰船发射 RAM 导弹或由德国首先购买的共同开发版的导弹版本中以 50/50 的份额分配工作。这个工作份额分配同样适用于非合作研发的舰船发射导弹中的未改变的部分。

（2）根据政府的选择，任意当事人都有可能成为主承包商。

（3）协议将适用于所有在美国第一次为实现需求的采购合同之后十年内的所有合同。

（4）如果政府行使权力并进行竞争性采购，那么这项协议可以被终止。

（5）如果政府反对某个作为主承包商的当事人将 50% 的工作提供给另一个当事人，那么该主承包商需要向另一个当事人支付交叉许可的专利费来获得其制造技术授权，这大概是巡航导弹原价的 5%。这样的专利费需要在德国首次购买后，被授权人拥有其 50% 等价份额或者 1430 枚导弹；在德国首次购买后，已经收到 2145 枚导弹的专利金；或已得到了工作份额和相应比例的专利金基准。

（6）当事人希望在未来的研发和生产中共享 RAM 导弹系统。然而，每个当事人都在合同中保留了单独为其政府研发、应用以及进行智力支持的权利。这样看来，任一作为主承包商的当事人都希望赋予另一当事人拒绝参与 RAM 导弹实际生产的权利。

（7）在此提到的各项原则都将纳入由雷神公司和 RAMSYS 集团签署的合作生产协议。

（8）在此申明的原则将在雷神公司权力机关和 RAMSYS 集团的共同批准下，被写进合作生产协议中。

注意：本协议仅在下列条件满足时生效：

（1）当事人同意 50/50 的工作份额，并且

（2）政府接受协议并承诺 50/50 的工作份额。

签字

RAMSYS　　　　　　　　　　　　　　　　日期：1992 年 6 月 25 日

雷神

附录 E　对外军售和商业武器销售的考虑和比较

第一部分：对外军售（FMS）

附表 13.1　对外军售潜在的优势和需要考虑的方面

潜在的优势	需要考虑的方面
（1）整套方案建立在美国军方经验的基础上	（1）采购者必须决定方案是否超过了其需求或者财政总支付能力
（2）美国政府采用其采购流程规范并作为外国的采购代理	（2）睿智的外国采购人员也许（或者不）能够通过直接与承包商谈判而获得更好的交易
（3）为国防部证明并建立了公共后勤支持	（3）很少（偶尔）能够实现全程的承包商售后支持
（4）联邦采购条例（FAR），经济性要求通过政府提供装备以及政府提供材料的方式大量采购，同时竞争性采购可以降低价格	（4）服从国防部的流程会增加超前时间，也就强调了国家需要更早计划启动采购流程
（5）推进设计配置的建立并且加强了标准化的潜力	（5）采购者必须决定对于一个特定采购项目所需的标准化程度
（6）采购者只需要向国防部支付真实价格（包括管理开销），联邦采购调理控制利润	（6）尽管最初的贷款预测总的来说要比最终的贷款高一些，但是最终贷款的上下浮动使得基金管理更加困难
（7）对外军售信任基金的横向矫正可以最大化国家基金的利用	（7）在直接商业合同中，可以得到固定总价合同价格和固定付款计划
（8）质量控制可以确保产品满足美国政府制定的标准要求	（8）在对外军售中，可以购买到针对特定商业合同的服务
（9）在紧急情况下，可以从国防部的库存中获得项目需要的物品	（9）可用性很大程度上取决于国防部自身的优先级以及库存的定位

续表

潜在的优势	需要考虑的方面
（10）政府间的义务，要确保考虑到国防部的军事计划、部署方案以及作战计划等	（10）如果交易对象是一个军事伙伴，那么对外军售就会向他们提供一条通道以达成目的
（11）更好地进入美国军校训练	（11）购买者可以通过商业合同来获得硬件，并且一般通过对外军售获得在美国军事院校培训的机会
（12）促进最终成品设计配置、技术数据条款、修正以及登记目录信息维护的采购	（12）国防部连续配置共性的安排是对外军售的一个整体目标
（13）FMS 客户可以使用国防系统网络和美军集成后勤支持中心系统	（13）商业用户必须依靠商业通信系统

第二部分：对外军售（FMS）

附表 13.2　商业武器销售潜在的优势和需要考虑的方面

潜在的优势	需要考虑的方面
（1）定期交付和定价的可能性，如果承包商毁约要受到惩罚	（1）需要大量的经验以及国家谈判的经验
（2）商业关系允许国家就价格和合同进行谈判	（2）若采购方是军事伙伴，那么对外军售可以向其提供方便来实现目标
（3）合同双方的直接谈判可以更快得到响应	（3）需要大量的经验以及国家谈判的经验
（4）有时装备后勤保障的唯一来源不在美国库存的目录中	（4）采购者必须决定对美国武器标准化的需求程度
（5）可以灵活地裁剪打包来满足国家需要	（5）"定制"包装可能有损于标准化需求
（6）与技术人员联系的持续性	（6）一般来说，也可能由对外军售进行安排

续表

潜在的优势	需要考虑的方面
（7）新装备直接来源于生产线	（7）尽管一些闲置货物可能是从国防部库存中来的，一般情况下，也可以通过对外军售安排
（8）在特定条件下可能有更低的价格	（8）严重依赖于相关项目和服务以及有经验的谈判人
（9）一般有固定的交付时间，从而减轻了预算压力	（9）与对外军售相比，支付时间表更加"前置"
（10）购买者可以在一份合同中引入补偿条款	（10）采购者可以（直接和承包商）谈判补充条款并且依旧从对外军售获得武器
（11）对外军售的行政开销和国防部的管理成本可以避免	（11）采购者必须考虑整个运输的成本，包括合同员工的成本以及可能增加的合同管理成本
（12）一些类型的商业采购有助于创建和发展采购能力	（12）时间和资源的匮乏可能不允许对采购人员进行在职培训

附录 F 对外军售和商业武器销售的常见误解

附表 13.3 对外军售和商业武器销售的常见误解与事实

误 解	事 实
(1) 对外军售价格更便宜	(1) 这还要看采购的是什么、谈判技巧以及很多其他因素
(2) 商业销售价格更便宜	(2) 这还要看采购的是什么、谈判技巧以及很多其他因素
(3) 对外军售提供了更好的技术转让的批准	(3) 对外军售和商业武器销售的技术发布考虑是一样的
(4) 商业武器销售提供了更好的技术转让批准	(4) 对外军售和商业武器销售的技术发布考虑是一样的
(5) 对外军售对处于敌对状态下的用户或者美国政府来说都不可靠	(5) 外国政策或者国防部军事优先决定影响了给一个国家的供应，同时可以想到的是，这也与涉及的资源有关，取决于敌对的性质，有时履行对外军售反而是第一位的
(6) 商业销售对于处于敌对状态下的用户或美国政府来说可靠	(6) 外国政策或者国防部优先级决定影响了给一个国家的供应，同时可以想到的是，这也与涉及的资源有关，取决于敌对的性质，有时履行对外军售反而是第一位的
(7) 对外军售提供了缓慢和拖拉的交付时间表，而且经常会拖延	(7) 尽管交付时间表一旦确定很少延迟，但固定的对外军售系统安全措施有时确实减缓了采购进程。然而，在偶然性条件下，当美国政府决策将服务库存中的物品转出并加速交付时，服务也是堪称典范

续表

误 解	事 实
（8）在对外军售中不允许采购者控制和参与	（8）只有对合同谈判进程是如此的。配置的选择、备件的范围和深度、支持装备等还是在采购者控制下的。必要时会召开项目管理会议以确保采购者需求被满足
（9）因为人员轮岗的特性，对外军售的特点是缺少人员联系的持续性	（9）尽管一些情况下这确实是事实，但有很多国防部官员并不轮岗。同时，军方也差不多是三四年任期，和商业执行转换模式是一致的
（10）在对外军售中不允许附加条款或者合作生产项目	（10）不正确。这对很多对外军售供货商资质评估及最终选择权限是非常常见的。然而，补充协议必须由采购方和承包商单独谈判
（11）如果必要，只有对外军售需要美国政府的批准以及国会的通知	（11）所有军备出口管制法限制要求在两种销售系统中都有效
（12）美国政府保留了因国家利益随时终止对外军售出口证书的权利	（12）同时应用于对外军售和商业销售系统
（13）商业购买的装备质量控制没有保障	（13）承包商销售依赖于生产。同时，标准产品可以采用美国政府的质量控制
（14）当最后一个订单销售后，承包商关系终止	（14）承包商还将参与后续支持及维护，这在两个系统中都很常见
（15）美国政府只控制对第三世界国家进行对外军售	（15）对任一系统，标准和政策对于采购项目来说是一样的

14

联合制导攻击武器（JDAM）采购项目

14.1　国防部

1995 年 8 月下旬，埃格林空军基地，阴雨蒙蒙，空军联合制导攻击武器（JDAM）项目主管 Terry Little 在挂断电话后咧嘴笑了。两家公司正在竞标 JDAM 炸弹尾部套件标准制造生产项目，为期 18 个月的竞标过程就要结束了。1994 年 4 月，联合系统计划办公室从五个竞争对手中，选取圣路易斯的麦道公司和位于奥兰多的洛克希德·马丁公司负责尾部套件标准制造生产，并提交项目书，赢得了价值 20 亿美元的科研发展经费资助。

这两家公司的选择至关重要，因为 JDAM 是一个备受瞩目的国防采办试点项目（DAPP），有很多企业可供 Terry Little 和国防部选择。

Little 之所以很高兴，是因为他刚刚从麦道公司顾问团队的领导者 Joe Shearer 中校那里收到一个好消息。Shearer 说，麦道公司计划提交一个尾部套件的单价远低于 20000 美元。这个出人意料的消息着实让人兴奋。仅仅 12 个月前，麦道公司曾报出 28000 美元的单价。Little 知道，即使是这个报价对于麦道公司来说也已经很困难了，因为这个公司以自己能够用高端的价格生产质量堪比凯迪拉克的产品而自豪。

Little 对自己冒险的想法最终奏效感到很得意。他在一个非保密的联合武器项目上走起了"商业路线"——在国防部历史上，迄今为止还没有其他人能够做到这样。成本大幅下降。Little 迫不及待地想要看到当他提交单价低于 20000 美元的报价时，国防部的人会是什么反应。Little 很快地做了一些计算。在预采购 40000 个尾部套件的计划中，节省的花费可能会超过 10 亿美元。JDAM 采用了比传统运行项目更短的时间和更少的人力实现了惊人的成本节约。所有说过这个不可能做到的人都感到很羞愧。

Little 坐回他的椅子上，回忆起这一切是如何开始的。1993 年，空军参谋长 McPeak 将军坚持认为 JDAM 的单价不能超过 40000 美元。当时，Little 曾质疑，当基于历史先例的成本估价为 68000 美元时，他怎么可能以如此低的价格买到这个武器。采办改革的事项已经谈论了很久，但这些想法从来没有被成功实施过。Little 知道 McPeak 是在优先考虑成本，但他不知道在国防采购的官僚系统里应该如何控制成本。

14.2 经商就要有经商的样子：采购改革简史

1993 年 9 月，当副总统 Al Gore 在《大卫深夜秀》节目上一锤砸碎了一个由政府定点采购的烟灰缸时，这一举动使向来与联邦官僚机构打交道的员工和承包商所感受到的灰心和沮丧形象化了。在过去的 50 年中，有过改革和精简政府采购过程的尝试，但所有这些都没能系统性地变革原有机制。国防部是一个臃肿而繁杂的机构，以至于不能迅速应变。由于行政部门和政府任命的职位每隔几年就会发生变化，改革缺乏持续的领导机构。此外，虽然美国商业行业萎缩，但国防部还是从旷日持久的冷战和为维持一个强大军队而要求上缴的税款中获益良多。

直到 20 世纪 90 年代初，几个促成改革的因素才汇聚在一起。首先，是冷战结束和随之而来的对"和平红利"的公共需求。在过去的七年中，国防部的总预算被大幅削减了 1000 亿美元，从 1990 年的 3500 亿美元下降到 1997 年的大约 2500 亿美元。1993 年 1 月，克林顿政府宣布将采购改革作为一个重要的优先事项。Letterman 的出现就是政府为了在缩减和简化政府事项上赢得公众支持所付出努力的一部分。

其次，在 1993 年 1 月，采购法律咨询小组（在 1991 财政年的国防授权法案的第 800 节规定）向国会报告了他们的调查结果。这些发现导致了 1994 年的联邦采购简化法案（FASA）的诞生。这个法案：①促进了商业项目的采购和商业惯例的运用；②导致了联邦政府中电子商务的出现；③允许使用更精简的合同程序；④建立了试点方案的法律基础。同 FASA 法案一起，当时的国防部长 William Perry 在 1994 年 6 月发布了一份题为《规范和标准——商业服务的新途径》的备忘录。这份备忘录指示国防部用商业规范取代军事标准和规范作为优先选择采购的方式。

　　国防部采办改革办公室认为，需要成功的国防采购试点计划（DAPP）来启动 FASA 中的一些计划，并说服国防部的官僚同意。改革运动的倡导者希望得到显而易见的胜利并希望它们迅速实现。以规程形式正式发表之前，国防采购试点计划（DAPP）被赋予了实施 FASA 中相关规定的立法权，并有权使用该商业项目豁免非商业项目。计划还被赋予了对 FAR／DFARS 和国防部 5000 条系列法规，在紧急情况下可以做出适当变通的权限。这将使 JDAM 能够发布"类商业化"的合同并且有权通过加快减免而简化里程碑审查和报告程序。

　　迫于成功的压力，将哪些指定为 DAPP 的项目具有相当大的争论。国防部副部长助理（采办改革）Colleen Preston，当时因为推荐 DAPP 的候选人给国防部副部长 John Deutch 而被指责。

　　据国际和商用系统采购总监以及 Preston 的直接下属 Bill Mounts 介绍，将 JDAM 作为一个试点项目是有阻力的：

　　　"整个建筑里的人都反对将 JDAM 作为试点方案。从某种意义上来说，Terry Little 和我是唯一推动这个方案的人。但是，我们不得不为此付出努力，在这个问题上我们面临严峻的考验。我想，如果我们不能使 JDAM（一款真正的军事武器）实现改革，那么改革将失去价值。"

Mounts 和 Terry Little 游说 Preston 参与到 JDAM 中去。Terry 回忆说：

　　　"Preston 说，他们试图让国会选择的方向是首先使用'半商业化'的产品，一般商业公司会买的物品。我认为，如果你坚持'半商业化'项目，那么部门中拥有一个正规军事项目的其他人就会说：'好吧，但无论如何，对那些商业市场的物品有效，也不能对我的飞机、我的油箱、我的潜艇还有我的炸弹有效，因为他们不是半商业化的。'我告诉 Preston，如果他真的想让这些项目在真正意义上试用，那么他就必须有一些'军队唯一'的东西。由于它特殊的身份，JDAM，是一种完美的载体，因为它具备节约成本的很大潜力，而且，它还是'军队唯一'的。"

这些论据说服了 Preston，她为 JDAM 提出了建议。

14.3 1991~1993 年 JDAM 的起源

JDAM 发起于 1991 财年的末期，并且与"沙漠风暴"行动有渊源。正是在此次作战行动中，军方首脑意识到了军队对于全天候的、能够从大量飞行载体上投放的高精度炸弹的需求。军火库堆满了成千上万的"哑巴"重力导弹。军方希望通过使用一个捆绑式的套件将这些独立的炸弹改造成"智能"的炸弹。该套件可以通过使用卫星制导信号和计算机技术将炸弹投在目标物误差 13 米范围之内，不受诸如风暴、黑暗和强风的环境条件的影响。

1991 年，海军和空军原本独立的尾部套件生产计划合并组建为 JDAM 计划。空军担任首席项目主管。因为国防部计划购买 40000 个套件，成本超支的潜在损害——以及反之，大幅节省成本的潜力——都是很高的。

14.4 Terry Little 于 1993 年接管

1993 年初，Terry Little，一个当时正参加弗吉尼亚州贝尔沃堡国防系统管理学院课程的空军文职，接到 Joseph Ralston 将军的电话，该将军时任空军执行采购任务的战术计划副总指挥。Little 回忆道：

"Ralston 和我在黑色（机密防御工程）中就认识对方了。他几乎是命令我接管 JDAM 项目的。这个项目对他很重要。他知道我会承担风险，而且做事不会总是循规蹈矩。他指导我理顺了几个艰难的项目。他对我的工作很满意，因为当任何人遇到一些棘手问题，将问题委托给别人做并最终得到解决时，都将会是高兴的。我没听说过任何一个高层领导不是这样的。"

Terry Little 具备丰富的项目管理经验。他曾有八年时间致力于机密项目，这些项目比那些非机密的项目更为精简。他因自己的激进方法拥有高层支持而出名，因为他兑现自己诺言的过程一直有跟踪记录。他也因能够对变革起到指路明灯的作用，并因能够推动因循守旧的政府前进到一个突破点而闻名。

Diane Wright，JDAM 项目在华盛顿国防部长办公室中的行动人员，描述 Little 在接手 JDAM 项目前的名气时说：

　　"在接手项目之前，Terry 早已因作为一个"把它们全部扔到
窗外"类型的人以及一个傲慢自大和反对官僚主义和国防部长办
公室的人而名声在外。他是一个有自己理由的反叛者。他曾是空
军采办改革的标杆，他是个实实在在的改革者。他非常蔑视在文
书工作上墨守成规的人。这是外界对他的普遍印象。"

　　观念可以——而且确实改变了，当 IPT 项目发展成熟，Little 在 OSD 内
的声誉也得以提高。

　　在 JDAM 作为一个试点项目被指定并顺利进入其提案请求（RFP）周期
之前，Little 于 1993 年回到佛罗里达州的埃格林空军基地，并以项目经理的
身份加入了 JDAM 项目，JDAM 此时已作为传统项目而被开展。Little 很快被
这一"传统业务"激怒了：

　　"开始的时候，我对于官僚作风感到遗憾。1993 年，为顺利开
展项目，我将 48 份简报给了不属于我的指挥链上的资深人员。我
们的项目审批文件堆起来有 6 英尺高，我们花了 10000 个工时来做
准备。这不是一个具有技术挑战的项目，而是一个无可争议的高
度优先事项。这是国防部的日常业务。

　　在发送给承包商之前，国防部花了两个月审查我们的文件。
承包商拥有专业团队，并支付给他们报酬。有五个承包商团队需
要提交这份文件，这项审查程序最终花费一千万美元，但仅以将
一些'可能'改成了'将会'字样而结束。我们的提案请求有
1000 页。就这么一件小事，为 JDAM 竞标的承包商竟然提交了平
均 5000 页的评估材料。"

14.5　同空军参谋长会谈

　　刚在 JDAM 项目上任职不久，Little 与空军参谋长 Merrill A. McPeak 将
军进行了一次会谈。Little 的成本目标是每个 JDAM 套件 40000 美元，但对
每个套件的成本估算要更高，多达 68000 美元。当 Little 前来同 McPeak 洽
谈项目时，他惊讶地发现成本竟然是将军的重中之重。Little 这样回忆说：

　　"我告诉将军说每个套件将耗资 40000 美元。我记得他的反应

就跟昨天一样。他的拳头敲在桌子上，说：'上帝啊，要是比我预算的多 1 美分，我都不想要它。'

我从未见过有人如此重视成本；人们最重视的一直是日程或性能。将军传达了一个很明确的信息，一个我能理解的消息。他使得我需要对我给他的那个数字（40000 美元）负责。这从来没有发生过，从来没有。"

Little 意识到以传统做事情的方式，他将永远不能满足将军的成本目标。他开始考虑替代方案。当他正在考虑他的选择时，他读到了有关采购的改革试点方案。Little 回忆道：

"我知道，被指定为试点项目将为我带来机会，否则我将失去此次机会，没有任何历史证据可以表明，传统的做事方式是可行的。为了得到将军想要的东西，我需要一个比正常程序更好的机会。"

14.6 配备和培训团队

为了以一种不同的方式开展业务，Little 想由变革的推动者和赞助商组建一组人。Little 解释说：

"最重要的事情是我找到那些具备能量和热情去做一些不同寻常事情的人。我早就学会了，当你仅依靠经验去找某个人时——因为这正是我们经验的本质——那么你将会遇到问题，遇到大问题。我在我雇佣的人员上犯过大量的错误。我认为一些人能够完成这件事然而他却不能；相反，我认为那些完不成这件事的人却将它完成了。那些完成事情的人有精力从不同的角度思考问题。"

Little 的团队组建成功后，立即就如何在一个更商业化的环境中工作进行了为期两周的培训。在非现场会议上，Little 向他的团队讲明，他不能容忍在这个项目上以老方法做事情。正如 Mike Tenzycki，一位产品测试和集成工程师，描述说：

"1993 年夏天，整个团队有一个为期两周的培训。我猜，我当时和大多数人一样，认为采办改革只是一个空口号而已。我发现，每季度或每半年我们就被要求写下'我今天为实现采办改革做了什么事情'。但培训期间 Terry 确实很明确地说过，改革将要实现，而不只是说说而已。他说：'如果你没有坐在采办改革的列车上，你最好下车。'他告诉我们扔掉所有的旧模式。我把所有精力都集中在这一点上。"

1994 年 4 月，EMD I（工程和制造发展阶段 1）合同授予洛克希德·马丁公司和麦道公司。11 天后，国防部长办公室（OSD）指定 JDAM 作为一个试点方案。Little 很快就意识到，没有一个正式的规则来定义一个试点方案应如何进行。然而，FASA 的任务是很明确的：以更接近商业运营的方式开展业务。Little 需要知道的是如何做。为了得到答案，Little 派出一个小组学习来自产业界的最佳实践。他的研究小组访问了波音民用航空、摩托罗拉寻呼机、苹果电脑和佛罗里达电力和照明公司等。小组回来后已经很明确地知道国防部的模式和商业模式之间明显的差异。Little 使用商业基准作为 JDAM 的项目目标。这些成为了他在 JDAM 上实施战略的起源：

(1) 政府/供应商整合产品团队（IPTS）；
(2) 以性能为基础，针尖对麦芒式的竞争；
(3) 向下滚动选择（竞争阶段有三张报告卡）；
(4) 允许承包商控制技术数据包；
(5) 要求承包商提供保修；
(6) 最简略的文书工作和有限的、流线型的监督；
(7) 基于供应商的价格谈判，而不是成本；
(8) 主要奖励标准基于过往表现和最佳值；
(9) 允许权衡价格性能标准（除了少数关键标准）；
(10) 稳定、固定价格的生产合同；
(11) 商业产品的使用。

14.7 集成产品团队

使用集成产品团队可能已被高层授权，但它起源于"草根"一级的组织。它是从国防部先前在全面质量管理中使用的并行工程和过程操作团队演变而来的。

Little 想在竞争者和埃格林的系统计划办公室（SPO）之间创造一个更商业化的客户/供应商关系。为了从对抗的心态转变为合作，Little 组织了由政府和供应商人员组成的团队。Little 评估了承包商的弱点，并专门组建了能够满足承包商要求的团队。Little 在 JDAM 项目上的继任者 Oscar Soler 描述道：

> "使我们能够在行为上做出变革的是综合产品小组集成产品团队。他们由空军和承包商的人组成。我们和他们结成合作方关系。我们作为空军的一方，成为了团队的一部分。我们与承包商同为团队成员，而不是审核人员或监管人员。一天又一天，我们肩并肩，手牵手，在那里，作为一个团队的一部分而努力。
>
> 我们认真对待合作。在我们的办公室内，我们为设计阶段设置了结构。我们将办公室人员分成三组：一组由各竞争承包商组成，一组负责协助洛克希德·马丁公司胜出，其他人员协助麦道公司胜出。我们告诉人们：不要等待意见书和里程碑到来，而要走出去，成为团队的一部分；不是指出问题，而是解决问题。我们还有一个空军核心的团队，以保持两个承包商团队在要求上是客观的。"

对于承包商和政府对应部门来说，作为组合团队中的一员是一种全新的体验。做生意的对抗性方式消失了，转而由 18 个月针尖对麦芒式竞争的紧迫性接任。

政府团队成员比在埃格林系统计划办公室（SPO）时，花费了更多的时间同他们的业内同行在一起。当他们在埃格林的时候，政府工作人员同他们在其他团队的同事是分离开的。他们与他们的业内同行保持电话和电子邮件联系。许多政府工作人员描述说感觉就像麦道公司或洛克希德公司的员工。Mike Tenzycki，麦道公司团队的一员，描述道：

> "业内人员处于一个有竞争的模式中，我们抓住了这一点。我们有一个共同的目标，我们知道它是什么，以及我们应该做什么才能实现它。没有人想成为让这个团队失望的人。
>
> 没有开玩笑，我们拥有 18 个月的时间。我们知道什么时候会做出决定，那就是我们的奖品。（麦道公司）的人要么歇业要么赢得合同。我们很同情他们。我们希望他们能取胜。我们认为他们

有一个很好的产品。

在 SPO，两队（麦道公司和洛克希德）的政府人员被隔离开。我从来没有想过会（分离），但它确实这样做了。SPO 的每个人都很平静地面对自己团队的成功与失败。我对什么时候传递给核心团队什么样的信息很慎重。在这方面，我行事更像是一个承包商。"

14.8　可支付性作为重心，使用商业零件和流程

JDAM 采购项目的一个主题是让承包商管理自己的成本。通常情况下，政府需要大量的成本数据作为一个成本加奖励费用合同的备份。在 JDAM 项目中，承包商筛选小组基于平均单位生产价格（AUPP）和产品对关键性能指标的符合情况确定赢家。

SPO 还做了一个重要的决定，允许承包商控制 JDAM 的技术要求［技术数据包（TDP）］。当承包商需要控制成本时是可以修改 TDP 的，而且不要求他们披露商业秘密，只要关键性能（关键性能需求）得到满足。

EMD-I 中发展的另一种创新概念是承包商担保。这份担保在产品未来的维修和保养中为政府节省了开支，也确保承包商在心中建立起了质量的系统概念，因为它将剔除因瑕疵造成的额外成本。

该系统允许更多地降低成本，因为它没有由于降低成本而惩罚承包商。就像 Oscar Soler 解释的：

"我们发现，对我们来讲以成本为基础不是一种聪明的做生意的方式。由于没有降低成本的驱动力而使我们受到伤害。我们最终通过大量文件展示，举例来讲，它的成本是 1000 美元。如果承包商获利 10%，那么对政府而言，总成本为 1100 美元。如果有经验的承包商学会了只需 900 美元就能生产，现在，承包商获利 90 美元，政府总开支为 990 美元。结果是有效率的承包商反而遭受损失！承包商没有降低成本的动机。

在我们的国防部文化中，双方的工程师都习惯于不计成本地设计最好的产品，但到了私营部门就成了'负担能力'。在 JDAM 项目上，我们要求承包商为他们的标准制定一个单价并管理它。现在他们的工程师需要考虑单位成本，这是一个新的实践。他们

很清楚成本结构，他们还知道所有物件是如何影响成本的。他们为降低成本而努力。为承包商的工程师制定一个需要达到的成本目标，这对他们来说是陌生的，尽管这在商业部门是很常见的。我们知道这个过渡将会是艰难的。"

基于空军参谋长的明确授权，Little 能够激励他的团队致力于负担能力。与此同时，华盛顿的采办改革办公室提出了一个名为 CAIV（费用作为独立变量）的概念。对 Little 而言，这意味着除了五项基本标准，其他任何和武器相关的东西为了降低成本都可以做出改变。IPTs 分析了武器的每个组件，并保证了过程中的整个供应链。IPTs（综合项目组）的重点是要确定成本动因，并在不影响五大关键性能标准（关键性能要求）的前提下减少或消除它们。

IPTs（综合项目组）发现，显著的成本是与使用政府指定商品相关而不是与市售产品或工艺相关的。当洛克希德·马丁公司团队建议采用一种注射成型工艺生产尾部套件的散热片时，这个实例浮出了水面。海军想使用一个金属散热片，这将使生产成本增加一倍。海军反对注射成型的翼片，因为它们以前曾在使用相同基础材料的相似组件上遇到过问题，但那个产品在制造中使用的是层压过程与注射过程。

该团队进行了大量的测试，结果显示该注射成型零件——采用了一个更好的工艺——将超过规定的性能要求，并降低制作成本。当海军人员仍表示反对时，该团队决定不顾海军的反对，继续采用注射成型工艺。EMD-I 阶段，系统项目办公室（SPO）中洛克希德·马丁公司团队的一名成员，Paul Alman 解释说：

"在某些情况下，你拥有那些很多年前号称是专家的'政府专家'，他们在一些具体问题上有自己的看法。当他们深入此事并说'我有权变更这件事的做法'时，你要问，'针对这项技术，当前的权威体系是什么？'最终，你坚持己见或者就范。这是当时洛克希德·马丁公司项目经理的决定，并说：'我们已经做了足够的测试来证明这是有效的，让我们放心地前进吧。'然后，我们就会把我们的决策传达给核心团队。

如果我们的心思没有放在采办改革上，如果我们承担不起首要任务，承包商可能会说：'好吧，我们会给你想要的，但你需要为此花钱。'这就是为什么成本会超支，但这并没有发生在这里。"

通过对成本和负担能力坚持不懈地反复推敲，并为了节约成本观察每个主要工业和组件，这两个竞争对手分别提交了不到 40000 美元的原始成本目标一半的提案。

14.9　向下滚动选择模式

Little 管理 JDAM 项目的另一个主要的区别是 SPO 向承包商和分包商反馈的方式。通常情况下，在正式的源选择程序做出总结之前，政府几乎不会对竞争承包商的提案做出任何回应。未中标的投标人将会抗议，这既花费了政府的时间和金钱，又需要做大量不必要的文档工作。

与之前的做法相反，在 18 个月的选择阶段内，JDAM 为两家竞争者分别提供三张报告卡。供应商筛选小组通过性能标准以及他们对最初计划的执行情况来为两家公司评分。会议以公开讨论的形式进行，内容包括彩色编码的成绩。报告卡是有约束力的，公司在评审过程中的表现直接影响最终的决定。向下滚动选择使得各个团队能够及时得到反馈并设定未来的目标。

在 1997 年的试点方案报告中，试点方案咨询委员会（国防部采办改革办公室的一部分）这样评价的目的在于节约成本和规避争议：

> "通过与竞争的承包商开诚布公地讨论以及制定明确的选择标准，JDAM EMD 合同付出的努力不及传统的 30%，但却只花费了50% 的 B&P（买入价格及建议）成本。此外，该奖励过程的开放性有效避免了未中标的承包商的抗议。"

14.10　OSD 向第二个里程碑开进（1995 年 6~8 月）

正当 Terry Little 的团队涉足未知的商业领域时，OSD 开展了一项自身的采办改革举措。OSD 是诸如 JDAM 等重大项目主要的监督和权威决策部门，因此比 SPO 更符合"采购警察"的角色。OSD 内 JDAM 项目的行动官员 Diane Wright 这样解释道：

> "在过去，SPO 将他们的策略捆绑在一起，并把它扔给国防部的 OSD 审查。之后我们花费三至五周的时间进行审查。我们将会得到一本厚厚的文件，我们不知道他们是如何得出结论的，也不

　　知道他们的思维过程是什么样的。所以这是一个非常烦琐的过程。OSD 的每个职能领域——物流、测试、合同等——我们每个人都在看这些文件，希望能够找到我们感兴趣的东西。我们每次都需要给项目主管打电话并问：'你第三页是什么意思？'"

　　此次的采办改革运动试图通过利用 IPTs 同 SPO 协同工作以起草一个称作 SAMP（单次采集管理计划）的合并采购计划，以改变上述低效过程。在 JDAM 项目上，所有的 OSD 职能部门同 IPT 的服务职员配合工作以制定和审查 SAMP。正是在这个过程中，OSD 和 SPO 就向下滚动选择策略达成一致并允许项目办公室在项目管理事宜上拥有更大的活动范围。工作综合项目组（WIPTs）随后向总综合项目组（OIPT）提交了他们的建议书进行审查，并最终提交至国防部副部长助理和国防部副部长（负责采购及研发）以获取计划实施的审批。

　　当 JDAM 的收购战略提交上来审查时，OSD 才刚刚开始了解如何使用集成产品团队。就像 Diane Wright 描述的：

　　　　"我们决定——无论好坏——我们不能坐等别人来告诉我们什么是 IPT。我们坐下来，设想我们的 IPT 应该是什么样子。

　　　　Terry Little 是 IPT 工作组的负责人。我们用 OSD 每个职能办公室中行动官员级别的人员组织了 IPT。我们告诉 Terry：'这些现在是你的人了，担当你的顾问。你掂量我们的事情，我们将告诉你哪些事情我们领导会同意，哪些不会。'我们试图在他的采购计划上规劝 Terry。我们试图达成共识，但这并不总是可能的。我们未能达成共识的事项是由总综合项目组负责解决的。我们发现 Terry 很包容并且愿意妥协。"

　　通常情况下，是由行动官员负责接受 IPT 工作小组的妥协，并说服他们的老板。这个过程依赖于不同级别间的很强的人际沟通能力和部分承担风险行动官员的意愿。

　　其中早期发现的一个问题是在快到 JDAM 的下一个 OSD 审查时发现的。传统上，当他们进入低速率初始生产（LRIP）和进入全速率生产时，OSD 都要审查项目。在采办改革制度下，OSD 被要求只在一个生产阶段开展正式审查，通常为低速率初始生产阶段。Wright 和她在 IPT 工作小组的同事意识到，由于种种原因，JDAM 的 LRIP 阶段是低风险的。他们认为免除 LRIP

阶段的审查而在满负荷生产之前进行审查将会更有意义。但 Wright 的上级，战略和战术系统的主任以及 JDAM 总综合项目组的主席 George R. Schneiter 博士，却选取了一个更加保守的立场——在 LRIP 阶段之前进行审查。说服他认同 IPT 工作小组的立场才是有效的这件事落在了 Wright 的肩上。Wright 解释说：

> "我想回到 WIPT 工作小组中去，并告诉他们最终决定会朝着哪个方向发展，所以我在 Schneiter 博士参加会议的路上和他见了面。
>
> Schneiter 博士说，他必须在两分钟内到达第四走廊（国防部内位置）。我问他我能否陪着他一起走并在路上向他阐述我的想法。他身高比我高。他每走四步我就需要走十步来赶上他，并在这样的状态下一直和他交谈！但当我们到了第四走廊时，他说：'好吧，我被你说服了。'他开会去了，我转过头来，气喘吁吁。"

那是在单次采购管理计划（SAMP）审查期间，OSD 赋予了 Terry Little 广泛的权力，要求他只需把自己的主要注意力放在几个关键领域的合同上。否则，OSD 赋予 Little 免除任何一条未编入法规或行政命令的联邦采购条例（FAR）的权利。Little 的创新实施策略同样在 IPT 流程中被起草并提出。虽然 Little 和 Wright 不得不说服或不顾其他的一些职能部门，但是 OSD 大多数的高级主管都是采办改革背后的坚实后盾并赞成 Little 的想法。正像 Little 解释的那样：

> "我有强有力的委托授权，首先是因为空军参谋长对 OSD 项目办公室说'为使产品价格低于 40000 美元，做你们一切必须做的事'，其次是因为我是办公室的领导。我老板和我老板的老板给了我进行创新和实验的自由。否则，我也不会成功。"

尽管如此，还有很多已经起草好的 JDAM 系统采购管理计划急需 SPO 和 OSD IPT 的所有人去完成。结果能证明这种商业化和精简是有效的吗？

14.11 最终抉择

1995 年 9 月，源选择团队（主要由 SPO 的核心团队成员组成）在佛罗里达州埃格林空军基地的源选择大楼中举行了最后一次会面。结果是明确的：两家竞争的厂商都符合五个关键性能指标。现在的决定因素是价格。对 Little 而言，他的收购策略成功与否，取决于两家竞争公司在最后的分析中能够有多么接近：

> "当你为每家竞争公司都已经花费了数百万美元时，你想拥有一个真正的选择，你不想要得到亚军的公司。当我们刚开始的时候，两家公司的提案都很好。但在价格方面，麦克唐纳·道格拉斯公司远远高于洛克希德·马丁公司。洛克希德最初的出价为13000~14000美元，麦道公司的却是24000美元。当麦道公司的最终出价定为14000美元时，我知道我们已经赢了——这次尝试取得了成功。"

14.12　麦克唐纳·道格拉斯公司

1994 年 10 月，麦道公司 JDAM 项目经理 Charlie Dillow，坐飞机前往他在圣路易斯的办公室。在过去的几个星期里，他已经做出了一个让他既兴奋又担心的决定。麦道公司和对手洛克希德·马丁公司为了 10 亿美元的 JDAM 合同已经针锋相对了六个月。虽然麦道公司的提案中结合了低风险的产品和相对较低的价格，Dillow 的本能告诉他这不足以赢得胜利。他刚刚目睹了麦道公司经过 18 个月的竞争后在价值 15 亿美元的最大导弹项目（"战斧"）上败给了休斯公司。Dillow 确信，麦道公司之所以失去"战斧"项目就是因为它的价格太高了。他知道，如果他不能采取一些有力措施，在 JDAM 项目上麦道也将重蹈覆辙。

Dillow 在佛罗里达州的夏利马尔花了一整天的时间，用来和政府安排的帮助麦道公司赢得合同的 Joe Shearer 上校一起进行头脑风暴。他们想出了一个重新调整团队和降低成本的计划。现在在他面前的这个巨大任务开始衰败。他不得不扭转团队的方向，实施全新的战略，并几乎从头开始重新设计系统。毕竟只剩 12 个月的时间，他必须提交一个远低于他预期价格的提案。

Dillow 想到了过去六年中由于裁军、竞争失败和取消计划导致的成千上万被迫下岗的人员。他知道，无论是他个人还是公司在 JDAM 项目上都输不起，因为 JDAM 项目是少有的国防部愿意资助的项目之一。

14.13　麦道公司史

　　1994 年，麦道公司从其历史上最困难的阶段渐渐恢复过来。公司成立于 1939 年，麦克唐纳公司于 1967 年合并了道格拉斯飞机公司，从而成为了美国最大的军事承包商之一。军用飞机部门因为向武装部队提供了一些非常受欢迎的飞机而造就了一段令人自豪的历史。1988 年，公司创始人 James S. McDonnell 二世的儿子 John Finney McDonnell 在他后来称之为公司的"定义阶段"接任董事长兼首席执行官。

　　1989 年柏林墙被推倒。1992 年苏联也不复存在。1990 年，参议院军事委员会投票做出了前所未有的 180 亿美元的国防预算削减。国防预算削减影响到了麦道公司全部的三个顶级武器计划——C-17 运输机、A-12 隐身攻击机，以及具有极强竞争力的先进战术战斗机（ATF）（继麦道公司 F-15 鹰式战斗机之后的下一代战斗机）的开发合同，是军队首屈一指的战斗机。预算还降低了麦道公司 F/A-18 大黄蜂战机和战斧巡航导弹的产量。

　　军事委员会的这一行为为未来的国防预算削减开启了闸门。军费开支开始受到媒体和国会的双重严格审查。成本超支、预案超期和技术问题都困扰着国防部的项目。国防承包商惊慌失措地像流沙一样开始从他们曾经稳定的军事项目中转移。股票价格和财政收入暴跌。麦道公司由 1988 年的盈利 3.5 亿美元跌落至 1992 年亏损 7.81 亿美元。麦道公司通过大幅度削减劳动力来应对这一情形。根据公司的记录，在 1988~1994 年的六年间，雇员减少了 55000 多名：从 121400 名下降到 65800 名。

　　1991 年 1 月，随着国家经济的衰退，影响再次像流沙一样蔓延，这一次直接影响到了麦道公司。国防部长 Dick Cheney 宣布取消 A-12 隐身攻击机项目，这个价值 47.8 亿美元的项目一直以来都是海军和麦道公司最优先考虑的发展项目。Cheney 指责承包商（麦道公司和通用动力公司）成本超支 14 亿美元和计划逾期 18 个月。这是有史以来国防部取消的最大额度的合同，此举也对产业界造成了一定的冲击。行业观察家认为 Cheney 的这一举动预示着国防采购领域一个新的纪律时代的到来。

　　然而，1998 年 3 月 30 日，美国联邦索赔法院宣布最终意见和法令裁决：这只能结束之前的便利，而不是终止违约的发生。

14.14　公司重组

　　1992 年，麦道公司希望能在其市场萎缩之后更加精简，于是将之前的六个航空部门整合为两个。军用飞机部门同导弹系统部门和直升机部门合并，形成了总部设在圣路易斯的麦道公司。麦道公司由 John Capellupo，一位担任飞机和导弹两个部门总裁的公司老将负责。此次合并将两种截然不同的文化汇集到一起。麦道导弹系统，一个只有 6000 名员工的小型横向组织，以其重视研究和开发而闻名。它的"战斧"和防区外对地攻击导弹（SLAM）武器系统在 1991 年的海湾战争中被成功使用。麦道公司是最近正遭受裁员和士气低落、痛苦的一个按传统方式组织的大型公司。

Charlie H. Davis，导弹系统部门的供应商主管，现在在麦道公司，他说：

> "导弹系统部门是检验做生意的新思路和新方式的试验场。早在 20 世纪 80 年代中期，就对导弹部门的组织结构做了一些大的改变。他们废除了职能组织并以期望消除方案之间障碍的横向整合团队代替。导弹部门同样具有非正式的作为团队一员的变革推动者，他们充当了培育的肥料，并帮助实施跨组织的变革。
>
> 飞机部门具有更传统的组织结构。这是一个纯粹的具有很强职能部门的工程矩阵组织。当我们合并后，飞机部门的组织纳入了导弹部门的组织，我们又回到了一个功能性组织。"

导弹部门的文化创新和智能冒险传统并没有完全丧失，打破了根深蒂固的传统军用飞机部门文化并保留了导弹组织的某些特征。正是在此期间，公司在整个新建立的组织中引入了在高层管理层面上的变革支持者和在中层管理层面上的变革推动者。在 Charlie Dillow 担当变革推动者和 Dillow 的主管 Dave Swain 担当变革发起人的情形下，JDAM 项目的企业领导能力有了新的突破。

14.15　JDAM 项目的开端（1992~1994 年）

随着新军事计划的消长，传统运作的项目被削减，麦道公司需要一些胜利，并有机会从做事情的老方法中解脱出来。虽然 JDAM 在某种层面上处于麦道公司专业知识领域之外，但公司希望寻求新的业务。正如时任 JDAM 项目经理的 Charlie Dillow 所解释的那样：

> "我们需要新的导弹业务，而且我们并没有太多的机会。高级

管理人员看到我们的几个项目都在衰退。当时我们的主要项目有‘鱼叉’、先进巡航导弹和‘战斧’。这些项目在长远上将不足以维持我们的业务。

　　我们一直习惯于高成本、技术复杂的导弹。而 JDAM 是在光谱的另一端，因为它是高速率、低成本的生产。我的意思是，40000 美元在 1992 年是非常低的成本，尤其是与一个花费 100 万美元的导弹系统相比时。这是一个很大的变化。这在数量上也是一次大的变化：JDAM 要求我们能够每年提供 5000 个，而我们之前习惯的是每年 200 个的速率。这可让我们犯愁了，不过，我们对新业务感兴趣，这看起来前途无量。”

　　在一个传统的政府采购周期中，Dillow 的团队提交了一份 6000 页的建议书并经历了一个漫长的问答阶段之后，麦道公司获得了一份设计合同，这是两个为期 18 个月的竞争设计合同之一。对手洛克希德·马丁公司是另一位决赛选手。

　　许多 JDAM 团队成员都有着老导弹部的工作背景，并习惯于在跨职能团队工作。虽然麦道公司是按照职能组织的，但是 JDAM 采用的是集成产品团队（IPTs）。麦道公司已经聘请了 JDAM 组织架构的设计者作为顾问，以配合国防部的 IPT 举措。团队成员将这个项目描述为一个革新和创造性思维的小岛，因为同其余公司的联系是受到限制的。供应商主管 Charles Davis 回忆 JDAM 是如何超越传统功能障碍时说：

　　“JDAM 是一种现象，它真正被定义为了一个产品团队。功能角色很模糊，而且我们很少能够看到功能。我们并不是把东西扔到了墙的另一边，为了得到我们可以获得的最好产品，我们围着办公桌做了很多工作。”

　　Dillow 知道采办改革和低成本是军方发出的空谈，但他仍然不明白这些变化将会对 JDAM 产生什么效果。虽然 JDAM 团队是基于灵活和创造性组建的，但它仍然重弹着“为了卓越技术不计成本”的老调。他们对 Terry Little “这次是不一样的”的告诫反应迟缓。Dillow 讲述了他向 Little 的第一次述职：

　　“取得胜利后不久，我们召开了一次会议听取汇报。Terry 来到圣路易斯，并提出了几个关键点。首先，他说我们有一个优秀的建议，这是一个低风险的技术途径。但他说这是凯迪拉克的做法。这是一个提示，我们仍然在走以最高成本获取最低风险的老路子。我们对此的回应是，在保持低风险的同时达到政府 40000 美元的成本目标。在早期，我们并不认为付出很多以达到成本目标是非常重要的，因为你的成本越低，所冒的风险就越高。"

14.16 进入 EMD-1 阶段（1994 年 4 月到 1995 年 7 月）

自 EMD-I（工程和制造发展阶段 1）伊始，政府对待这个项目的不同之处是显而易见的。变革最明显的证据就是政府/行业团队的建立。政府工作人员的存在使得承包商可以洞察政府的需求和期望并与其直接沟通。麦道公司团队成员 Carl Miller 这样描述团队：

"我们的团队里有政府的人与我们合作。这是伟大的，因为我们可以洞察到什么是政府想要的和不想要的。我们几乎所有时间都有人在这里。麦道公司—SPO 团队的一两个人在这里进行了为期一周的轮换。如果我们有关于规范的疑问，他们可以回答这些问题。他们很谨慎，尽量不告诉我们任何对竞争敏感的事情。我们不知道任何我们不该知道的事情，但我们对于客户想要什么以及我们必须怎么做才能赢得竞争有了更清晰的概念。"

虽然麦道公司—SPO 团队成员在麦道公司是有帮助的，但同政府人员如此密切合作对麦道公司的工程师而言是一种全新的体验。双方在调整过程中都遇到过麻烦。正如 Miller 描述的：

"起初存在一些阻力。传统的关系上充满了不信任。真正与他们联手是一种全新的做事方式。政府与我们直接合作上也存在麻烦。Terry Little 召开了一次会议。他告诉我们这个项目如何运作，他告诉政府团队成员，如果我们赢了，他们也将赢得最大利益。他还向我们保证，不同团队之间不会有串扰。他的话语非常有感染力。当他说的时候你就会相信他。我们非常信任他。"

在 Terry Little 的方向指引、Charlie Dillow 的领导和政府麦道团队的 Joe Shearer 中校的领导下，双方建立起了信任并开展了开放的沟通。Dillow 回忆说：

> "和现在相比，政府/行业 IPT 在一开始有所不同。我们不知道该如何应对。现在，我一直以团队精神为重。我不能容忍没有团队成员，所以我指示我们的人拥抱政府人员，欢迎他们来到我们的团队。即便如此，我花了一个月左右的时间才能自如地与 Joe 谈论关键战略。
>
> 我们建立信任的方式是评估对方的风格。Joe 看着我，我看着他。我们显然有一个共同的使命，那就是赢得 JDAM。我看得出来，他和我一样致力于取胜。所以，我们成了一根线上的蚂蚱，共同致力于这件事。从那时起，我们就紧紧地团结在了一起。"

该项目的另一个独特之处在于麦道公司奖励系统和政府使用"向下滚动选择"模式为竞争对手提供即时反馈。Miller 描述道：

> "我们'向下滚动'选择了，我们将向埃格林的核心团队和最终用户提出我们的设计和成本。他们给我们提供了向下选择的标准，我们将向他们呈现我们是如何深思熟虑满足这些标准。他们会给我们一个分数，这样我们就可以知道我们究竟做得怎么样，这不是相对于竞争对手而言，而是他们告诉我们，他们认为我们的产品怎么样。"

他们用不同颜色做出反馈：蓝色代表"突出"，绿色代表"符合预期"，黄色代表"没有达到期望但有机会挽救"，红色代表"坏消息"。这种"向下滚动"选择是一种全新的模式。这非常有利于让我们集中注意力在重要的事情上。政府将他们认为重要的事情给我们即时的反馈。

14.17　奖励制度

麦道公司将"向下滚动"选择的业绩等级与团队成员的薪金直接挂钩。在一个称为绩效激励计划（PIP）的程序下，团队成员根据获取的向下选择颜色等级获得奖金。向下滚动选择机制强烈地激励着麦道团队。团队成员

Kerry Bush 解释道：

"政府做出非常明确的奖金标准是一件很正确的事。我们有一个绩效激励计划（PIP），它是同奖金计划直接联系在一起的。这确实能让人们重视起来。PIP 计划的存在不是为了激励人们努力工作，而是我们都将努力工作，只是有很多次我们都在错误的事情上努力了。PIP 计划是为了将人们的注意力集中在一起。哇！那才是做这件事的正确方法。PIP 计划同一个足够低的等级捆绑在一起，所以每个人都能涉及它，而且它真的起作用了。我们知道，客户将通过哪些性能标准来评估我们，而且我们知道，只有我们专注于它们，我们才能赚到钱。你可以打赌，人们真的将会非常专注。"

14.18 改革之风：1994 年 8~11 月

随着 1994 年夏季的推移，Charlie Dillow 看到有更多的变化影响了 JDAM 的竞争。Dillow 回忆说：

"八月份，SPO 鼓励我们要完全抛弃老式的 100 多页的工作报表，并重写为一份流线型的合同，一份只有两页的目标报表。现在我们开始说：'嘿，这看起来很严肃。'

我们摆脱了几乎所有的论文成果，我们摆脱了所有的军用标准和军用规格，每一项都从合同中删除了。所以，现在我们开始说：'这儿有些地方我们不明白合同的变化，也许我们也应该考虑做出一些改变。'

奖金标准和向下选择标准是不断变化的。整个向下选择计划已开始从传统的源选择变成 Terry 所说的向下滚动选择。所以我们开始看到评价过程和评价标准本身发生变化。

事实上，产地 1 和产地 2 AUPP（单位平均生产价格），似乎是取代'执行计划'的头号准则。也许我在开始时没有正确理解 Terry 的话，但我们已经在执行计划。但现在——八月至九月，产地 1 和产地 2 的 AUPP 逐渐成为头号准则。变化就在我们身边发生。"

SPO 也通过内置于合同的激励约束机制促使麦道公司控制 AUPP。

在所有这些变化发生之时，麦道公司在成为战斧导弹唯一供应商的竞争中失败，所以麦道公司不得不与通用汽车公司/休斯公司在接下来的十年中共享该项目。"战斧"是麦道公司最大的导弹计划，其损失可能意味着公司裁员 1200 人。当时的说法是，麦道公司因为价格标签定得太高而失去"战斧"的独享权。"战斧"上的失利破灭了 Dillow 在他的"执行计划"策略上的信心。他意识到，从今以后，合同的得失将由价格决定。

Dillow 在离埃格林空军基地不远处的麦道公司办公室会见了 Joe Shearer，他们在那里用了一整天修改和调整实施策略，旨在使团队能够专注于降低成本。正是在这个时候，Dillow 在商业实践的基础上开发了一种创新式的提案策略。据 Dillow 讲：

> ""'战斧'项目失利后，我试图找出一条新的道路前进。我想出了一个商业的定价方法。'商业'是当时很火热的一个词。我想，与其按照传统学习曲线的方法出价，不如按照商业模式的方法，这样我们就可以提供在最初能够确认损失，后续能够弥补利润的商品。我希望把产品推到市场上，就像一个商人做的那样，以一个客户既能够负担得起又能够促使他持续购买的价格推出到市场上。当客户购买更多的时候，我们就维持价格并会开始盈利。"

Dillow 意识到，为了使这一提案战略起作用，他不得不降低产品的内部成本。他和 Shearer 起草了一份降低成本的计划：

> "我们首先必须做的是降低成本，因为如果我们使用商业投标策略，按当前的商品成本来讲我们会亏钱的。
>
> 我花了一个星期左右的时间来弄清楚如何实现它。从与 Shearer 的会谈回来后，我告诉大家我们正在改变做法，每个人都不得不开始寻找新途径来降低商品成本。在员工会议上，人际交往中，一有机会我就会散布我的这一想法。但我知道，除非我们具有这样做的一些比较正式的方式，否则这是不会发生的，大家还将继续在原有的惯性模式中进行操作。
>
> 我们将如何降低成本作为一个真正的重点开始了工作。我们开发了用于提高商品可支付性的一整套全新流程。不到两个月，

我们就已经得到了这一全新的方法，我们具备致力于开发一套全新计划的团队，我们彻底改变了产品的设计。我们几乎将所有的约束加给了我们的工程师。

最重要的是，我们使得供应商也参与了进来。供应商提供给我们80%的产品。我意识到，如果供应商不能成功地降低成本，那么我们也不会有任何希望。所以，我们让供应商参与到了整个IPT组织中。"

在整个过程中，Dillow 和他的团队得到了新飞机和导弹产品部副总经理 Dave Swain 的鼎力支持和指导。公司重组后不久，Swain 就已经被从加州调遣了过来。Swain 和总经理 Jim Sinnett 都是积极的变革支持者，并且全力支持率先在 JDAM 开展的革新。据 Dillow 讲，Swain 接管了大部分的 JDAM 运作监督权，并对项目制定了严格的执行注意事项。Swain 是一位能干的经理，投入了大量时间辅导 Dillow。他还为这个项目提供了宝贵的高层支持。正如 Dillow 解释的：

"JDAM 就像梦游仙境的爱丽丝，这是当时新飞机和导弹产品部唯一的主要产品竞争。所以，我们真的从 Dave 的集中管理服务中受益匪浅。Dave 将对我们在组织中的任何障碍承担个人责任。他要我做的是带领团队和管理项目，而不必参与所有的战斗。确实会有战斗，因为当周围其余的基础设施不能及时做出响应时，让一个项目做出改变是非常困难的。

JDAM 没有以一种进化的方式改变，我们被挑选出来，并使用一切方式朝着一个不同的世界前进。几乎在一个单一的时间点，我们实现了一个根本性的转变，它让我们同公司的其余部分脱节。Dave 为我们致力于所有这些障碍和联系。如果我们需要人手或者协助，且不符合公司的一贯做法，Dave 承担并致力于为我们获取任何需要的东西。我认为，Dave 将确保我们得到任何我们需要的。

Dave 也是我所见过的最好的项目管理人员之一，我几乎一心一意向他学习项目管理。他参与到我们所有的战斗中，以确保我们能够拥有我们需要的一切，而且我们并没有以任何方式被禁止。这对我们的成功非常重要。"

有 Swain 的高层支持作为后盾，Dillow 能够很自由地实施他的商业战略。新项目的其中一个核心部分是每个组件成本的降低，不仅是内部，还包括供应商和分包商。JDAM 配备一个负担能力团队，他们的工作就是跟踪和协调整个组织的成本目标。

Dillow 起草了一个成本目标表并将它分发至每个团队的领队。在负担能力团队的支持下，各个产品团队的领导人，将整体的成本目标打破为子目标。然后，他们将子目标下发至掌管各组件的经理或供应商。指导和控制单元的供应商经理 Richard Heerdt 解释说：

> "各目标都流向了那些能够影响它们的人。我们将这些成本目标流向了最低廉的综合项目组，我们将成本目标分解到了组织的最低水平。我们使用跟踪图表并将其贴在人们的办公室门上。起初人们认为这个目标过于激进。在最初的几次会议上供应商们都以此开玩笑。但是，我们坚持问对方：'为什么你不能做到这一点？'我们挑战他们，我们质问他们。我们有了想法，并开始排除所有设计障碍；然后我们跟进这些想法，并促使供应商践行这些想法。"

供应商开始表现得像是完全的综合项目组团队成员，好像他们是同一个组织的一部分一样，自由地交流信息和想法。

14.19 低成本指导与控制单元

小组逐渐了解到，为了赢得竞争，他们需要大幅降低采购价格。正是 GCU（系统的最大组成部分）显著的成本降低，才最终"打破了航行拥堵"，使得团队朝更好的方向发展。GCU 占了产品成本的大约 60%。Richard Heerdt 解释道：

> "GCU 在成本中占的比例最大，所以当 GCU 成本降低时，它便打破了'执行计划式'的心态。总有人在说'要做一些能从根本上降低成本的事'，但同时却又仅是'执行计划，执行计划……'当低成本的 GCU 被批准后，团队的其他成员意识到这个项目将会修改现有的计划或做出新的规划。现在每个人都感觉就像被束缚了，而且，计划的严格性能要求变得不再那么重要，降低成本成了真正重要的事情。"

GCU 由霍尼韦尔公司提供的惯性测量单元（IMU）、罗克韦尔柯林斯公司提供的 GPS（全球定位系统）接收器和劳拉公司提供的任务计算机组成。

Terry Little 在 JDAM 采购项目上创造性的方法和通过竞争及刺激计划提供的强大动力，鼓舞着麦道公司想出创新性方法以在负担能力主动权上管理供应链。综合项目组行政小组负责监督综合项目组工作小组的努力程度。各大供应商的副总裁每月与 Charlie Dillow 和 Dave Swain 会面。IPT 行政小组（EIPT）简化信息流和决策制定，为 IPT 工作小组创造高层支持，并允许 IPT 行政小组成员为了共同的目标——赢得合同——有效地解决问题和表达他们的支持。Heerdt 解释 IPT 行政小组对组队过程的正面影响时说：

"Dave Swain 与 IPT 行政小组真正地从顶层推动这件事情发展。他们合作十分融洽，所以较低层没有理由不合作。项目早期，我们同柯林斯公司遇到了很多问题。事情没能完成，我们赶不上计划，而且我们甚至没有合同。所以我们去找 Dave Swain。Dave 把我们和柯林斯公司叫到一起。他与柯林斯公司副总裁进行了一次私人会谈，然后在一个房间里又同所有人召开了会议。他说，这个团队没能起到作用，是这个房间里每个人的错。他说，这里有太多的不信任。他告诉我们，做每个决定时都要认为我们佩戴着同样的徽章。最终，柯林斯公司领会到了 JDAM 项目的奖励优秀精神——你能够从麦道公司得到最高的供应商奖励，这种变革的精神意识十分突出。"

沟通起到了关键作用。麦道公司同其所有分包商签订保密协议，每个分包商互相签署保密协议，允许团队成员之间"完全开放沟通"的流动。劳拉公司的项目经理 Mary Shutt，这样描述保密协议对产品团队的影响：

"我们在团队所有成员之间签署了保密协议。我们可以自由讨论我们处理事情的方法。我们公司的工程师可以同霍尼韦尔公司和柯林斯公司的工程师交谈。我们可以弄清楚究竟是什么问题，共同想出对所有公司都起作用的解决方案。我们做出决定然后继续商讨下一个问题。"

有些分包商比其他人共享得更充分。有些情况下，公司战略——例如，商业保密的需要——会阻止完全的沟通。然而，WIPT 和 EIPT 都可以为表达这些冲突和实现让步提供交流平台。麦道公司共享信息的意愿使其与分包商建立起了信任。Heerdt 描述说：

> "在项目评审时，我们将审查他们的进展，并向他们展示我们的进步。Charlie 将向他们展示项目财务。他甚至会向他们展示我们的管理储备。这是不容易的，但我们做到了。
>
> 既然我们共享了所有这些信息，我们同样期望他们能够共享信息。我们意识到，他们有其他正在使用资源的业务承诺。但知道这一点，并了解它，是有帮助的。而一旦他们实现成本目标和跟踪图表，这一资源便向我们开放了。"

每月一次的 EIPT 会议和 WIPT 会议，以及每周一次的电话会议和日常的电话与电子邮件联系促进了团队的建设。麦道公司还邀请二、三线承包商参与到向下滚动选择中。各公司都可以与客户互动，并获得对关键问题的第一手了解。

在此过程中，共享同一个命运的意识"刺激"了所有涉及的组织——从政府到最底层的分包商——都朝着一个共同的目标努力。政府建立一个稳定长期合同的意愿促使各公司以团队成员的态度投入到工作中并建立起信任。麦道公司加快了他们将 JDAM 项目供应商作为首选供应商的计划。麦道公司拥有分为金、银、铜三级首选供应商的分级制度，每一级内都构建激励机制。JDAM 的目标是选择至少为铜级的供应商。

随着不同企业变得理解和信任对方，并认可一个共同的目标，他们之间传统的"保持距离型"关系发展成熟为一个完全集成的合作方关系。有这样的实例，公司会同意有助于进一步推动共同目标的一个解决方案，即使这意味着公司本身的业务会减少。

IPT 会议、自由的交流、共同的目标和互相信任使得供应商和总经理能够集思广益关于负担能力的主意。在团队创建的过程中，他们通过组装组件的方式引发了创新。这不但降低了成本，还提高了设计效率和产品性能。

Heerdt 讲述了一个关于沟通和共同目标是如何导致更低成本和更好性能的例子：

> "柯林斯公司是全球定位系统（GPS）接收器的供应商，GPS接收器中使用了由麦道公司设计、由另一承包商生产的天线。柯林斯公司不停地告诉我们，我们的天线设计要求他们的 GPS 主板

具备更多的组件，这抬高了主板的成本。他们希望我们改变天线规格来降低组合子系统的成本，但我们关心的是合并子系统的性能，又害怕放弃设计控制。所以我们就进入了一个困境。接着柯林斯公司说，如果他们可以指定天线和选择制造商，他们将限定具备能够达到组合子系统要求的接收器生产商。然后，我们就能够以低得多的采购成本从供应商处直接采购天线。他们主动提出在不增加成本的前提下做到这一点。这足以激励他们降低电路板的成本。当我们在项目的后期达成共识后，柯林斯公司代表说：'很好，我们会达到我们的成本目标，我们不会再抱怨东抱怨西。'这样的例子还有一些。"

14.20　获胜的团队：故事还没有结束

当 Charlie Dillow 收到消息说他的团队赢了后，他坐回椅子上，如释重负地长叹一口气。那是艰苦的 18 个月。回报是巨大的，他已经进入了获得晋升的队列，而且团队中的每个人都因作为 JDAM 项目的一员而强化了他们的职业生涯。Dillow 琢磨着这场胜利对于公司和国防工业的意义：

> "从现在起可支付能力将永远与我们同在。一旦精灵逃出了瓶子，你就再也不能把它放回去。现在大家希望降低每样东西的成本。如今的国防工业中，'要么降低成本要么灭绝'。所以，负担能力是我们不得不面对的东西。那些脚被拖住的人可能不得不把他们的脚砍掉才能继续前进。"

JDAM 团队的坚持不懈得到了回报。波音和国防部都预示到了 JDAM 首创之举的成功。我们可以通过很多参数判断这种成功：麦道公司团队的最终提案包括一个介于 14000 美元到 15000 美元之间的 AUPP（其原始成本目标是 40000 美元，原始成本估计是 68000 美元）。JDAM 团队将他们的调查研究和开发费用由 3.8 亿美元缩减至 3.1 亿美元，并将项目的开发时长由 46 个月缩短至 30 个月。总采购周期长度由 15 年缩短至 10 年，而产品的原有精度要求实际上得到了提高。

虽然最初的设计阶段（EMD-I）取得了明显的成功，但是 JDAM 项目现在面临着一个严峻考验：EMD-II 阶段。在 EMD-II 阶段，JDAM 将经历制造、为低速率初始生产所做准备的广泛测试和评估。

在 EMD-II 阶段，很明显的是，表征这两个大型组织的系统性问题仍然处于不断变化中。随着 EMD-II 项目的逐步开展，外力减缓了 JDAM 的成功。例如，国防部的军事人员和文职人员从来都没有因为它们在 EMD-I 阶段展露的创新性举动得到过金钱奖励。在一定程度上，在竞争阶段建立的关系又已经恢复为"距离型关系"。JDAM 也由于为了延续在 EMD-I 阶段取得的惊人业绩而感受到压力。

然而他的人员正在庆祝 EMD-I 阶段的结束，Dillow 知道这项工作还远远没有完成。他解释说：

> "每个人都宣告我们是成功的，但我们不会一直取得成功，直到令用户满意的商品贴着恰当的价格标签从生产线上下线，直到管理层对于我们取得的利润感到满意。我们还有很长的路要走。"

后　记

　　本书的出版首先要感谢雅克·甘斯勒教授的帮助。雅克·甘斯勒教授是国防采购和国防工业领域的著名专家，既有丰富的实践工作经验，长期担任国防采购和国防工业企业的高层领导，也有丰富的理论素养，其出版的《可支付的国防》和《美国国防工业转轨》早已译成中文，并成为国防经济领域的经典著作。我在马里兰大学访学期间，甘斯勒教授经常与我交流国防采购方面的问题，本书的英文原稿也是他赠送于我。多蒙甘斯勒教授的信任，在本书出版之前，我还与张允壮博士合作翻译了甘斯勒教授所著《21世纪的国防工业》一书并于2013年出版，取得了较好的效果。近期听闻甘斯勒教授生病住院，衷心祝愿这位80多岁的老人早日康复。

　　本书出版历时超过五年。2009~2010年，我在马里兰大学访学期间就有了这个想法，但因为各种原因进展比较缓慢。回国后，在相关课程几届研究生教学中，采用案例式教学，和学生一起对每个案例进行深度研讨，挖掘案例背后的采购问题实质。最早是采用原文教学，后来翻译初稿出来后，再次与学生研讨，集思广益，除了研讨采购问题外，力争将翻译表达模糊之处变得清晰，纠正不严谨的措辞，文字务求实意、通畅、精练。参加研讨的同学有：2013级硕士生廖泽略、糜娴雅、邬会军、蹇松雷、孙敬哲，2014级硕士生程寰东、张见见、付梦思、陈静玮、陈惠、李鹏坤、李宁、王洋、张婷婷、韩家兴、唐恬、贾楠、赵欣、王欣、薄乐、甘少多，2015级硕士生蔡中轩、宋江龙、马方龙、刘影俊、李思瑾、番丝江、杨彪、杨海、陈梦晓、杨培军，2016级硕士生汤薪玉、周德、赵一男、文豪、吴冠霖、张俊男、韩丹、张根、汪亦奇、李盼、周在中，2017级硕士生马浚洋、杨越、张莹、李舒曼、朵子珺、王思为、林志鹏。在正式出版之际，向以上同学表示衷心感谢！

本书在出版过程中，得到了国防科技大学文理学院领导和机关，以及经济管理出版社的大力支持，在此深表谢忱。本书的出版还获得了国防科技大学拔尖创新人才培养计划资助。在书稿翻译校对过程中，梅阳、黄麟、林小捷、汤薪玉、胡宇萱等付出了大量辛勤劳动，在此一并致谢。

翻译工作始终是一个费时费力，难以尽善尽美的工作，特别是其中的大量专业性词汇更增加了难度。由于水平所限，错误疏漏之处在所难免，请广大读者不吝赐教，以期未来更正。